유방학과
100
인문계용

• 일러두기

1. 이 책은 〈2022 개정 교육과정 선택 과목 안내서〉를 기준으로 고교학점제 선택과목을 정리했습니다. 2022 개정 교육과정은 2025년 기준 고등학교 1학년 학생들에게 적용되고 2027년이 되면 모든 고등학생에게 적용됩니다.

2. 공통과목은 학과와 연관성이 높은 것을 기재하였습니다. 선택과목은 이 책에 실어놓은 '개정 교육과정 고등학교 과목 안내표'를 살펴보고 계열별 선택과목 등을 참고해 각 학교 상황에 맞추어 추천 과목보다 폭넓게 선택해서 들으면 좋습니다. 관련학과와도 연결시켜 선택과목을 결정해보세요.

유망학과 100

인문계용

21세기 초경쟁 시대,
평생 직업을 책임질 대학 진학 마인드맵

길벗교육연구회 지음 | 안광복(서울 중동고 철학교사) 추천

길벗

"모르는 것은 꿈꿀 수도 없다."

스위스의 정신과 의사이자 분석심리학자 칼 구스타프 융(Carl Gustav Jung)이 한 말이라고 합니다. 저는 학교에서 진로 상담을 할 때마다 '우리 아이에게는 꿈이 없어요'라는 부모님의 하소연뿐만 아니라, '도대체 무엇을, 어떻게 준비해야 할지 모르겠어요'라는 학생의 호소도 자주 듣곤 합니다. 칼 구스타프 융의 말처럼 모르는 것을 꿈꿀 수는 없습니다. 그렇기에 우리 아이들이 마음껏 미래를 꿈꾸려면 먼저 대학에 어떤 학과가 있는지, 내가 가고 싶은 학과는 무엇인지, 내 적성에는 맞는지, 그 학과에 진학하기 위해서는 어떤 공부를 해야 하는지부터 알아야겠지요.

그런데 이에 대해 체계적으로 알려주는 자료가 생각보다 많지 않습니다. 특히 인문ㆍ사회 분야에 관심이 많고 적성이 높은 학생들에게는 더더욱 그렇습니다. 자신과 잘 맞다고 생각하는 전공을 알아보려고 하면 '과학이나 기술 분야보다 취직이 잘 안 돼'라는 막막한 답이 먼저 돌아오면서 실제적인 조언을 듣기가 어려운 경우가 적지 않지요.

이 점에서 《유망학과 100》은 인문ㆍ사회, 어학과 외국어, 정치ㆍ행정ㆍ외교, 나아가 경제ㆍ경영과 예체능, 방송 관련 분야로 진로를 잡은 학생에게 더없이 좋은 길잡이가 됩니다. 우선 이 책은 대학에 어떤 학과들이 있는지를 목차에서 한눈에 보여줍니다. 그리고 호기심이 이는 학과의 핵심 사항들을 간명하게 알려줍니다. 무엇을 배우는지, 이를 위해 중ㆍ고등학교에서는 어떤 공부와 대비를 해야 하는지, 더불어 어떤 적성과 흥미를 지닌 학생에게 잘 맞는지 친절하게 설명해주지요. 졸업 후에는 주로 어느 분야에서 일하는지까지도 알려주어 감을 잡게 해줍니다. 진로 지도와 상담에 자료가 필요했던 부모님, 선생님들에게도 좋은 길잡이가 되어줄 내용입니다.

고교학점제가 본격 도입되는 시점입니다. 이제 학생들은 진학을 위해 대학에서 요구하는 전공과 연계된 과목을 스스로 선택하고 이수할 수 있어야 합니다. 전공과 관련된 과목을 적절하게 선택하는 것은 대학 입시에서 주요 평가 사항일 수밖에 없습니다. 따라서 단순히 점수가 잘 나오는 과목, 재미있어 보이는 과목을 선택하는 것이 아니라 자신이 진학하고자 하는 학과에 맞는 과목을 골라서 들어야 합니다. 고교학점제는 학생이 자기 주도적으로 자신이 원하는 공부를 할 수 있다는 점에서는 매력적입니다. 반면, 어떤 학과와 진로가 있는지를 알지 못할 때는 되레 불안 속에서 방황할 가능성이 높습니다. 이 점에서도《유망학과 100》은 우리 교육 현장에서 꼭 필요한 내용을 전해줍니다. 고교학점제 제도가 성숙해지면서 과목과 학점 기준이 변화하고 있기는 하지만 수많은 교과목 중에서 어떤 과목을 들어야 원하는 학과의 진학에 유리할지 한눈에 보여주기 때문입니다.

막막함과 무기력은 진로를 알지 못한다는 사실에서 비롯되는 경우가 적지 않습니다.《유망학과 100》을 통해 학생들의 미래에 대한 두려움이 희망과 기대로 바뀌고, 더 나아가 미래 전공에 대한 구체적인 지식이 강한 진학 동기와 학습 실천으로 이어지기를 기대해봅니다.

안광복

서울 중동고 철학교사_철학박사《열일곱 살의 욕망 연습》저자

일반고 및 특목고 교과(군)별 과목

교과(군)		과　목		
국어	공통 과목	공통국어1	공통국어2	
	일반 선택 과목	화법과 언어	독서와 작문	문학
	진로 선택 과목	주제 탐구 독서	문학과 영상	직무 의사소통
	융합 선택 과목	독서 토론과 글쓰기	매체 의사소통	언어생활 탐구
수학	공통 과목	공통수학1 기본수학1	공통수학2 기본수학2	
	일반 선택 과목	대수	미적분 I	확률과 통계
	진로 선택 과목	기하 인공지능 수학	미적분 II 직무 수학	경제 수학
	융합 선택 과목	수학과 문화	실용 통계	수학과제 탐구
영어	공통 과목	공통영어1 기본영어1	공통영어2 기본영어2	
	일반 선택 과목	영어 I	영어 II	영어 독해와 작문
	진로 선택 과목	영미 문학 읽기 직무 영어	심화 영어 독해와 작문 심화 영어	영어 발표와 토론
	융합 선택 과목	실생활 영어 회화	미디어 영어	세계 문화와 영어
사회 (역사/도덕 포함)	공통 과목	통합사회1 한국사1	통합사회2 한국사2	
	일반 선택 과목	세계시민과 지리 현대사회와 윤리	사회와 문화	세계사
	진로 선택 과목	한국지리 탐구 정치 윤리와 사상	도시의 미래 탐구 법과 사회 인문학과 윤리	동아시아 역사 기행 경제 국제 관계의 이해
	융합 선택 과목	여행지리 사회문제 탐구 윤리문제 탐구	역사로 탐구하는 현대세계 금융과 경제생활 기후변화와 지속가능한 세계	
과학	공통 과목	통합과학1 과학탐구실험1	통합과학2 과학탐구실험2	
	일반 선택 과목	물리학 생명과학	화학 지구과학	
	진로 선택 과목	역학과 에너지 화학 반응의 세계 지구시스템과학	전자기와 양자 세포와 물질대사 행성우주과학	물질과 에너지 생물의 유전
	융합 선택 과목	과학의 역사와 문화	기후변화와 환경생태	융합과학 탐구

교과(군)		과　목		
체육	일반 선택 과목	체육1	체육2	
	진로 선택 과목	운동과 건강	스포츠 문화	스포츠 과학
	융합 선택 과목	스포츠 생활1	스포츠 생활2	
예술	일반 선택 과목	음악	미술	연극
	진로 선택 과목	음악 연주와 창작 미술 창작	음악 감상과 비평 미술 감상과 비평	
	융합 선택 과목	음악과 미디어	미술과 매체	
기술·가정	일반 선택 과목	기술·가정		
	진로 선택 과목	로봇과 공학세계	생활과학 탐구	
	융합 선택 과목	창의공학 설계 생애 설계와 자립	지식 재산 일반 아동발달과 부모	
정보	일반 선택 과목	정보		
	진로 선택 과목	인공지능 기초	데이터 과학	
	융합 선택 과목	소프트웨어와 생활		
제2외국어	일반 선택 과목	독일어 중국어 아랍어	프랑스어 일본어 베트남어	스페인어 러시아어
	진로 선택 과목	독일어 회화 프랑스어 회화 스페인어 회화 심화중국어 심화일본어 심화러시아어	중국어 회화 일본어 회화 러시아어 회화 심화아랍어 심화베트남어 심화스페인어	아랍어 회화 베트남어 회화 심화독일어 심화프랑스어
	융합 선택 과목	독일어권 문화 프랑스어권 문화 스페인어권 문화	중국 문화 일본 문화 러시아 문화	아랍 문화 베트남 문화
한문	일반 선택 과목	한문		
	진로 선택 과목	한문 고전 읽기		
	융합 선택 과목	언어생활과 한자		
교양	일반 선택 과목	진로와 직업	생태와 환경	
	진로 선택 과목	인간과 철학 교육의 이해	논리와 사고 삶과 종교	인간과 심리 보건
	융합 선택 과목	인간과 경제활동	논술	

특수 목적 고등학교 선택과목

교과(군)			과 목		
과학 계열	수학	진로 선택	전문 수학 고급 대수	이산 수학 고급 미적분	고급 기하
	과학	진로 선택	고급 물리학 고급 지구과학	고급 화학 과학과제 연구	고급 생명과학
		융합 선택	물리학 실험 지구과학 실험	화학 실험	생명과학 실험
	정보	진로 선택	정보과학		
체육계열	체육	진로 선택	스포츠 개론 수상 스포츠 고급 체육 전공 실기 스포츠 경기 분석	육상 기초 체육 전공 실기 스포츠 경기 체력	체조 심화 체육 전공 실기 스포츠 경기 기술
		융합 선택	스포츠 교육	스포츠 생리의학	스포츠 행정 및 경영
예술 계열	예술	진로 선택	음악 이론 음악 전공 실기 미술 이론 미술 전공 실기 무용의 이해 무용 전공 실기 무용 감상과 비평 문예 창작의 이해 시 창작 연극과 몸 무대 미술과 기술 영화의 이해 영화 제작 실습 사진의 이해 영상 제작의 이해	음악사 합창·합주 드로잉 조형 탐구 무용과 몸 안무 문장론 소설 창작 연극과 말 연극 제작 실습 촬영·조명 영화 감상과 비평 사진 촬영 사진 감상과 비평	시창·청음 음악 공연 실습 미술사 무용 기초 실기 무용 제작 실습 문학 감상과 비평 극 창작 연기 연극 감상과 비평 편집·사운드 사진 표현 기법
		융합선택	음악과 문화 미술 매체 탐구 무용과 매체 문학과 매체 연극과 삶 사진과 삶	미술과 사회 영화와 삶	

교과(군)			과　목		
외국어 계열 ·국제 계열	영어	진로 선택	심화 영어 회화 I 심화 영어 II 심화 영어 작문 I	심화 영어 회화 II 심화 영어 독해 I 심화 영어 작문 II	심화 영어 I 심화 영어 독해 II
	사회(역사/도덕 포함)	진로 선택	국제 정치 지역 이해 세계 문제와 미래 사회 사회 탐구 방법	국제 경제 한국 사회의 이해 국제 관계와 국제기구 사회과제 연구	국제법 비교 문화 현대 세계의 변화
	제2외국어	진로 선택	전공 기초 독일어 독일어 독해와 작문 I 전공 기초 프랑스어 프랑스어 독해와 작문 I 전공 기초 스페인어 스페인어 독해와 작문 I 전공 기초 중국어 중국어 독해와 작문 I 전공 기초 일본어 일본어 독해와 작문 I 전공 기초 러시아어 러시아어 독해와 작문 I 전공 기초 아랍어 아랍어 독해와 작문 I 전공 기초 베트남어 베트남어 독해와 작문 I	독일어 회화 I 독일어 독해와 작문 II 프랑스어 회화 I 프랑스어 독해와 작문 II 스페인어 회화 I 스페인어 독해와 작문 II 중국어 회화 I 중국어 독해와 작문 II 일본어 회화 I 일본어 독해와 작문 II 러시아어 회화 I 러시아어 독해와 작문 II 아랍어 회화 I 아랍어 독해와 작문 II 베트남어 회화 I 베트남어 독해와 작문 II	독일어 회화 II 심화 독일어 프랑스어 회화 II 심화 프랑스어 스페인어 회화 II 심화 스페인어 중국어 회화 II 심화 중국어 일본어 회화 II 심화 일본어 러시아어 회화 II 심화 러시아어 아랍어 회화 II 심화 아랍어 베트남어 회화 II 심화 베트남어
		융합 선택	독일어권 문화 중국 문화 아랍 문화	프랑스어권 문화 일본 문화 베트남 문화	스페인어권 문화 러시아 문화

※ 이 표들을 살펴보고 일반 선택과목을 중심으로 과목을 선택하되 진로·융합 선택과목 중 자신에게 맞는 것이 있으면 그 과목을 들으면 됩니다. 다만 대학수학능력시험의 범위에 해당하는 과목은 폭넓게 학습할 것을 권장합니다. 또한 어떤 대학은 인문계열 지원자에게 제2외국어와 한문 교과목 이수를 권합니다. 지원 학과별로 이수해야 하는 과목을 더 확인하려면 대학별 학과 안내를 참고하세요.

PART 1
인문·창작계열

PART 2
어학·외국어계열

인문·창작계열

001

국어국문학과

학과 소개

국어 선생님이나 소설가가 되고 싶은 학생만 국어국문학과에 진학하는 것은 아닙니다. 국어국문학과에서는 우리말과 우리말로 된 문화유산을 연구하며 한국 문학을 세계적 수준으로 끌어올릴 인재를 키웁니다. 이를 위해 국어학, 국문학뿐만 아니라 글쓰기에 대해서도 체계적으로 탐구해 국어 관련 전문 인재로 키웁니다.

관련학과

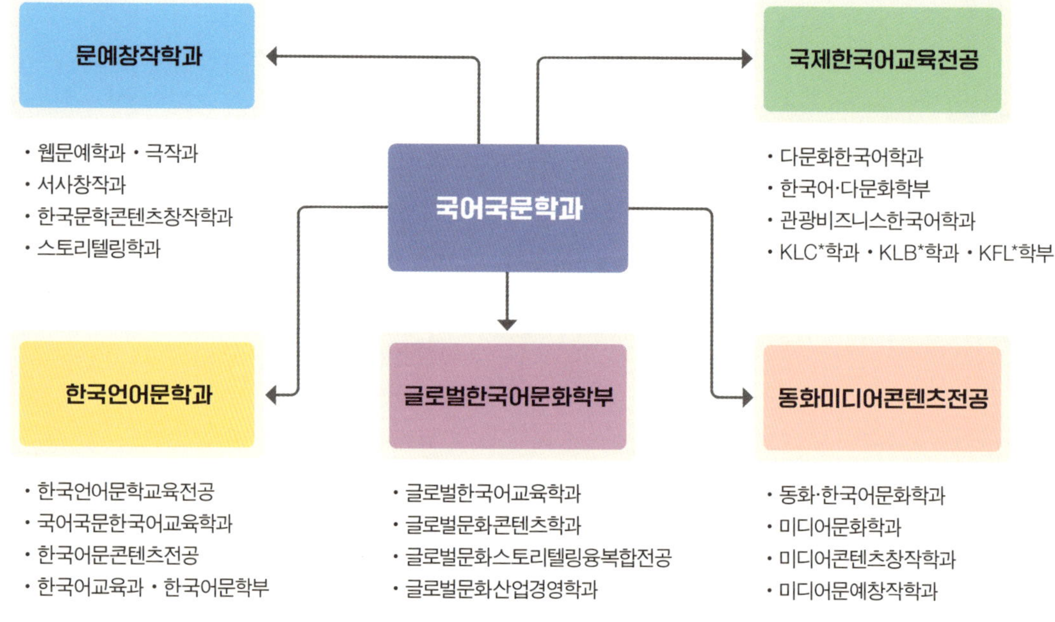

* KLC: Korea Language and Culture(한국언어문화) * KLB: Korea Language and Business(한국언어비즈니스)
* KFL: Korean as a Foreign Language(외국어로서 한국어교육전공, 한국어통·번역전공)

주요 교과목　한국 고전문학 개론, 한국 고전 소설론, 한국 현대문학 개론, 한국어 문법의 이해, 한국어 음운론 등의 교과목을 공부합니다.

진로 탐색과 준비, 이렇게 하세요

1. 중·고등학생 때부터 크고 작은 글짓기나 에세이 공모전에 참여하면 글쓰기 능력을 기르며 객관적 평가도 받을 수 있습니다.
2. 주간·월간 단위 등 주기적으로 독서 일기 쓰기를 꾸준히 하면, 우리 글에 대한 이해가 높아져 도움이 됩니다.
3. 당장 발표할 작품이 아니더라도 습작 활동을 열심히 하면 좋습니다.

고교학점제 준비, 이렇게 하세요

공통	공통국어 1·2, 통합사회 1·2, 한국사 1·2 등
일반 선택	국어 교과: 화법과 언어, 독서와 작문, 문학 사회 교과: 사회와 문화, 세계사, 현대사회와 윤리 예술 교과: 음악, 미술, 연극 한문 교과: 한문
진로 선택	주제 탐구 독서, 문학과 영상, 인문학과 윤리, 한문 고전 읽기, 음악 감상과 비평, 미술 감상과 비평, 인간과 철학, 삶과 종교
융합 선택	독서 토론과 글쓰기, 매체 의사소통, 언어생활 탐구, 사회문제 탐구, 언어생활과 한자, 논술

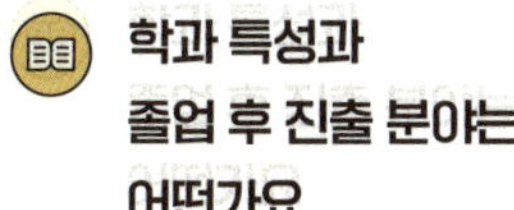

학과 특성과 졸업 후 진출 분야는 어떤가요

① 최근 세계 각국에 '한류' 열풍이 불면서 한국 문화를 선도적으로 알리는 국어국문학과의 역할이 중요해지고 있습니다. '스토리텔링'과 '문화콘텐츠'의 열풍에서도 알 수 있듯이, 우리는 창의적 글쓰기가 중요한 시대에 살고 있습니다. 국어국문학과를 졸업하면 관련 분야에서 중요한 역할을 할 수 있습니다.

② 졸업하면 방송국, 출판사, 광고기획사, 광고대행사, 신문사, 잡지사에서 활발하게 활동할 수 있습니다. 또 경영·사무·금융·보험 등의 관련 회사로 진출할 수 있습니다. 사설 학원, 언어·민족·문화 관련 국가나 민간 연구소에서 일하기도 합니다.

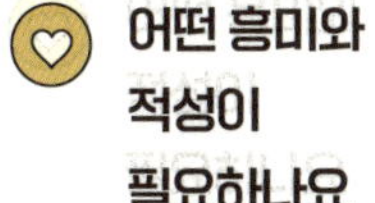

어떤 흥미와 적성이 필요하나요

① 중·고등학교에서 국어 관련 과목을 재미있게 공부했거나, 평소 책 읽는 것을 즐겼다면 국어국문학과에서 흥미롭게 공부할 수 있습니다.
② 우리 문화와 예술에 관심이 있으면 좋습니다.
③ 기본적인 언어 감각과 논리적 사고력, 분석력을 갖추면 도움이 됩니다.
④ 문학 작품을 비평적으로 읽고 분석하는 능력도 필요합니다.

관련자격 국어능력인증시험, 사서, 중등학교2급정교사, 한국어교육능력검정시험

관련직업 구성작가, 극작가, 기자, 네이미스트, 독서지도사, 방송연출가, 사서, 소설가, 시인, 아나운서, 애니메이션 작가, 광고·홍보 전문가, 방송기자, 방송작가, 스크립터, 신문기자, 중등국어 교사, 통·번역가

관련기관 한국교육학술정보원, 한국고전번역원, 한국언론진흥재단, 한국출판문화산업진흥원 등

002

국제문화정보학과

학과 소개

21세기는 문화의 시대로 문화가 중요한 자원이 될 뿐만 아니라 삶의 질을 결정하는 시대로 접어들었습니다. 이러한 변화에 능동적으로 대처하고 국제적으로 문화의 시대에 걸맞은 유능한 인재를 육성하기 위해 국제문화정보학과는 새롭게 발전하는 문화산업 분야에서 활동할 문화 전문가(culture manager)를 양성하고 있습니다.

관련학과

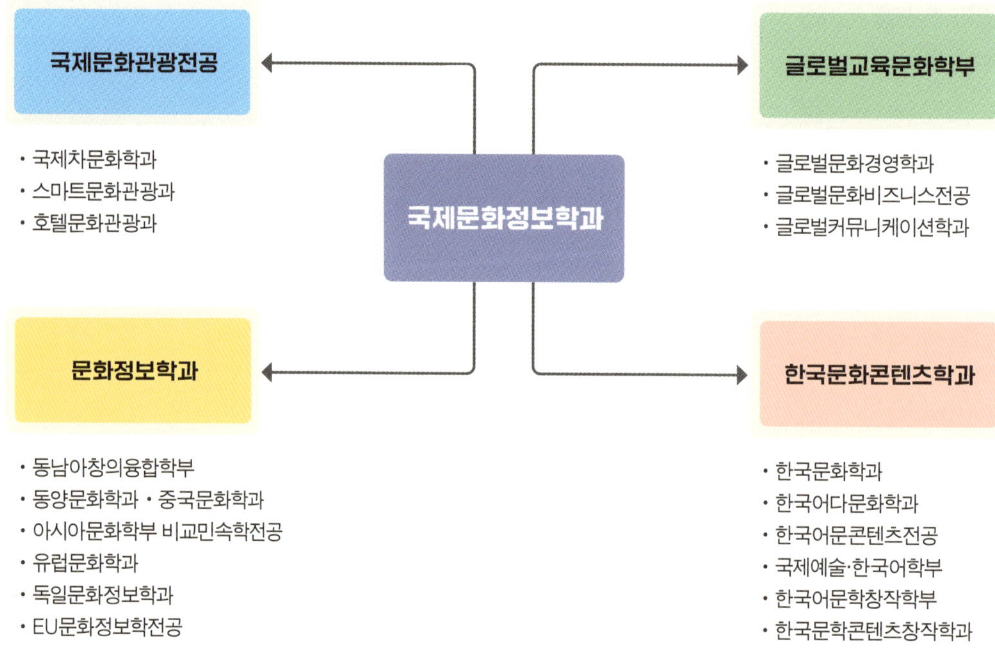

주요 교과목　비교문화론, 국제문화의 이해, 현대 사회의 문화와 인간, 미국의 문화와 사회, 다양한 국가의 문화 이해 등의 교과목을 공부합니다.

진로 탐색과 준비, 이렇게 하세요

1. 중·고등학생 때부터 다른 나라의 문화에 관심을 가지고 관련 역사와 풍습 책을 읽어두면 도움이 됩니다.
2. 다양한 국제문화 교류센터를 통해 외국인과의 문화 교류 활동을 하면 세계 각국의 다양한 문화를 경험할 수 있습니다.
3. 외국인 친구를 사귀고 관심이 있는 나라의 언어 공부를 꾸준히 하면 좋습니다.

고교학점제 준비, 이렇게 하세요

| 공통 | 공통영어 1·2, 통합사회 1·2 등 |

일반 선택	영어 교과: 영어 I·II, 영어 독해와 작문
	사회 교과: 사회와 문화, 세계사, 세계시민과 지리, 현대사회와 윤리
	정보 교과: 정보
	제2외국어 교과: 독일어, 프랑스어, 스페인어 등

| 진로 선택 | 영미 문학 읽기, 심화 영어 독해와 작문, 영어 발표와 토론, 동아시아 역사 기행, 정치, 법과 사회, 경제, 윤리와 사상, 국제 관계의 이해, 인공지능 기초, 데이터 과학, 제2외국어 회화 |

| 융합 선택 | 실생활 영어 회화, 세계 문화와 영어, 여행지리, 사회문제 탐구, 금융과 경제생활, 기후변화와 지속가능한 세계, 제2외국어권 문화, 지식 재산 일반, 논술 |

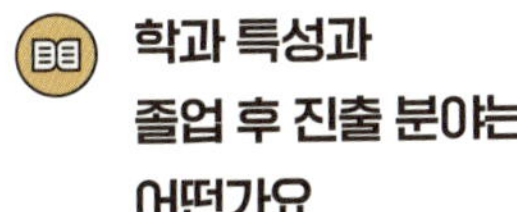

학과 특성과 졸업 후 진출 분야는 어떤가요

① 국제문화정보학과는 21세기의 변화에 맞춰 기존 학문의 한계를 극복하여 차세대 문화 관련 전문가를 배출하기 위해 다양한 분야를 융합한 학과입니다. 국제적인 언어·문화에 대한 인문학적 소양을 함양시킬 뿐만 아니라 지식의 정보화 능력과 실무 능력 등을 기를 수 있습니다.
② 졸업하면 외국계 회사, 항공사, 일반계 회사의 해외 영업 마케팅, 호텔 직종 등으로 진출하거나 국제문화 관련 학회 및 연구기관, 외교관이나 대사관 같은 정부뿐 아니라 지방자치단체 등의 공공기관에서 일할 수 있습니다.

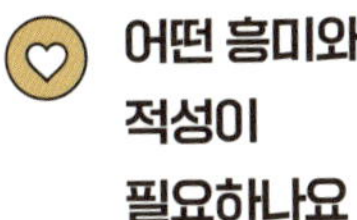

어떤 흥미와 적성이 필요하나요

① 중·고등학생 때부터 국제사회·문화와 글로벌 시대의 변화에 관심이 있었다면 흥미롭게 공부할 수 있습니다.
② 정보화 능력과 외국어 능력, 리더십을 갖추고 있다면 많은 도움이 됩니다.
③ 해외여행을 좋아하고 이질적인 외국 문화에 거부감 없이 흥미를 느낄 수 있다면 좋습니다.

관련자격 관광통역안내사, 정책분석평가사

관련직업 국제 문화교류 전문가, 외교관, 지역문화 전략 기획자 및 정책 전문가

관련기관 한국국제협력단, 한국국제교류재단 등

003

국제지역학과

학과 소개

'세계화'는 세계 여러 국가가 정치·경제·사회·문화 등 다양한 분야에서 교류가 많아지는 현상이라 할 수 있습니다. 국제지역학과에서는 세계 각 지역의 지리나 역사, 문화, 경제 등을 종합적으로 공부하므로 이 학과를 전공하면 국제 감각을 지닌 지역 전문가로 성장해 진정한 세계화의 첨병이 될 수 있습니다.

관련학과

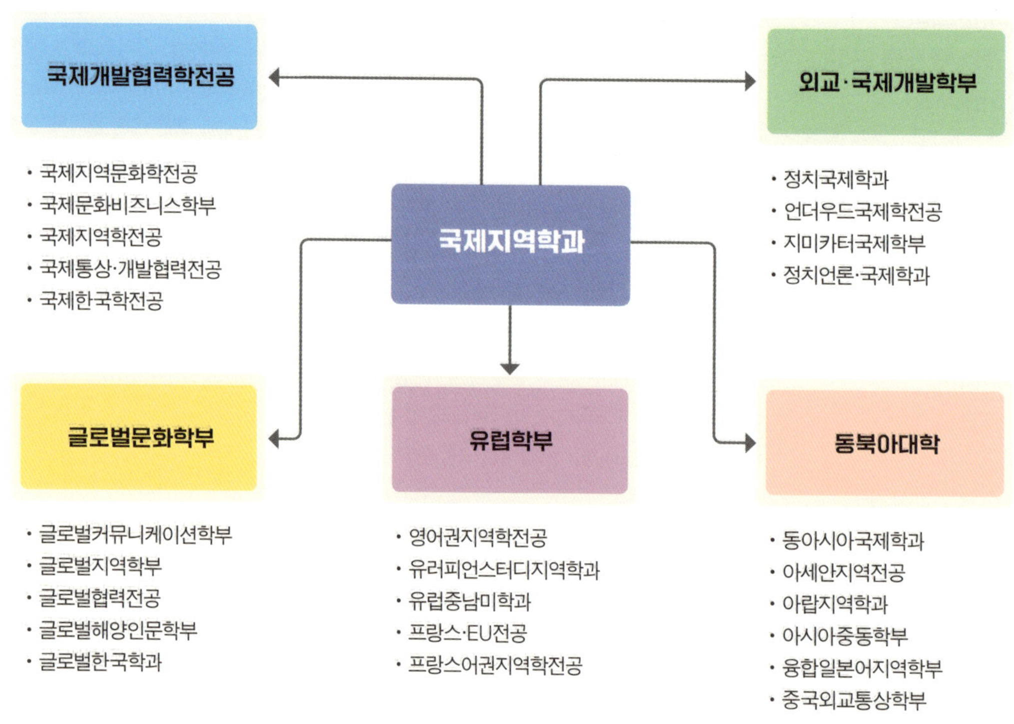

국제개발협력학전공
· 국제지역문화학전공
· 국제문화비즈니스학부
· 국제지역학전공
· 국제통상·개발협력전공
· 국제한국학전공

외교·국제개발학부
· 정치국제학과
· 언더우드국제학전공
· 지미카터국제학부
· 정치언론·국제학과

글로벌문화학부
· 글로벌커뮤니케이션학부
· 글로벌지역학부
· 글로벌협력전공
· 글로벌해양인문학부
· 글로벌한국학과

유럽학부
· 영어권지역학전공
· 유러피언스터디지역학과
· 유럽중남미학과
· 프랑스·EU전공
· 프랑스어권지역학전공

동북아대학
· 동아시아국제학과
· 아세안지역전공
· 아랍지역학과
· 아시아중동학부
· 융합일본어지역학부
· 중국외교통상학부

주요 교과목 국제관계학, 비교정치론, 사회과학 방법론, 외교정치의 이해, 지역학 개론 등의 교과목을 공부합니다.

진로 탐색과 준비, 이렇게 하세요	1. 중·고등학생 때부터 영어 및 제2외국어 공부를 열심히 하면 나중에 전공 공부를 할 때 유리합니다. 2. 세계 각국의 문화와 역사에 관심을 가지고 관련 책을 꾸준히 읽어두면 도움이 됩니다. 3. 해외여행을 할 때 그 나라 문화의 상대성과 특수성에 관심을 가지고 지역민의 생활을 살펴보면 좋습니다.

고교학점제 준비, 이렇게 하세요	**공통** 공통영어 1·2, 통합사회 1·2 등 **일반선택** 영어 교과: 영어 I·II, 영어 독해와 작문 사회 교과: 사회와 문화, 세계사, 세계시민과 지리, 현대사회와 윤리 제2외국어 교과: 독일어, 프랑스어, 스페인어 등 **진로선택** 직무 영어, 영어 발표와 토론, 동아시아 역사 기행, 도시의 미래 탐구, 국제 관계의 이해, 정치, 법과 사회 **융합선택** 세계 문화와 영어, 사회문제 탐구, 여행지리, 기후변화와 지속가능한 세계

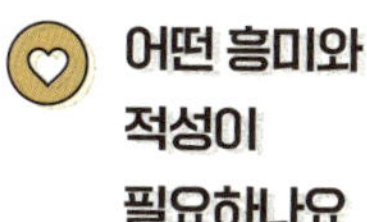

학과 특성과 졸업 후 진출 분야는 어떤가요

① 세계화의 추세에 따라 우리나라도 세계의 다양한 지역과 문화·경제·정치적 교류가 늘어나면서 국제지역학과에 대한 관심이 점차 높아지고 있습니다. 동아시아지역학, 중국지역학, 아랍지역학, 유럽지역학, 중남미지역학 등 지역을 세분화해서 공부할 수도 있습니다.

② 졸업하면 무역회사, 여행사, 기업의 일반 사무직 및 해외 영업직, 해외 현지 기업, 금융기업, 언론사 등에서 일할 수 있습니다. 또 국제 경제·무역 관련 국가나 민간 연구소, 사회과학 관련 국가나 민간 연구소뿐 아니라 외교관, 대사관, 국제적으로 활동하는 관련 공공기관으로 진출할 수도 있습니다.

어떤 흥미와 적성이 필요하나요

① 세계의 특정 지역에 호기심을 가지고 있으며, 그 지역의 문화·역사·자연·사회·정치 등과 관련해 포괄적 지식에도 관심이 있다면 국제지역학과 전공이 재미있는 공부가 될 것입니다.

② 실제 그 지역이 사용하고 있는 언어에 대한 소양 및 지식이 필요합니다. 해당 지역의 언어를 알아야 그 지역의 문화, 사회적 특성을 깊이 있게 공부할 수 있기 때문입니다.

③ 이질적인 문화에 흥미를 느끼며 모든 것을 적극적으로 탐구하려는 자세를 가진 사람에게 적합합니다.

관련자격 관광통역안내사, 국내여행안내사, 컨벤션기획사

관련직업 무역 담당자, 언론인(기자, PD, 아나운서 등), 여행 안내원, 외교관, 인문과학 연구원, 출판물 기획자, 통·번역가

관련기관 한국국제교류재단, 대한무역투자진흥공사 등

문예창작학과

문학을 흔히 '언어로 이루어진 예술'이라고 표현합니다. 실제로 시와 소설은 언어를 통해 형식과 표현의 아름다움을 나타내는 예술의 한 형태입니다. 한국적 정체성에 기반을 두고 문학을 다룬다는 점에서 국어국문학과와 비슷한 점도 있지만, 창의적인 문화·예술 활동에 집중한다는 점에서 국어국문학과와는 출발점이 다릅니다.

관련학과

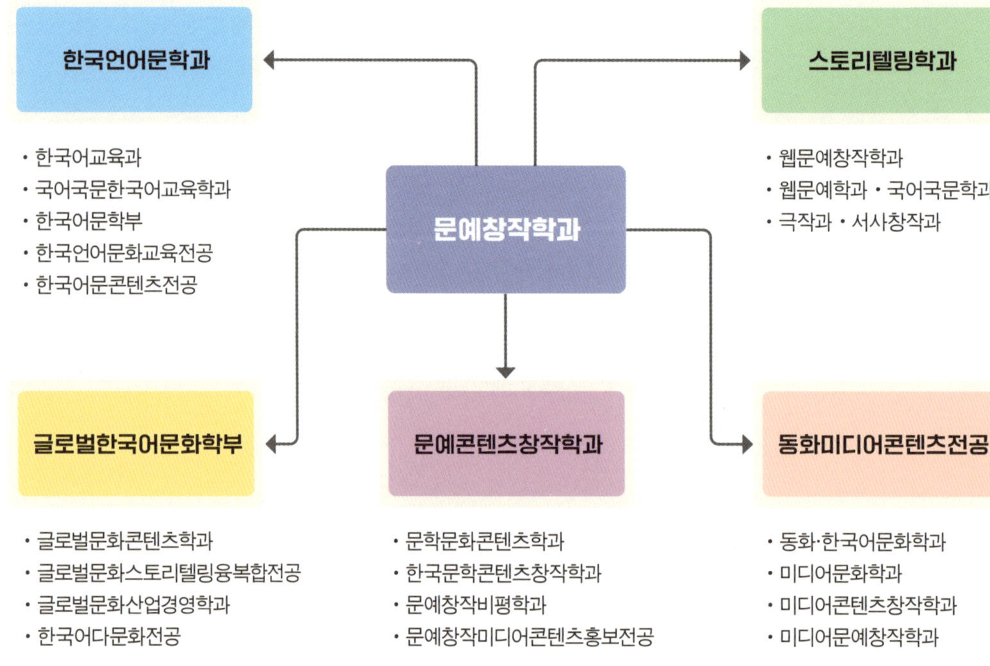

- 한국어교육과
- 국어국문한국어교육학과
- 한국어문학부
- 한국언어문화교육전공
- 한국어문콘텐츠전공

- 웹문예창작학과
- 웹문예학과 · 국어국문학과
- 극작과 · 서사창작과

- 글로벌문화콘텐츠학과
- 글로벌문화스토리텔링융복합전공
- 글로벌문화산업경영학과
- 한국어다문화전공

- 문학문화콘텐츠학과
- 한국문학콘텐츠창작학과
- 문예창작비평학과
- 문예창작미디어콘텐츠홍보전공

- 동화·한국어문화학과
- 미디어문화학과
- 미디어콘텐츠창작학과
- 미디어문예창작학과

주요 교과목　문학 개론, 문학과 언어, 번역과 모국어, 한국 문학사, 현대 소설론 등의 교과목을 공부합니다.

진로 탐색과 준비, 이렇게 하세요

1. 중·고등학생 때부터 문예 창작 관련 공모전에 참가해 실전 경험을 쌓고 객관적인 평가를 받아보면 좋습니다.
2. 당장 발표할 작품이 아니더라도 습작 활동을 지속적으로 해보면 글쓰기 능력을 기를 수 있습니다.
3. 주간·월간 단위 등 주기적으로 독서 일기 쓰기를 꾸준히 하고 문학 동아리에 들어가 다양한 작품을 읽고 비평 활동을 하면 도움이 됩니다.

고교학점제 준비, 이렇게 하세요

| 공통 | 공통국어 1·2, 통합사회 1·2 등 |
| 일반 선택 | 국어 교과: 독서와 작문, 문학 |

일반 선택 사회 교과: 사회와 문화, 현대사회와 윤리

예술 교과: 음악, 미술, 연극

진로 선택 주제 탐구 독서, 문학과 영상, 문예 창작의 이해, 문장론, 문학 감상과 비평, 시 창작, 소설 창작, 극 창작, 인간과 철학, 인간과 심리, 삶과 종교, 음악 감상과 비평, 미술 감상과 비평

융합 선택 독서 토론과 글쓰기, 문학과 매체, 사회문제 탐구, 윤리문제 탐구, 논술

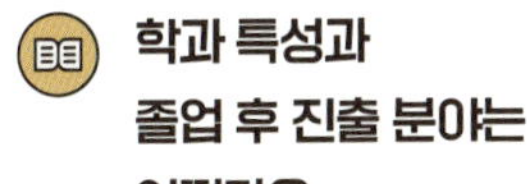 학과 특성과 졸업 후 진출 분야는 어떤가요

① 시·소설 창작 능력을 키워 훌륭한 한국 문단의 스타들을 배출합니다. 최근에는 졸업생들이 디지털 문화 환경에 걸맞은 창작물 생산에도 적극적인 활동을 하여 보다 폭넓은 문예창작의 장을 만들어 나가고 있습니다.
② 졸업하면 출판사, 광고 기획사, 광고 대행사, 기업 일반 사무직, 사설 학원, 신문사, 잡지사, 방송국 등으로 진출할 수 있습니다. 또 언어·문학 관련 국가나 민간 연구소, 문화콘텐츠 관련 기관에서도 활동할 수 있습니다.

어떤 흥미와 적성이 필요하나요

① 중·고등학생 때부터 소설책 읽기와 글짓기를 좋아하거나 즐겨 보는 드라마의 가상 작가가 되어 그다음 스토리를 유추해보는 것을 즐겼다면 좋습니다.
② 평소에 감수성 및 상상력이 풍부하다는 말을 많이 들어보았다면 이 학과에서 공부하는 데 도움이 됩니다.
③ 교내 글짓기 대회에서 능력을 발휘하여 입상한 경험이 있다면 이 학과에 입학하여 충분히 잠재력을 발휘할 수 있습니다.

관련자격 국어능력인증시험, 사서, 한국어교육능력검정시험

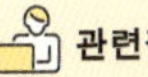 **관련직업** 광고·홍보 전문가, 구성작가, 극작가, 기자, 네이미스트, 독서지도사, 방송연출가, 방송작가, 번역가, 사서, 소설가, 스크립터, 시인, 인문과학 연구원

관련기관 한국교육학술정보원, 한국고전번역원, 한국언론진흥재단, 한국출판문화산업진흥원 등

005

문헌정보학과

학과 소개
지금은 '정보화 시대'입니다. '정보'는 우리가 공부를 하든, 여행을 하든, 일을 하든, 일상의 거의 모든 활동에 꼭 필요한 지식을 이루는 조각입니다. 문헌정보학과에서는 인간의 지적 활동에 필요한 정보 및 문헌의 속성을 이해하며, 이들을 효과적으로 수집하고 전달하기 위한 공부를 합니다. 이 학과에 입학하면 정보를 효율적으로 활용할 줄 아는 정보 전문인력으로 성장하게 됩니다.

관련학과

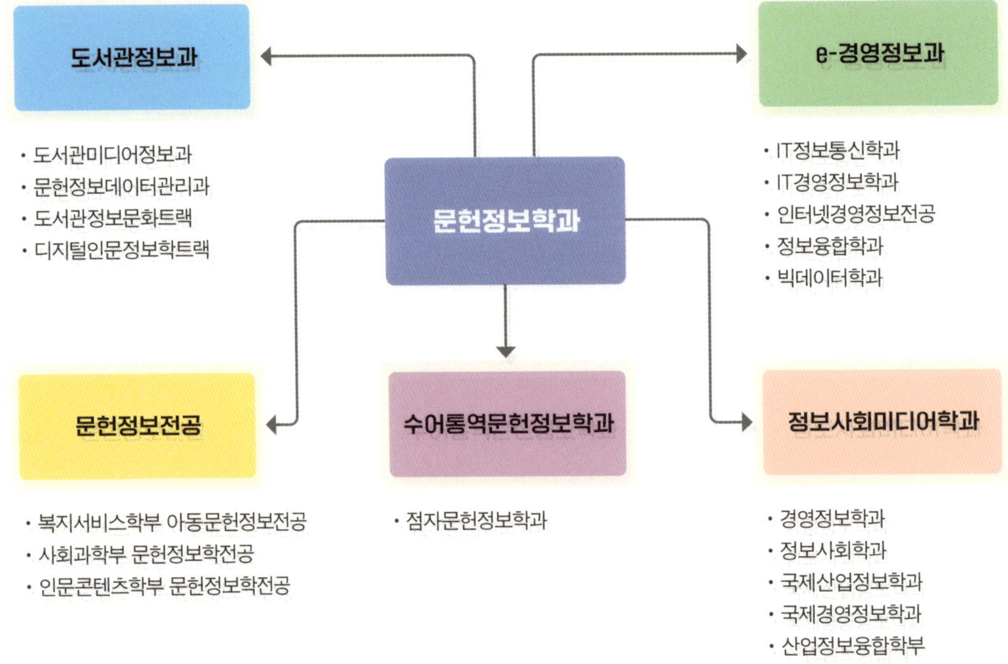

주요 교과목 정부기록물 관리, 도서관·정보센터 경영, 독서지도, 문헌보존법, 문헌정보학 개론 등의 교과목을 공부합니다.

진로 탐색과 준비, 이렇게 하세요

1. 중·고등학생 때부터 학교 도서관을 자주 방문하고 도서관 관련 업무를 경험하면 기록물 관리에 대한 기초적인 정보를 얻을 수 있습니다.
2. 컴퓨터 등에 있는 각종 기록을 체계적·논리적으로 분류하여 언제든지 쉽게 찾을 수 있도록 정리해놓는 습관을 들이면 좋습니다.

고교학점제 준비, 이렇게 하세요

공통 공통국어 1·2, 공통수학 1·2, 공통영어 1·2, 통합사회 1·2 등

일반 선택 국어 교과: 화법과 언어, 독서와 작문, 문학

수학 교과: 확률과 통계

영어 교과: 영어 I·II, 영어 독해와 작문

사회 교과: 사회와 문화

정보 교과: 정보

진로 선택 주제 탐구 독서, 문학과 영상, 인공지능 수학, 법과 사회, 인문학과 윤리, 인공지능 기초, 영미 문학 읽기, 데이터 과학, 논리와 사고

융합 선택 독서 토론과 글쓰기, 매체 의사소통, 지식 재산 일반, 실용 통계, 사회문제 탐구

학과 특성과 졸업 후 진출 분야는 어떤가요

① 예전에는 도서관학과로 불리며 도서관 관련성이 강조되었으나 최근에는 정보시스템, 데이터베이스시스템, 소프트웨어 개발 및 뉴미디어 활용과도 연계됨으로써 융합 학문으로도 각광받고 있습니다. 정보를 활용한 기술적 발전과 맞물려 앞으로도 지속적으로 성장 가능성이 높을 뿐만 아니라 발전 전망이 좋은 학과입니다.

② 졸업하면 출판사, 도서관, 기업의 문헌 자료실, 서점, 정보기술 업체, 소프트웨어 업체, 학원, 언론사 등으로 진출할 수 있습니다. 또 인문과학 및 사회과학, 문헌정보 관련 국가나 민간 연구소에서 활동할 수 있습니다.

어떤 흥미와 적성이 필요하나요

① 모든 정보 자료는 기본적으로 '언어'로 이루어져 있기 때문에 국어뿐 아니라 영어 등의 외국어에도 관심이 많고 정보 습득에 흥미가 있는 학생이면 문헌정보학과로 진학해볼 만합니다.

② 정보를 유기적으로 정리할 수 있는 논리적 사고력과 정보 분석력이 있으면 도움이 됩니다.

③ 정보시스템, 소프트웨어 등 공학적 지식도 학과 공부를 위해 필요하므로, 문과 및 이과 어떤 적성을 가지고 있더라도 자신의 길을 흥미롭게 개척할 수 있습니다.

관련자격 데이터베이스시스템 관련 자격증(OCA, OCP, OCM), 사서, 사서교사, 인터넷정보관리사, 컴퓨터활용능력자격

관련직업 문화재 보존가, 언론인(기자, PD, 아나운서 등), 인문과학 연구원, 작가, 정보관리 전문가, 지식경영 전문가, 보육교사, 어린이 독서 지도사, 기록물 관리사

관련기관 한국고전번역원, 한국사학진흥재단, 국립박물관, 문화재단 등

006

문화인류학과

21세기는 국가적으로 문화와 역사 콘텐츠가 중요시되고 있습니다. 이 학과는 의·식·주와 같은 기본 문화 요소부터 집단의 사회 및 문화를 심도 있게 조사하고 비교·연구함으로써 인간과 지역사회에 대한 본질적인 이해에 도달하고자 합니다. 이를 통해 현재 인간 사회가 당면하고 있는 수많은 문제를 지혜롭게 헤쳐 나갈 방안을 모색할 수 있는 인류학자를 양성하는 데 교육 목표를 두고 있습니다.

관련학과

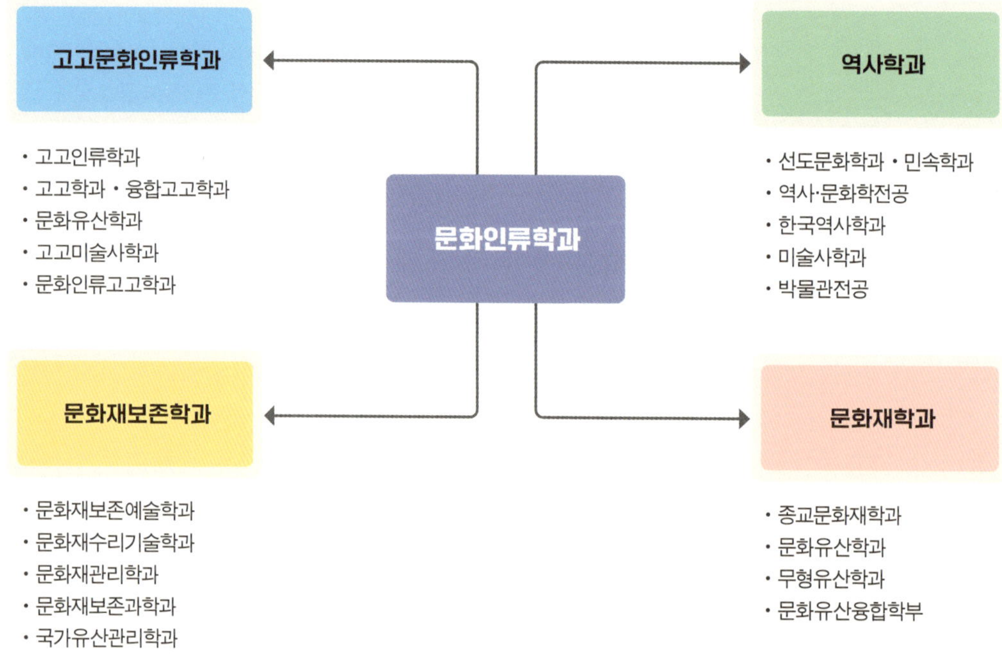

주요 교과목 문화변동의 이해, 체질인류학, 고고학 연구방법, 박물관의 이해 등의 교과목을 공부합니다.

진로 탐색과 준비, 이렇게 하세요

1. 중·고등학생 때부터 역사 관련 과목을 열심히 공부하고 역사 관련 책을 즐겨 읽으면 도움이 됩니다.
2. 우리 동네의 역사문화 장소를 찾아가 보고 관련 정보를 공부해볼 수 있습니다.
3. 여행을 갔을 때 근처의 문화재를 찾아가 그 안에 담긴 조상들의 정신·신체 활동을 살펴보고 탐색할 수 있습니다.

고교학점제 준비, 이렇게 하세요

공통 통합사회 1·2, 한국사 1·2 등

일반선택 사회 교과: 사회와 문화, 세계사, 세계시민과 지리, 현대사회와 윤리

정보 교과: 정보

한문 교과: 한문

진로선택 동아시아 역사 기행, 윤리와 사상, 한국지리 탐구, 법과 사회, 인문학과 윤리, 데이터 과학, 한문 고전 읽기, 인간과 철학, 인간과 심리, 삶과 종교

융합선택 여행지리, 기후변화와 지속가능한 세계, 사회문제 탐구, 윤리문제 탐구, 세계 문화와 영어, 과학의 역사와 문화, 지식 재산 일반, 역사로 탐구하는 현대세계

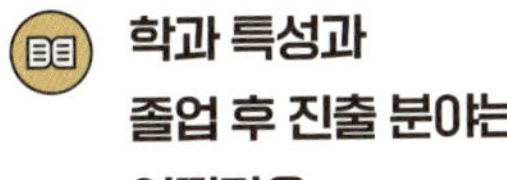

학과 특성과 졸업 후 진출 분야는 어떤가요

① 역사적으로 최초의 인류가 등장했을 때부터 현대학과 미래학에 이르기까지 인간이 발전시킨 문화양식뿐 아니라 해외 지역문화, 특수 및 일반 커뮤니케이션, 초월적 세계관과 상상의 영역에 이르기까지 인간의 생활양식과 관련된 문화적 패턴을 총체적으로 다룹니다.
② 졸업하면 박물관, 언론사, 출판사, 도서관 등의 기업 및 산업체로 진출할 수 있습니다. 또 문화재 연구소 등의 문화재 관련 학계 및 공공기관, 연구기관에서 활동할 수 있습니다.

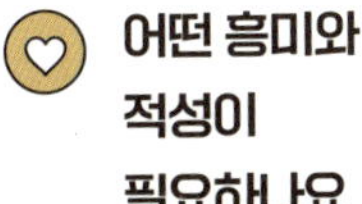

어떤 흥미와 적성이 필요하나요

① 인류와 역사에 대해 흥미가 있고 인간을 심도 있게 알고자 하며 실천적이고 다문화적 감수성이 풍부하면 좋습니다.
② 고문서 연구를 좋아하고 문화 현장에서 탐구하고 일하기를 좋아한다면 흥미롭게 공부할 수 있습니다.
③ 다양한 문화권의 사람들과 소통하는 능력이 뛰어나다면 유리합니다.

관련자격 박물관 및 미술관 준학예사

관련직업 감정평가사, 문화재 보존원, 예술품 복원 기술자, 인류학자, 학예사(큐레이터)

관련기관 국립박물관문화재단, 한국문화재재단 등

007

문화재보존학과

<table>
<tr><td>학과
소개</td><td>문화재란 선조들이 남긴 유산으로 보존·전승할 만한 가치가 있는 것을 말합니다. 잘 보존된 문화재는 국민의 자긍심을 높이는, 가치를 매길 수 없는 귀한 물건입니다. 문화재보존학과는 과거의 역사와 문화를 현재의 과학기술과 접목시켜 문화재를 올바르게 보존하고 이를 기초로 참된 문화유산을 미래에 전하는 전통을 계승하는 학과입니다.</td></tr>
</table>

관련학과

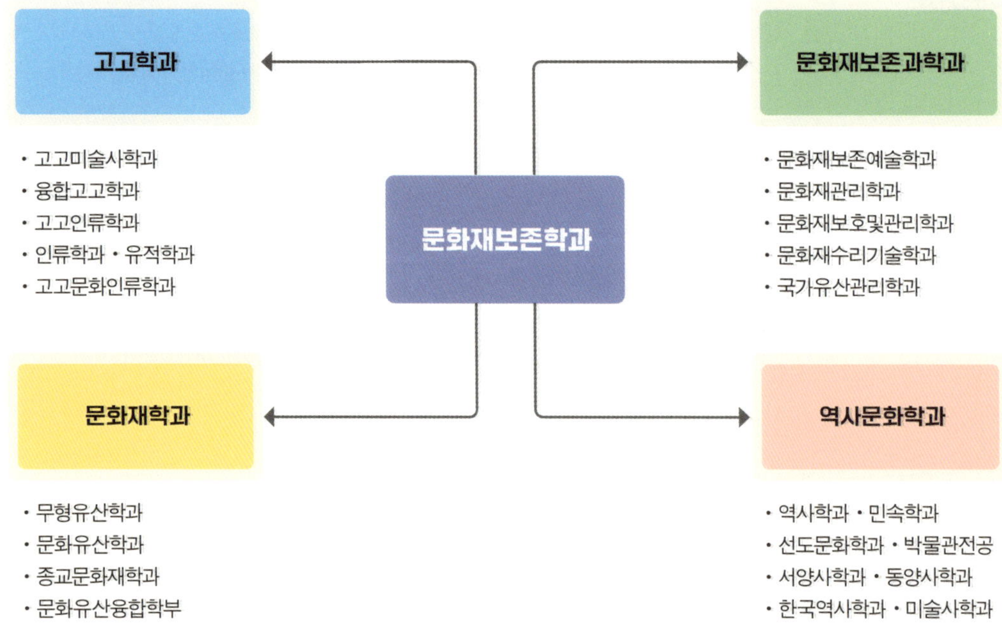

주요 교과목 무기문화재 재료연구, 도토기보존 실습, 문화재분석 실습, 문화재학 개론, 한국미술사 등의 교과목을 공부합니다.

진로 탐색과 준비, 이렇게 하세요	1. 중·고등학생 때부터 박물관, 미술관, 전시회, 박람회 등에 자주 가서 관람하고 심미안을 키우면 좋습니다. 2. 전국에 흩어져 있는 문화 관광지 답사를 통해 문화재에 담긴 역사를 살펴보고 탐색할 수 있습니다. 3. 역사와 예술 분야에 관심을 가지고 관련 활동을 하면 좋습니다.

고교학점제 준비, 이렇게 하세요

공통	통합사회 1·2, 통합과학 1·2 등
일반 선택	사회 교과: 사회와 문화, 세계사 과학 교과: 화학 한문 교과: 한문
진로 선택	동아시아 역사 기행, 한국지리 탐구, 법과 사회, 인문학과 윤리, 화학 반응의 세계, 한문 고전 읽기
융합 선택	수학과 문화, 여행지리, 역사로 탐구하는 현대세계, 사회문제 탐구, 미술과 매체, 지식 재산 일반, 언어생활과 한자

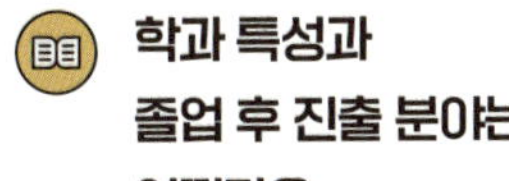

학과 특성과 졸업 후 진출 분야는 어떤가요

① 사람이 나이가 들수록 병들어 가듯이 시간이 지날수록 점차 노화되는 문화재를 보존하고 수명을 연장시키는 일련의 활동을 담당합니다. 학문으로서의 문화재, 문화재의 사회적 효용 가치, 한국 문화재 조사, 각국의 문화재 연구 현황 등 인문학적 기초 지식을 다지고 비파괴검사와 다양한 과학적 분석·보존 방법을 학습할 수 있습니다.

② 졸업하면 문화재 관련 국가·민간 기관이나 문화직 공무원 등 문화재 관련 정부나 지방자치단체 등의 공공기관, 학계 및 연구기관으로 진출할 수 있습니다. 또 언론사, 박물관, 미술관 등에서도 활동할 수 있습니다.

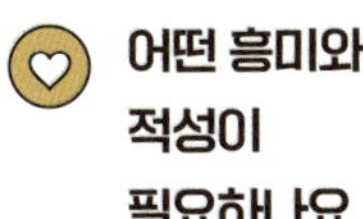

어떤 흥미와 적성이 필요하나요

① 문화재 보존에 관심과 책임의식이 있고 문화재를 탐구하는 데 흥미가 있으며 무엇보다 꼼꼼한 성격이라면 유리합니다.

② 문화재를 다뤄야 하므로 역사, 유적, 유물에 대한 지식을 갖추고 있다면 좋습니다.

③ 옛것을 사랑하면서 이를 보존하기 위해 적극적으로 새로운 기술을 활용하려 한다면 도움이 됩니다.

관련자격 문화재수리기능자, 문화재수리기술자, 박물관 및 미술관 준학예사

관련직업 문화재 보존원, 학예사(큐레이터), 기록물 관리사, 문화관광 해설사, 문화재 감정평가사

관련기관 국립박물관문화재단, 한국문화재재단 등

008

문화콘텐츠학과

**학과
소개**

'문화'는 한 사회의 정신적·물질적 발전 상태를 나타냅니다. 그리고 그 사회의 문화 산출물은 방송·문학·게임·영화 등 다양한 분야에서 '문화콘텐츠'의 형태로 표현됩니다. 문화콘텐츠학과에서는 이와 같은 방대한 '사회의 산출물'들에 대한 깊이 있는 지식을 배우며, 날카로운 비평 능력도 갖추도록 가르칩니다. 이를 통해 문화콘텐츠 분야 글로벌 인재로 성장할 수 있습니다.

관련학과

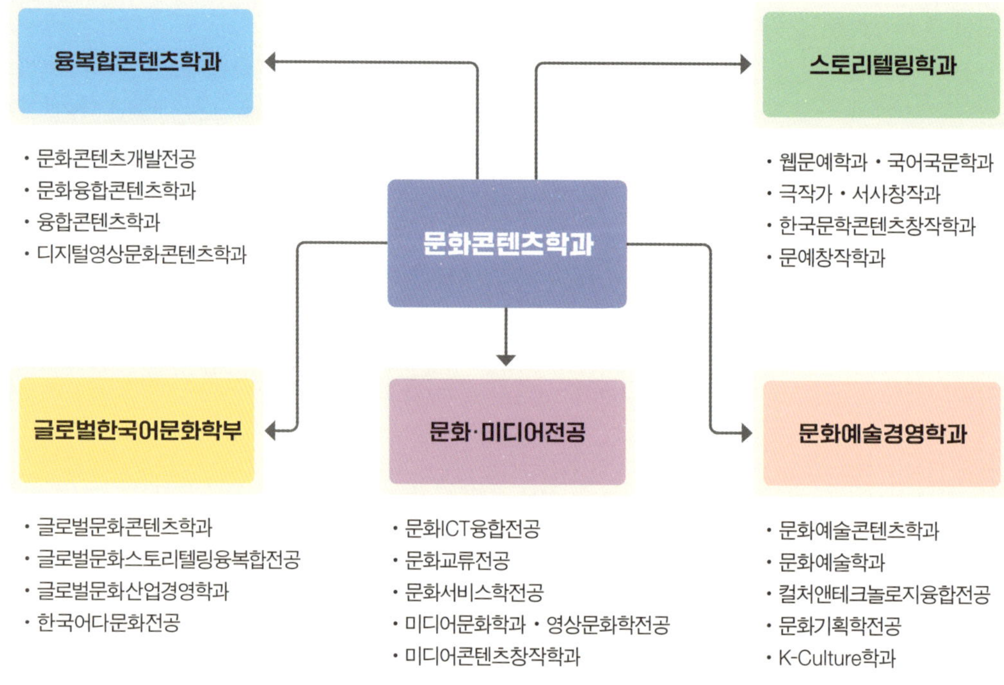

융복합콘텐츠학과
· 문화콘텐츠개발전공
· 문화융합콘텐츠학과
· 융합콘텐츠학과
· 디지털영상문화콘텐츠학과

스토리텔링학과
· 웹문예학과 · 국어국문학과
· 극작가 · 서사창작과
· 한국문학콘텐츠창작학과
· 문예창작학과

글로벌한국어문화학부
· 글로벌문화콘텐츠학과
· 글로벌문화스토리텔링융복합전공
· 글로벌문화산업경영학과
· 한국어다문화전공

문화·미디어전공
· 문화ICT융합전공
· 문화교류전공
· 문화서비스학전공
· 미디어문화학과 · 영상문화학전공
· 미디어콘텐츠창작학과

문화예술경영학과
· 문화예술콘텐츠학과
· 문화예술학과
· 컬처앤테크놀로지융합전공
· 문화기획학전공
· K-Culture학과

주요 교과목   문화비평워크숍, 문화콘텐츠 제작실습, 영상문화콘텐츠 분석, 문화이론 강독, 디지털과 문화콘텐츠 등의 교과목을 공부합니다.

진로 탐색과 준비, 이렇게 하세요

1. 중·고등학생 때부터 다양한 문화콘텐츠 공모전에 참가하면 작품을 평가받고 실전 경험을 쌓을 수 있습니다.
2. 주간·월간 단위 등 주기적으로 독서 일기 쓰기를 꾸준히 하면, 책 읽기 및 글쓰기 능력을 기르는 데 도움이 됩니다.
3. 문학 동아리에 들어가 다양한 작품을 읽고 비평 활동을 하면 좋습니다.

고교학점제 준비, 이렇게 하세요

공통	공통국어 1·2, 공통영어 1·2, 통합사회 1·2, 한국사 1·2 등
일반 선택	국어 교과: 화법과 언어, 독서와 작문, 문학 영어 교과: 영어 I·II, 영어 독해와 작문 사회 교과: 사회와 문화, 세계시민과 지리, 현대사회와 윤리, 세계사 예술 교과: 음악, 미술, 연극
진로 선택	주제 탐구 독서, 문학과 영상, 영미 문학 읽기, 동아시아 역사 기행, 인문학과 윤리, 정치, 법과 사회, 윤리와 사상, 음악 감상과 비평, 미술 감상과 비평, 인간과 철학, 인간과 심리
융합 선택	독서 토론과 글쓰기, 매체 의사소통, 미디어 영어, 세계 문화와 영어, 음악과 미디어, 미술과 매체, 지식 재산 일반, 사회문제 탐구, 윤리문제 탐구, 논술

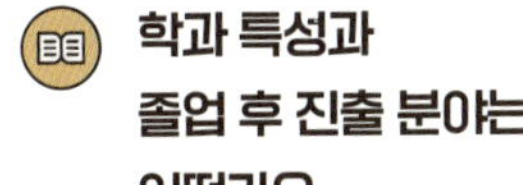

학과 특성과 졸업 후 진출 분야는 어떤가요

① '문화' 분야는 스펙트럼이 광대한 만큼, 이 학과를 졸업하면 매우 다양한 진로를 고려해볼 수 있습니다. 또 많은 학교에서 문화콘텐츠학과는 인문계열학부에 속해 있습니다. 문화콘텐츠의 본질은 결국 '사람'이 사회라는 틀 안에서 만들어내는 인문학적 복합체이기 때문입니다.
② 졸업하면 언론사, 광고 대행사, 애플리케이션 개발사, 문화재단 등의 기업 및 산업체에서 활동할 수 있습니다. 또 문화콘텐츠 관련 민간이나 국가 기관, 학계 및 연구기관 등으로 진출할 수 있습니다.

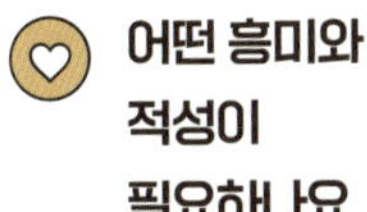

어떤 흥미와 적성이 필요하나요

① 중·고등학교에서 국어 관련 과목을 재미있게 공부했거나, 책 읽는 것을 즐겼다면 이 학과에 진학해 공부하는 데 도움이 됩니다.
② 문화콘텐츠는 사람이 사회에서 창의적으로 개발한 산출물이므로, 기본적으로 인문학과 사회 현상에 호기심과 관심이 많으면 재미를 느낄 것입니다.
③ 대부분의 문화콘텐츠는 언어로 이루어져 있는 경우가 많으므로, 언어 능력 및 글쓰기·창작 능력이 뛰어나면 문화콘텐츠학과에서 공부하는 데 어려움을 겪지 않을 것입니다.

관련자격 게임그래픽전문가, 게임기획전문가, 게임프로그래밍전문가, 멀티미디어콘텐츠제작전문가, 컨벤션기획사

관련직업 PD, 공연 기획자, 마케터, 문화 비평가, 문화콘텐츠 기획자, 여행작가

관련기관 한국출판문화산업진흥원, 한국콘텐츠진흥원, 한국문화예술교육진흥원, 한국언론진흥재단 등

009

사회·산업심리학과

학과 소개 '나는 무슨 문제로 이렇게 힘들어할까?', '이런 일이 있을 때 왜 우리는 이렇게 행동할까?' 우리가 가끔 자신을 성찰할 때 하는 생각들입니다. 사회·산업심리학과에서는 이와 같은 인간의 마음과 행동을 과학적으로 공부합니다. 이를 기반으로 우리 사회의 많은 문제를 해결하는 동시에 개개인의 삶의 질을 높이는 데 기여하는 인재를 키웁니다.

관련학과

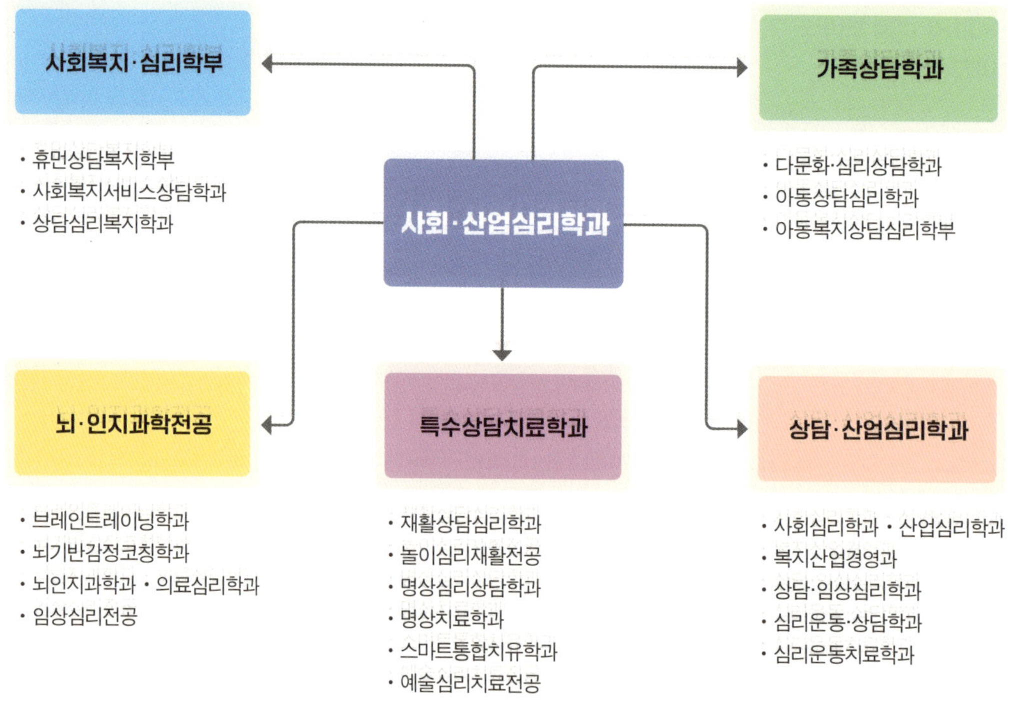

주요 교과목 사회심리, 생리심리, 성격심리, 심리조사법, 인지심리 등의 교과목을 공부합니다.

진로 탐색과 준비, 이렇게 하세요

1. 중·고등학생 때부터 인간의 심리에 관심을 가지고 관련 서적을 읽고 이에 대한 본인의 생각을 정리해본다면 인간 심리에 대한 이해도가 높아질 뿐만 아니라 본인만의 독창성과 논리력을 기를 수 있습니다.
2. 아직 전문성은 없더라도 친구들이나 지인들에게 심리검사 결과를 해석해주는 활동을 해본다면 사람마다 다양하게 나타나는 심리 결과를 일찍부터 접하고 해석하는 경험을 쌓을 수 있을 것입니다.

고교학점제 준비, 이렇게 하세요

공통	공통수학 1·2, 통합사회 1·2, 통합과학 1·2 등
일반 선택	수학 교과: 확률과 통계
	사회 교과: 사회와 문화, 현대사회와 윤리
	과학 교과: 생명과학
진로 선택	직무 수학, 윤리와 사상, 인간과 철학, 인간과 심리, 인문학과 윤리, 교육의 이해
융합 선택	실용 통계, 수학과제 탐구, 사회문제 탐구, 윤리문제 탐구, 융합과학 탐구

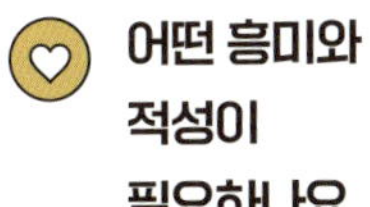

학과 특성과 졸업 후 진출 분야는 어떤가요

① 다른 인문학에 비해 과학적 방법론을 많이 활용하기에 자연과학과 사회과학, 인문학의 교차점에 위치하여 여러 학문 분야를 유기적으로 연결해줍니다. 실제로 인간-컴퓨터 공학, 인공지능, 생체 활동 등 다양한 분야에서 활용되고 있는 인간학의 중심 학문이자 진정한 융합학문이라고 볼 수 있습니다.
② 졸업하면 일반 기업의 마케팅팀, 홍보팀, 광고 대행사, 리서치 회사, 컨설팅 회사, 심리 검사 및 상담기관, 언론사 등으로 진출할 수 있습니다. 또 심리 및 상담 관련 학계 및 연구기관, 중앙정부 및 지방자치단체, 관련 공공기관에서 활동할 수 있습니다.

어떤 흥미와 적성이 필요하나요

① 사람의 심리나 행동 및 사람들 간의 관계 형성 양상에 깊은 관심을 가지고 있고, 인간 자체에 대해 연구하고자 하는 마음이 있다면 최적의 전공이라 할 수 있습니다.
② 실험, 조사, 가설 설정 등 과학적 방법론을 많이 활용하므로 논리적 사고력이 뒷받침된다면 유리합니다.

관련자격 경영지도사, 사회조사분석사, 소비자전문상담사, 임상심리사, 전문상담교사, 정신보건임상심리사, 직업상담사, 청소년상담사, 청소년지도사, 평생교육사

관련직업 미술치료사, 심리치료사, 언론인(기자, PD, 아나운서 등), 인문과학 연구원, 임상심리사, 작가, 카피라이터

관련기관 한국청소년상담복지개발원, 한국건강가정진흥원 등

010

스토리텔링학과

**학과
소개**

어렸을 때 할머니께서 들려주던 구전 동화, 드라마의 플롯, 다큐멘터리의 내레이션 등의 공통점은 바로 '스토리텔링'입니다. 스토리텔링학과에서는 상대방에게 알리고자 하는 것을 생생하고 설득력 있게 전달하는 방법을 공부합니다. 이 학과에서는 현재 많은 매체에서 사용하고 있는 스토리텔링 기법을 각 문화·매체에 잘 적용할 수 있는 스토리텔러를 키웁니다.

📖 관련학과

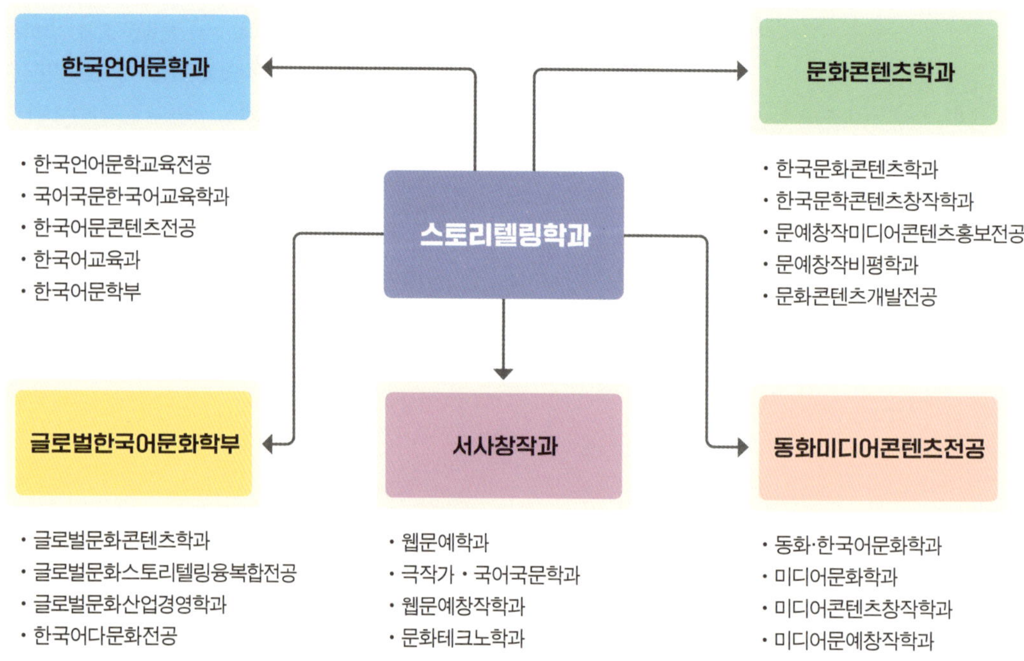

한국언어문학과
· 한국언어문학교육전공
· 국어국문한국어교육학과
· 한국어문콘텐츠전공
· 한국어교육과
· 한국어문학부

문화콘텐츠학과
· 한국문화콘텐츠학과
· 한국문학콘텐츠창작학과
· 문예창작미디어콘텐츠홍보전공
· 문예창작비평학과
· 문화콘텐츠개발전공

글로벌한국어문화학부
· 글로벌문화콘텐츠학과
· 글로벌문화스토리텔링융복합전공
· 글로벌문화산업경영학과
· 한국어다문화전공

서사창작과
· 웹문예학과
· 극작가 · 국어국문학과
· 웹문예창작학과
· 문화테크노학과

동화미디어콘텐츠전공
· 동화·한국어문화학과
· 미디어문화학과
· 미디어콘텐츠창작학과
· 미디어문예창작학과

📖 **주요 교과목**　스토리텔링 입문, 디지털 스토리텔링, 영상콘텐츠와 스토리텔링, 문화산업의 이해 등의 교과목을 공부합니다.

진로 탐색과 준비, 이렇게 하세요

1. 중·고등학생 때부터 스토리텔링 공모전에 참가하여 실전 경험을 쌓고 객관적인 평가를 받아 역량을 키워 나갈 수 있습니다.
2. 주간·월간 단위 등 주기적으로 독서 일기 쓰기를 꾸준히 하면, 책 읽기 및 글쓰기 능력을 기르는 데 도움이 됩니다.
3. 원하는 주제를 정하여 동화를 써본다면 스토리를 만드는 능력을 기를 수 있습니다.

고교학점제 준비, 이렇게 하세요

| 공통 | 공통국어 1·2, 공통영어 1·2, 통합사회 1·2, 한국사 1·2 등 |

| 일반 선택 | 국어 교과: 화법과 언어, 독서와 작문, 문학 |

영어 교과: 영어 I·II, 영어 독해와 작문

사회 교과: 사회와 문화, 세계시민과 지리, 현대사회와 윤리, 세계사

예술 교과: 음악, 미술, 연극

| 진로 선택 | 주제 탐구 독서, 문학과 영상, 영미 문학 읽기, 동아시아 역사 기행, 인문학과 윤리, 정치, 법과 사회, 윤리와 사상, 음악 감상과 비평, 미술 감상과 비평, 인간과 철학, 인간과 심리 |

| 융합 선택 | 독서 토론과 글쓰기, 매체 의사소통, 미디어 영어, 세계 문화와 영어, 음악과 미디어, 미술과 매체, 지식 재산 일반, 사회문제 탐구, 윤리문제 탐구, 논술 |

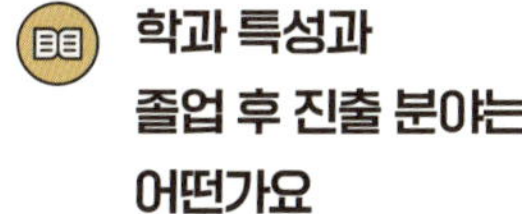

학과 특성과 졸업 후 진출 분야는 어떤가요

① 최근에는 디지털 영상, 음성, 사운드, 애니메이션 등 많은 종류의 매체로 정서적 경험을 공유하는 것이 대세입니다. 스토리텔링학과는 단순히 '이야기하기'에 대해서만 배우는 학과가 아니라, 현대의 지식 기반 산업과 연계된 첨단 인문학이라 할 수 있습니다.
② 졸업하면 출판사, 광고 기획사, 광고 대행사, 기업 일반 사무직, 사설 학원, 신문사, 잡지사, 방송국 등의 기업 및 산업체로 진출할 수 있습니다. 또 언어·문학 관련 국가나 민간 연구소, 문화 콘텐츠 관련 정부 및 공공기관에서 활동할 수도 있습니다.

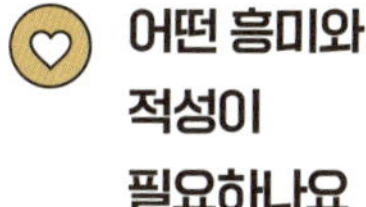

어떤 흥미와 적성이 필요하나요

① 평소 자신이 본 영화의 줄거리를 친구들에게 맛깔나게 이야기하는 것을 즐겼다면 좋습니다.
② 다양한 매체를 통한 스토리 제작과 홍보 등에 관심이 많다면 이 학과에 흥미를 느낄 수 있을 것입니다.
③ 창작 능력이 뛰어나고, 긴 이야기를 듣거나 읽으면서 핵심을 빨리 파악하는 능력이 있다면 스토리텔러가 될 자질이 있습니다.

관련자격 국어능력인증시험, 사서, 한국어교육능력검정시험

관련직업 광고·홍보 전문가, 사서, 언론인(기자, PD, 아나운서 등), 인문과학 연구원, 작가, 출판물 기획자, 통·번역가

관련기관 한국교육학술정보원, 한국고전번역원, 한국언론진흥재단, 한국출판문화산업진흥원 등

011

역사문화학과

학과 소개

'역사를 잊은 민족에게 미래는 없다'는 말처럼 역사가 중요한 이유는 과거, 현재, 미래는 단절된 것이 아니라 연속적이며, 과거는 단순히 지나가 버린 것이 아니라 현재에도 살아 있고 의미가 있기 때문입니다. 역사문화학과는 이처럼 중요한 역사와 문화의 의미를 배우며, 과거와 현재를 성찰해 미래 사회를 주도하는 인재를 키웁니다.

관련학과

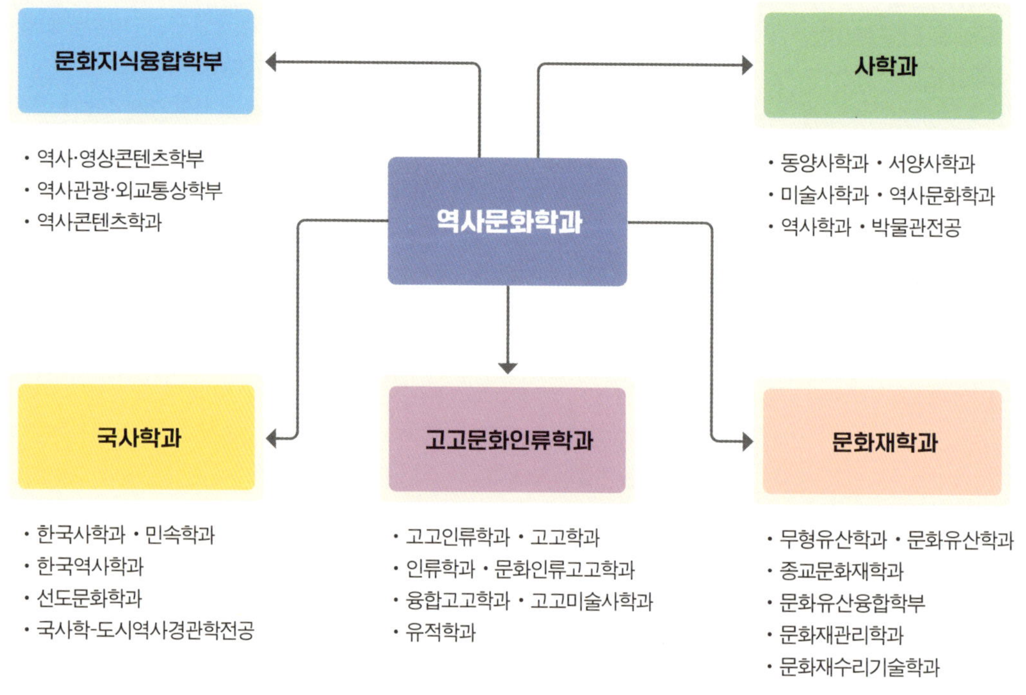

주요 교과목 동서양 고대사, 동서양 근대사, 동서양 중세사, 동서양 현대사, 역사학 개론 등의 교과목을 공부합니다.

**진로 탐색과
준비,
이렇게 하세요**

1. 역사 탐구를 위하여 동양과 서양의 역사 사료들을 미리 읽고 사료 독해 능력과 분석 능력을 키우는 훈련을 한다면 도움이 될 것입니다.
2. 전국에 흩어져 있는 문화 관광지 답사를 통해 문화재에 담긴 의미를 살펴보고 탐색할 수 있습니다.
3. 역사 콘텐츠를 바탕으로 이루어지는 다양한 산업을 살펴보면 좋습니다.

**고교학점제
준비,
이렇게 하세요**

공통	공통국어 1·2, 통합사회 1·2, 한국사 1·2 등
일반 선택	국어 교과: 독서와 작문
	사회 교과: 사회와 문화, 세계사, 세계시민과 지리, 현대사회와 윤리
	한문 교과: 한문
진로 선택	주제 탐구 독서, 정치, 법과 사회, 국제 관계의 이해, 미술 감상과 비평, 한국지리 탐구, 동아시아 역사 기행, 한문 고전 읽기
융합 선택	언어생활 탐구, 미술과 매체, 지식 재산 일반, 역사로 탐구하는 현대세계, 사회문제 탐구, 언어생활과 한자

**학과 특성과
졸업 후 진출 분야는
어떤가요**

① 다양한 자료·유물을 바탕으로 인간과 사회 문제를 시간적 변화 속에서 분석한다는 점에서 모든 인문과학의 기초나 다름없는 학과입니다. 학과 특성상, 문화 유적 답사 및 유적 발굴 등 야외에 나가 역사적 체험을 할 수도 있습니다. 수학능력시험에서 '국사' 과목이 필수 과목으로 채택되면서 이 학과에 대한 관심이 높아졌습니다.

② 졸업하면 출판사, 초·중·고 및 대학 도서관, 기업의 문헌 자료실, 기업체의 사무직, 사설 학원, 언론사 등의 기업 및 산업체로 진출할 수 있습니다. 또 인문·사회과학 관련 국가나 민간 연구소, 문화재 관련 연구소, 역사문화 관련 공공기관에서 활동할 수 있습니다.

**어떤 흥미와
적성이
필요하나요**

① 중·고등학생 때 국사 및 세계사 등 역사 과목을 재미있게 공부했으면 이 학과에 입학할 기본적인 소양을 갖춘 것이나 마찬가지입니다.

② 인간에 대해 깊은 호기심을 가지며, 인류와 사회의 발달 과정에 흥미를 느낀다면 4년 내내 즐겁게 공부할 수 있을 것입니다.

③ 사료와 사료 사이의 여러 상황을 생각하는 상상력이 풍부하면 좋고, 더불어 역사의 진행 과정을 분석할 논리력을 갖추면 유리합니다.

관련자격 문화재수리기술자, 박물관 및 미술관 준학예사, 사서, 사서교사

관련직업 감정평가사, 국사·세계사 교사, 언론인(기자, PD, 아나운서 등), 인문과학 연구원, 인문사회 계열 교수, 작가

관련기관 한국사학진흥재단, 국립박물관문화재단 등

012

융합고고학과

학과 소개
선조들이 남긴 유적이나 유물을 통해 과거의 문화와 역사를 밝히는 학문으로 인류가 본격적으로 문자를 발명해 역사를 기록하기 이전, 문헌 기록이 부족한 선사시대를 연구하는 학과입니다. 초기 인류 사회의 사회·경제·문화 등을 심층 탐구해야 오늘날 우리 사회의 정체성과 위상을 이해해 더 나은 발전을 꾀할 수 있기에 그 역할이 점점 커지고 있는 추세입니다.

관련학과

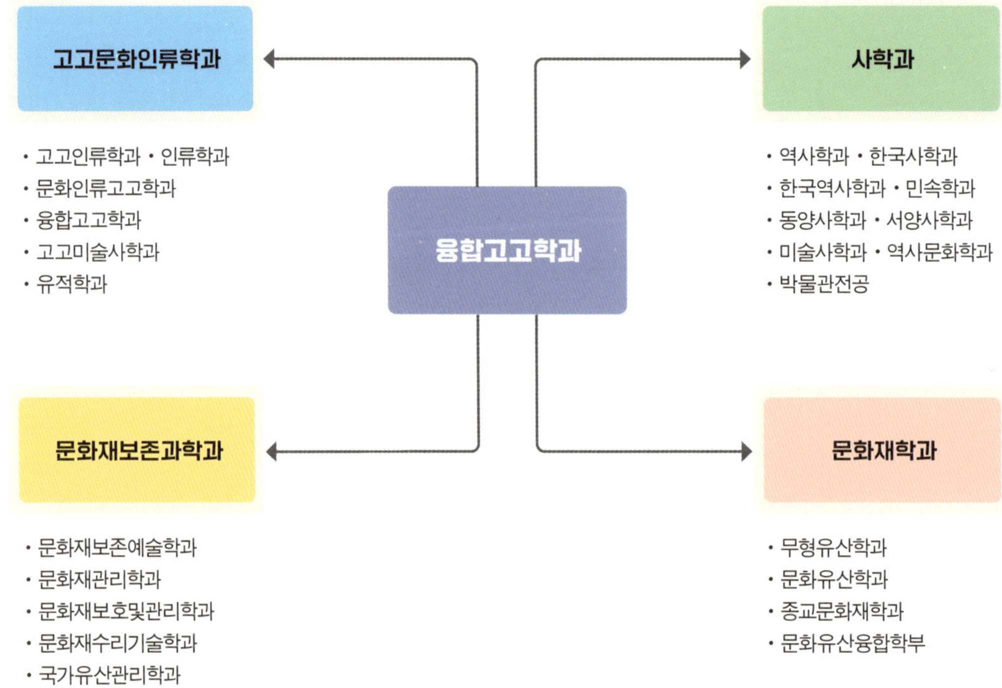

주요 교과목   고고학사, 문헌고고학, 한국의 고분문화, 인류의 기원과 진화, 고대·선사문화 등의 교과목을 공부합니다.

진로 탐색과 준비, 이렇게 하세요

1. 중·고등학생 때부터 역사 과목에 관심을 가지고 즐겁게 공부하면 좋습니다.
2. 고고학 관련 서적을 읽고 우리 주위에 존재하는 구석기, 신석기 관련 유적지를 찾아가 보면 좋습니다.
3. 문화재 관련 시설에서 봉사활동을 하며 실전 경험을 쌓을 수 있습니다.

고교학점제 준비, 이렇게 하세요

공통	통합사회 1·2, 한국사 1·2 등
일반 선택	사회 교과: 세계시민과 지리, 사회와 문화, 세계사 한문 교과: 한문
진로 선택	한국지리 탐구, 동아시아 역사 기행, 윤리와 사상, 정치, 법과 사회, 논리와 사고, 한문 고전 읽기
융합 선택	여행지리, 사회문제 탐구, 역사로 탐구하는 현대세계

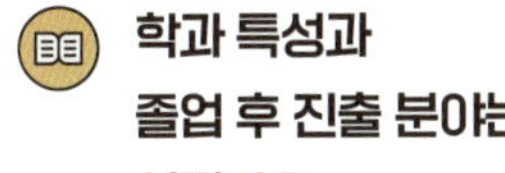

학과 특성과 졸업 후 진출 분야는 어떤가요

① 다양한 자료·유물을 바탕으로 인간과 사회 문제를 시간 변화 속에서 분석한다는 점에서 모든 인문과학의 기초나 다름없습니다. 고고학적 유적과 유물은 지역 문화를 잘 보여주며 중요한 관광자원이 될 수도 있습니다. 특히 국제화 추세에 따라 세계 각 지역에 대한 전문적인 연구의 필요성이 증가하고 있으므로 관련 전공자 수요가 급증할 것으로 전망됩니다.

② 졸업하면 초·중·고 및 대학 도서관, 언론사, 기업의 문헌 자료실 등으로 진출할 수 있습니다. 또 기업체의 사무직, 사설 학원, 출판사 등에서도 활동할 수 있습니다. 인문·사회과학 관련 국가나 민간 연구소, 문화재 관련 연구소, 역사 관련 중앙정부 및 지방자치단체의 문서실 등에서 일하기도 합니다.

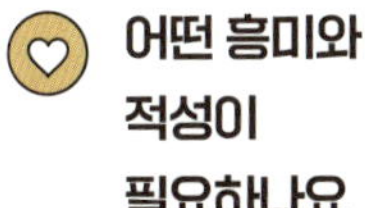

어떤 흥미와 적성이 필요하나요

① 인간의 삶과 활동에 깊은 호기심을 가지며, 인류와 사회의 발달 과정에 흥미를 느낀다면 재미있게 공부할 수 있습니다.

② 사료와 사료 사이의 여러 상황을 생각하는 상상력이 풍부하면 좋으며, 더불어 유물을 보고 분석할 수 있는 논리력을 갖추면 유리합니다.

③ 역사 유적지에서 집중력과 끈기를 가지고 유물을 찾고 연구를 해나가는, 깊게 탐구하는 과정을 즐기는 성격이 도움이 됩니다.

관련자격 문화재수리기술자, 박물관 및 미술관 준학예사, 사서, 사서교사

관련직업 국사·세계사 교사, 언론인(기자, PD, 아나운서 등), 인문과학 연구원, 인문사회계열 교수, 작가

관련기관 한국사학진흥재단, 국립박물관문화재단 등

013

자율전공학부

<table>
<tr><td>학과
소개</td><td>특정 전공을 미리부터 정하지 않고 입학해서 일정 교양과목과 기초 소양 교육을 이수한 다음, 본인의 관심과 적성에 맞게 전공과 진로를 선택하여 공부하고 졸업할 수 있는 학부입니다. 학과 선택은 어렵고도 중요한데 이는 진로와 연결되는 경우가 많기 때문입니다. 전공 선택의 유연성 확보를 통해 사회적 인력 수요에 탄력적으로 대처할 수 있는 미래 지향적 인재를 양성합니다.</td></tr>
</table>

📖 관련학과

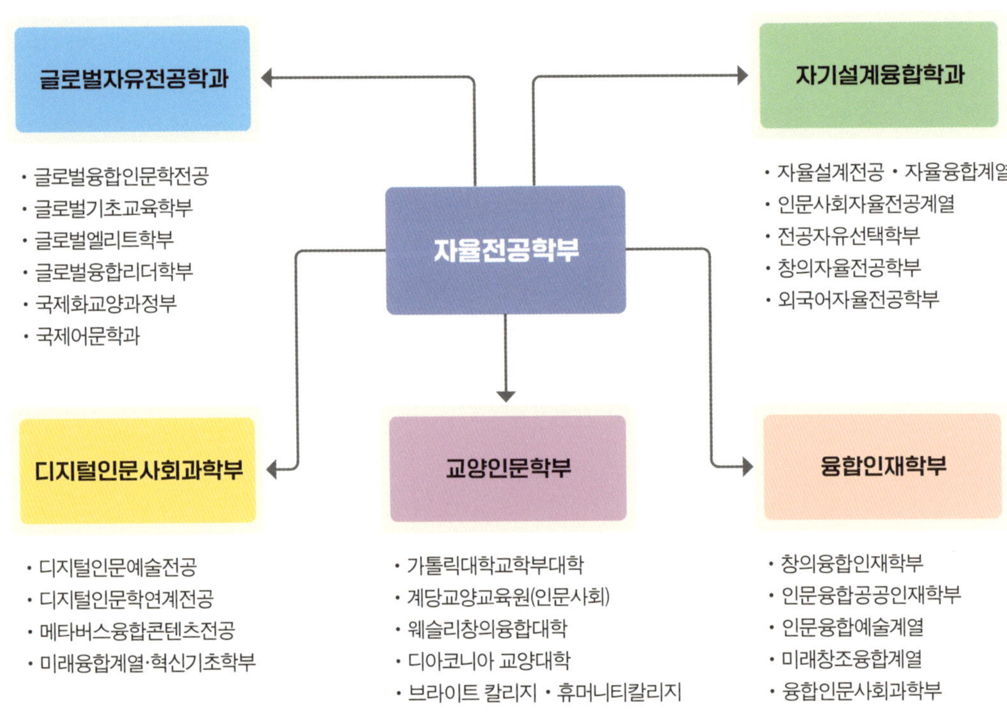

📖 **주요 교과목**　지원한 분야에 따라 공학과 경제, 사회학, 철학 개론, 과학기술과 윤리, 정치학 개론 등의 교과목을 공부합니다.

진로 탐색과 준비, 이렇게 하세요

1. 중·고등학생 때부터 관심을 가지고 있는 다양한 부문에 대해 적극적으로 살펴보고 필요하다면 관련 활동을 해보는 것이 자신의 적성을 알아보는 데 좋습니다.
2. 본인의 성향 탐색을 위하여 진로 관련 검사를 해보는 것이 도움이 됩니다.
3. 다양한 진로와 직업 관련 책자나 위인전, 유명인의 자서전 등을 읽으며 적성과 관련 정보를 적극적으로 알아보세요.
4. 여러 관심 있는 분야의 신문 기사나 정보를 모으고 자신의 의견을 간단히 정리한다면 관련 지식을 쌓는 데 도움이 됩니다.

고교학점제 준비, 이렇게 하세요

| 공통 | 공통수학 1·2, 공통영어 1·2, 통합사회 1·2 등 |

일반 선택
- **수학 교과:** 대수, 미적분 I, 확률과 통계
- **영어 교과:** 영어 I·II, 영어 독해와 작문
- **사회 교과:** 사회와 문화, 세계시민과 지리, 현대사회와 윤리
- **교양 교과:** 진로와 직업

진로 선택 심화 영어, 한국지리 탐구, 도시의 미래 탐구, 경제, 인간과 철학, 교육의 이해

융합 선택 수학과 문화, 실생활 영어 회화, 세계 문화와 영어, 사회문제 탐구, 윤리문제 탐구, 인간과 경제활동

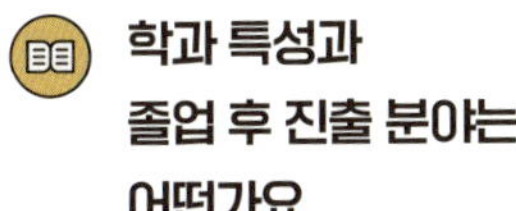 학과 특성과 졸업 후 진출 분야는 어떤가요

① 입학 시점에서 전공을 바로 선택하지 않고 다양한 전공 선택 기회를 갖거나 학생 개인이 전공을 만들 수도 있습니다. 현대 사회는 여러 분야를 알면서 동시에 자신만의 전문성을 갖는 인재를 추구하는 만큼 자율전공학부의 인기는 계속될 전망입니다. 자율전공학부 학생들이 자율전공 이수 후 어느 학과를 선택하느냐에 따라 진출하는 분야는 매우 다양해집니다.

② 졸업하면 은행, 증권사, 보험회사, 컨설팅 회사, 무역회사, 회계법인 회사, 리서치 회사, 출판사, 언론사 등의 기업 및 산업체로 진출할 수 있습니다. 또 인문·사회·과학 분야 학계 및 연구기관, 자율전공 관련 중앙정부 및 지방자치단체에서도 활약할 수 있습니다.

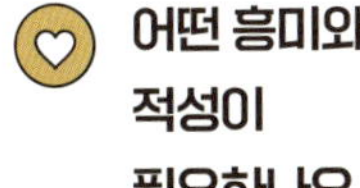 어떤 흥미와 적성이 필요하나요

① 일단 자기 자신을 이해하며 자신의 꿈이나 비전에 대해 고민하여 다양한 전공을 탐색해 진로를 찾아가고 싶은 사람에게 맞습니다.

② 여러 분야에 호기심이 많은 사람에게 적합하며, 개별 학과에 대한 정보를 스스로 수집해 선택해야 하므로 능동성과 주체성이 요구됩니다.

관련자격 인문, 사회, 과학, 경영 등 본인이 관심 있는 분야의 자격 탐색

관련직업 검사, 경영컨설턴트, 변리사, 변호사, 보험계리사, 사회복지사, 세무사, 언론인(기자, PD, 아나운서 등), 외교관, 은행원, 판사, 펀드 매니저, 회계사

관련기관 경제·인문사회연구회, 한국직업능력개발원 등

014

철학상담학과

철학(philosophy)의 어원을 풀어보면 '지혜를 사랑하다'입니다. 결국 철학은 자신과 자신의 삶을 둘러싼 세계에 대한 지적인 관심이라고 할 수 있습니다. 철학상담학과에 입학하면 삶의 의미, 신, 선과 악, 존재 등에 대해 궁극적인 의문을 던지고 이에 합리적으로 대답하는 법을 공부하며 이를 바탕으로 심리상담뿐 아니라 정보산업 및 문화산업 분야에서 활발히 상담 활동을 할 수 있습니다.

관련학과

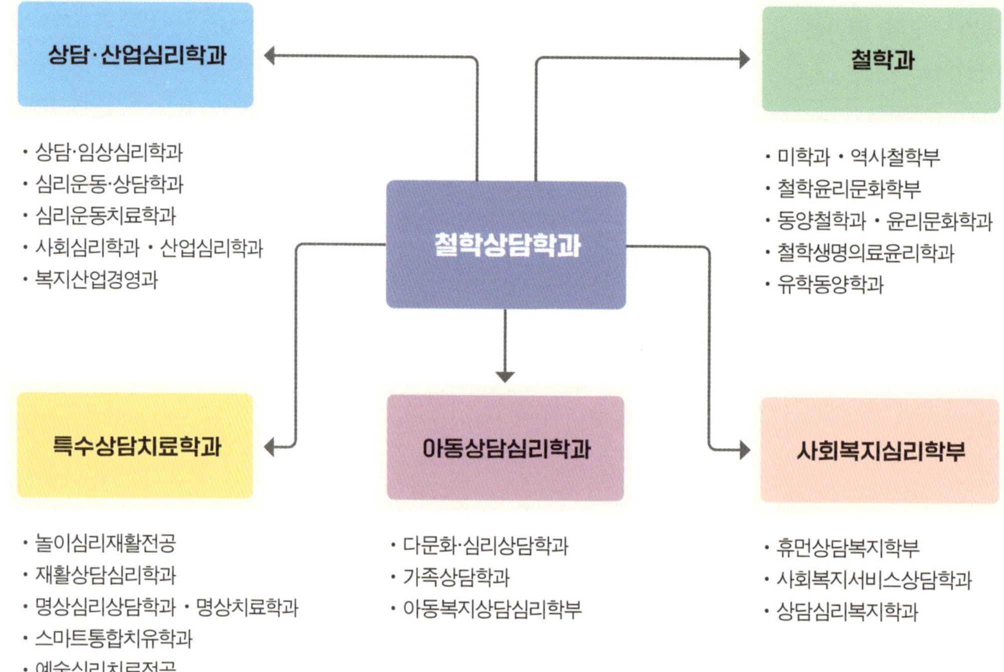

상담·산업심리학과
· 상담·임상심리학과
· 심리운동·상담학과
· 심리운동치료학과
· 사회심리학과 · 산업심리학과
· 복지산업경영과

철학과
· 미학과 · 역사철학부
· 철학윤리문화학부
· 동양철학과 · 윤리문화학과
· 철학생명의료윤리학과
· 유학동양학과

특수상담치료학과
· 놀이심리재활전공
· 재활상담심리학과
· 명상심리상담학과 · 명상치료학과
· 스마트통합치유학과
· 예술심리치료전공

아동상담심리학과
· 다문화·심리상담학과
· 가족상담학과
· 아동복지상담심리학부

사회복지심리학부
· 휴먼상담복지학부
· 사회복지서비스상담학과
· 상담심리복지학과

주요 교과목　존재론과 형이상학, 철학적 논리학, 한국철학사, 현대철학의 흐름, 상담심리학 등의 교과목을 공부합니다.

진로 탐색과 준비, 이렇게 하세요	1. 중·고등학생 때부터 인간의 심리에 관심을 가지고 심리와 상담 관련 책을 읽으면 좋습니다. 2. 철학 서적을 읽고 이에 대한 본인의 생각을 정리해본다면 철학 사상에 대한 이해뿐만 아니라 본인만의 독창성과 논리력을 기를 수 있습니다. 3. 아직 전문성은 없더라도 친구들이나 지인들의 고민이나 여러 이야기를 들어준다면 사람마다 다양한 심리를 접하는 경험을 쌓을 수 있습니다.

고교학점제 준비, 이렇게 하세요	공통 통합사회 1·2 등 일반 선택 사회 교과: 사회와 문화, 현대사회와 윤리 한문 교과: 한문 진로 선택 윤리와 사상, 인문학과 윤리, 법과 사회, 한문 고전 읽기, 인간과 철학, 논리와 사고, 인간과 심리, 교육의 이해, 삶과 종교 융합 선택 사회문제 탐구, 윤리문제 탐구, 논술

📖 학과 특성과 졸업 후 진출 분야는 어떤가요

① 4년 동안 기본적으로 논리적·비판적으로 사고하는 방법에 대해 철저히 배우기 때문에 모든 인문사회과학의 토대를 마련할 수 있습니다. 무엇보다 학생들의 자유로운 사고 전개를 중시하고 인간의 심리 발달에 대한 이해를 바탕으로 상담 노하우를 쌓을 수 있습니다. 이러한 특성으로 인해 많은 학생이 졸업 후 연극, 영화 등의 개성 있는 분야에 종사하기도 합니다.

② 졸업하면 언론사, 금융사, 문화콘텐츠 기획 회사 등의 기업 및 산업체로 진출할 수 있습니다. 또 철학·상담 관련 연구소 같은 학계 및 민간 연구기관, 인문·사회과학 관련 중앙 및 지방자치단체에서 활동할 수도 있습니다.

♡ 어떤 흥미와 적성이 필요하나요

① 세상에서 일어나는 모든 일들 또는 진리 그 자체에 호기심과 탐구하고 싶은 마음이 있으면 이 학과에 흥미를 느낄 것입니다.

② 이 학과에서 학문적 성취를 이루기 위해서는 모든 지적 활동의 기초가 되는 비판적 사고 능력이 중요하므로, 기본적인 논리력을 갖추고 있어야 합니다.

③ 무엇보다 사람들이 하는 이야기를 잘 들어주고 친근하게 말을 건네는 커뮤니케이션 능력이 있으면 좋습니다.

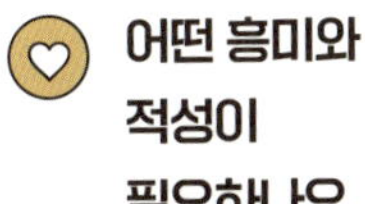

🎖 **관련자격**	중등학교2급정교사(철학), 청소년상담사, 청소년지도사, 직업상담사, 임상심리사
👤 **관련직업**	언론인(기자, PD, 아나운서 등), 윤리 교사, 인문과학 연구원, 작가, 출판물 기획 전문가, 평론가, 청소년상담사, 청소년지도사, 임상심리사
📁 **관련기관**	경제·인문사회연구회, 한국노동연구원, 한국상담학회 등

PART 02

어학 · 외국어계열

015

관광통역과

**학과
소개**

오늘날과 같은 글로벌 시대에 사람들의 이동이 잦아지면서 외국어와 관광산업의 중요성이 나날이 커지고 있습니다. 관광통역과는 현재 가장 각광 받는 영어, 일본어, 중국어 3개 국어에 대한 집중 교육과 관광 기획, 호텔 서비스, 회의 유치 등 관광 분야의 전문 교육을 실시함으로써 유창한 외국어를 구사하는 국제적 관광 전문인을 양성합니다.

관련학과

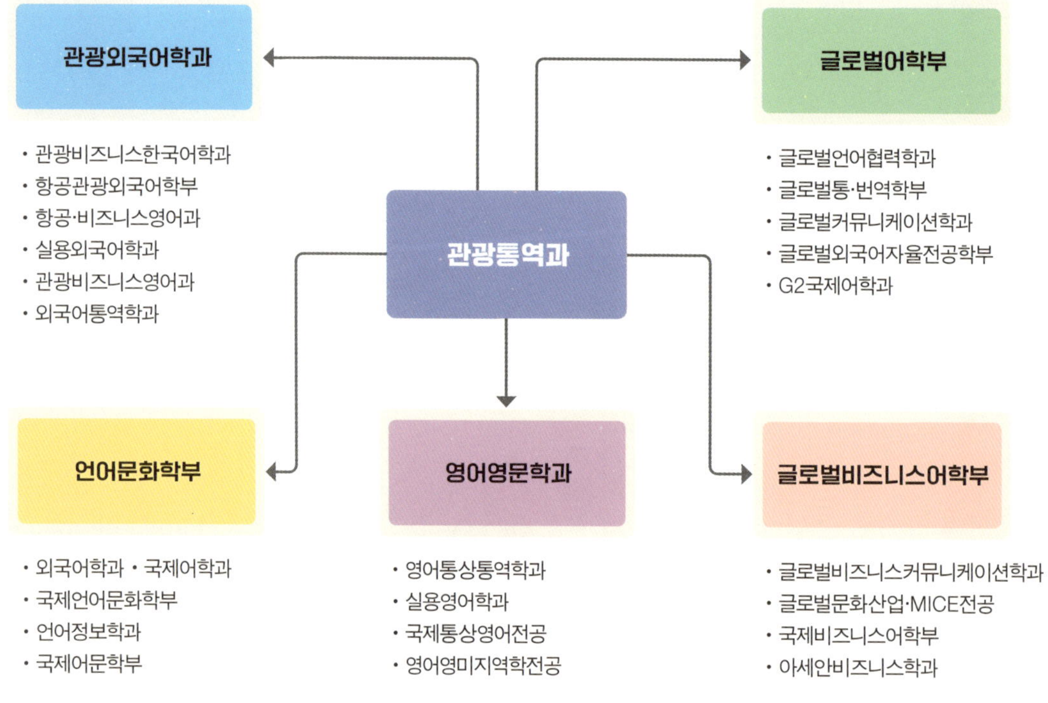

📖 **주요 교과목**　　관광영어 토론, 관광학 원론, 관광서비스 예절, 여행업 경영론, 여행실무 등의 교과목을 공부합니다.

<table>
<tr><td>

진로 탐색과 준비, 이렇게 하세요

</td><td>

1. 중·고등학생 때부터 다른 나라의 문화에 관심을 가지고 관련 책을 꾸준히 읽어두세요.
2. 지역의 국제문화 교류센터를 찾아가 다양한 국적의 외국인들과 교류하며 통역을 도와주는 활동을 하면 실전 경험을 익힐 수 있습니다.
3. 신문이나 인터넷 등에서 국가별 주요 문화와 사회, 정치 이슈를 살펴보면 도움이 됩니다.

</td></tr>
</table>

고교학점제 준비, 이렇게 하세요

공통	공통영어 1·2, 통합사회 1·2 등
일반 선택	영어 교과: 영어 I·II, 영어 독해와 작문 사회 교과: 세계시민과 지리, 사회와 문화, 세계사 제2외국어 교과: 독일어, 프랑스어, 스페인어 등
진로 선택	영어 발표와 토론, 심화 영어, 심화 영어 독해와 작문, 한국지리 탐구, 동아시아 역사 기행, 국제 관계의 이해, 제2외국어 회화
융합 선택	언어생활 탐구, 여행지리, 실생활 영어 회화, 세계 문화와 영어, 사회문제 탐구, 제2외국어권 문화

학과 특성과 졸업 후 진출 분야는 어떤가요

① 현재는 여행을 목적으로 하는 관광뿐만 아니라 뛰어난 국내의 의료기술로 인해 의료관광을 하기 위해 한국을 방문하는 외국인이 많이 증가하였습니다. 이에 따라 관련 업무도 유망 직종으로 각광받고 있으며 대학에서도 외국어 능력과 더불어 의료 전문 지식까지 겸비하여 치료와 관광서비스를 지원하는 인력을 양성하고 있습니다. 국제화 시대를 맞아 국가 간 교류의 증가와 더불어 이러한 시대적 요구에 부응하는 전문 관광통역 요원으로서의 지식과 자격을 갖춘 인재 양성을 교육 목표로 하고 있습니다.

② 졸업하면 여행사, 항공사, 호텔, 병원, 공항, 무역회사 등과 같은 기업 및 산업체뿐 아니라 관광·통역 관련 정부 및 공공기관으로 진출할 수 있습니다.

어떤 흥미와 적성이 필요하나요

① 평소 여행에 관심이 많아 친구들에게 여행 코스를 소개해주는 것을 즐겼다면 이 학과에서 즐겁게 공부할 수 있습니다.

② 외국인을 대상으로 하는 학과인 만큼 외국어 구사 능력과 커뮤니케이션 능력을 갖추었다면 전공 공부를 하는 데 유리합니다.

③ 외국어 학습에 기초적인 소양이 있는 학생에게 적합합니다. 언어 구조를 공부할 수 있는 기본적인 언어 감각과 논리적 사고력, 분석력을 갖추면 도움이 됩니다.

관련자격 관광통역안내사, 국내여행안내사, 국제의료관광코디네이터, 호텔관리사

관련직업 관광통역 안내원, 관광호텔 접객 종사원, 선박 및 열차객실 승무원, 여행상품 개발원, 여행 안내원

관련기관 한국국제교류재단, 아시아문화원, 한국국제협력단, 인천국제공항공사 등

016

기타아시아어학과

학과 소개 아시아 지역의 발전이 눈부시게 이루어지고 있습니다. 기타아시아어학과는 베트남, 미얀마뿐 아니라 중앙아시아 지역의 투르크어인 카자흐어와 우즈베크어 등 아시아 여러 지역의 어문학을 익히고 이해하도록 합니다. 첨단 영상매체의 활용 등을 통해 실천적 지식을 길러 국제사회에서 실무 능력을 갖추어 활동할 아시아 지역 전문인의 양성을 교육 목표로 합니다.

관련학과

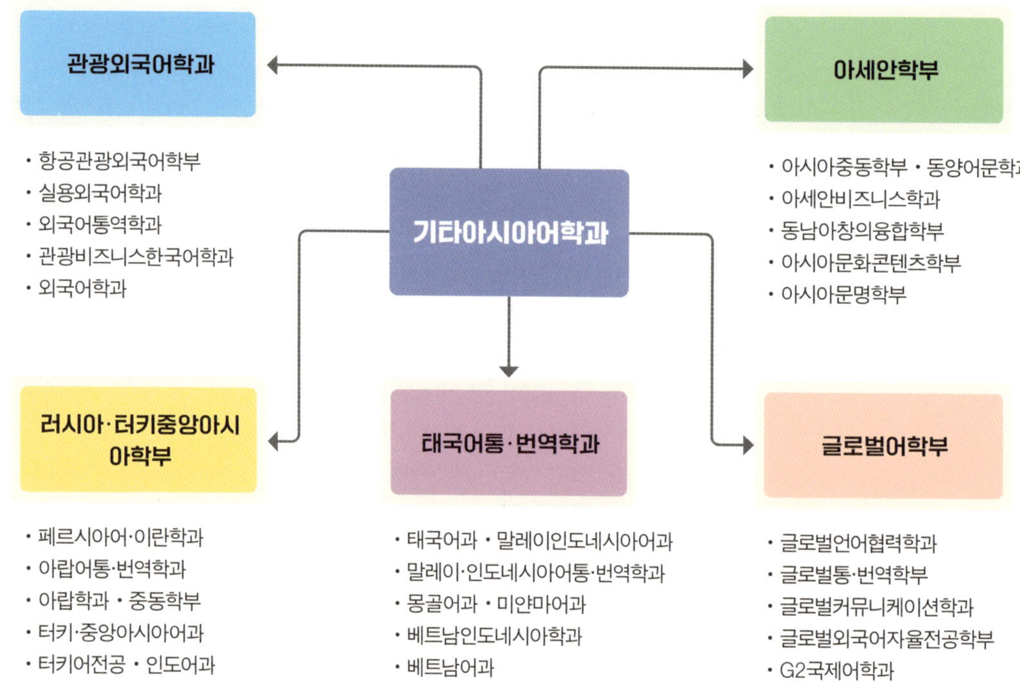

주요 교과목 중앙아시아학 입문, 중앙아시아사, 중앙아시아어, 중앙아시아 정치이슈, 알타이 언어와 문화 등의 교과목을 공부합니다.

<table>
<tr><td>

**진로 탐색과
준비,
이렇게 하세요**

</td><td>

1. 중·고등학생 때부터 다문화센터에서 봉사활동을 하면 다양한 다문화를 이해하고 지식을 쌓을 수 있습니다.
2. 주위의 베트남 사람, 아랍 사람 등과 교류하며 그들의 생활과 언어, 종교 등에 대해 알아보면 좋습니다.
3. 신문이나 인터넷 등에서 기타아시아 국가별 문화와 사회, 정치 등의 주요 이슈를 살펴보면 도움이 됩니다.

</td></tr>
<tr><td>

**고교학점제
준비,
이렇게 하세요**

</td><td>

공통	공통국어 1·2, 통합사회 1·2 등
일반 선택	국어 교과: 화법과 언어, 문학
	사회 교과: 사회와 문화, 세계사, 현대사회와 윤리, 세계시민과 지리
	제2외국어 교과: 베트남어, 아랍어
진로 선택	문학과 영상, 인문학과 윤리, 동아시아 역사 기행, 국제 관계의 이해, 베트남어 회화, 아랍어 회화
융합 선택	언어생활 탐구, 역사로 탐구하는 현대세계, 여행지리, 사회문제 탐구, 베트남 문화, 아랍 문화

</td></tr>
</table>

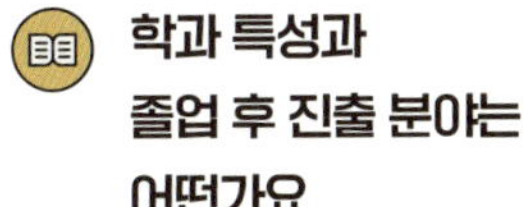

**학과 특성과
졸업 후 진출 분야는
어떤가요**

① 언어와 더불어 사회·경제·문화를 학습해 기타아시아 국가에 대한 폭넓은 이해와 전문 지식을 지닌 인재를 양성하여 한국과의 교류 증진에 기여할 수 있도록 합니다.
② 졸업하면 항공사, 여행사, 무역회사, 일반 기업의 해외 교류(무역, 해외 영업 등) 관련 부서, 외국계 기업 등으로 진출할 수 있습니다. 또 아시아 관련 연구소나 외교관, 대사관 같은 정부기관뿐 아니라 아시아어학 관련 공공기관에서 일할 수 있습니다.

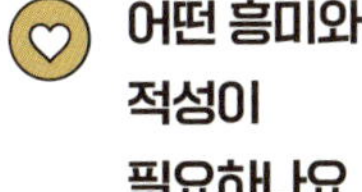

**어떤 흥미와
적성이
필요하나요**

① 기타아시아 국가의 역사·사회·문화에 호기심이 많으며 적극적으로 탐구하려는 자세를 가진 사람에게 적합합니다.
② 영어처럼 널리 쓰이지 않고 생소한 언어이므로 기타아시아 지역의 언어와 문화에 흥미를 느껴야 합니다.
③ 외국어 학습에 기초적인 소양이 있는 학생에게 적합합니다. 언어 구조를 공부할 수 있는 기본적인 언어 감각과 논리적 사고력, 분석력을 갖추면 도움이 됩니다.

관련자격　관광통역안내사, 국내여행안내사, 국제의료관광코디네이터, 호텔관리사

관련직업　국제무역 사무원, 번역가, 여행 안내원, 외교관, 통역가, 호텔 종사원, 여행상품 개발원

관련기관　아시아문화원, 한국국제교류재단, 한국국제협력단, 인천국제공항공사 등

017

기타유럽어학과

학과 소개

유럽에는 역사와 전통이 깊은 다양한 국가가 있습니다. 기타유럽어학과는 영국, 프랑스, 독일 이외 이탈리아, 포르투갈, 헝가리, 폴란드 등 유럽에 있는 여러 국가의 역사·문화·사회·경제·언어를 통합적으로 연구해 유럽 지역 전문가 양성 및 세계화에 능동적으로 대처할 수 있는 지식인 양성을 교육 목표로 두고 있는 학과입니다.

관련학과

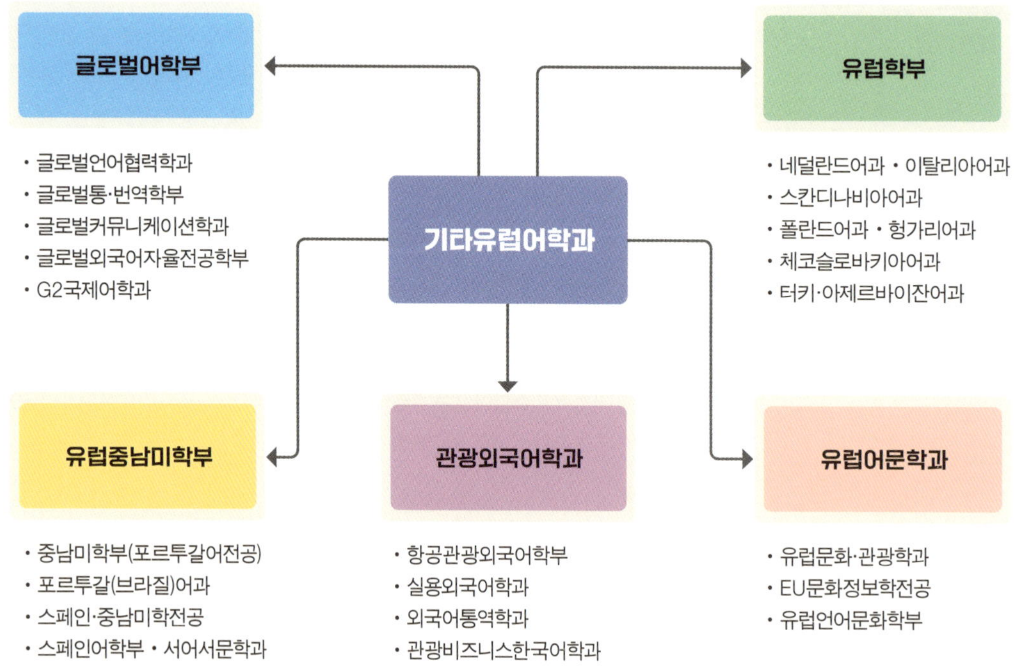

주요 교과목　해당 국가의 언어학 개론, 역사와 문화, 실용회화, 독해 등의 교과목을 공부합니다.

| **진로 탐색과 준비, 이렇게 하세요** | 1. 기타유럽어학과를 전공하기 위해서는 중·고등학생 때부터 본인이 전문적으로 공부하고자 하는 국가의 언어를 익혀 자격증에 도전해보면 많은 도움이 됩니다.
2. 신문과 인터넷 등에서 관련 국가의 문화와 사회, 주요 이슈를 꾸준히 살펴보면 좋습니다.
3. 우리나라에 있는 관련 국가의 대사관이나 문화원 등을 찾아가 각종 행사나 프로그램에 참여해보세요. |

고교학점제 준비, 이렇게 하세요	**공통** 공통국어 1·2, 공통영어 1·2, 통합사회 1·2 등
	일반 선택 **국어 교과:** 독서와 작문, 문학
	영어 교과: 영어 I·II, 영어 독해와 작문
	사회 교과: 세계시민과 지리, 사회와 문화, 세계사, 현대사회와 윤리
	제2외국어 교과: 스페인어, 러시아어
	진로 선택 문학과 영상, 영어 발표와 토론, 인문학과 윤리, 국제 관계의 이해, 스페인어 회화, 러시아어 회화
	융합 선택 언어생활 탐구, 역사로 탐구하는 현대세계, 실생활 영어 회화, 여행지리, 사회문제 탐구, 스페인어권 문화, 러시아 문화

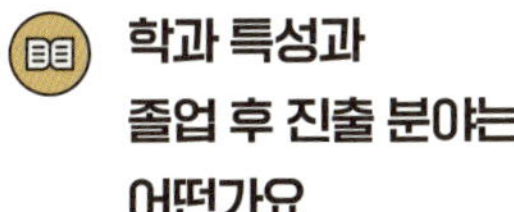

학과 특성과 졸업 후 진출 분야는 어떤가요

① 유럽 각 국가의 문화를 이해하는 데 기초가 되는 문학과 어학을 비롯해 해당 국가에 대한 다양한 지식을 습득하여 유럽 국가와의 국제 교류가 활발히 이루어질 수 있도록 합니다.

② 졸업하면 외국계 회사, 항공사, 일반계 회사의 해외 영업 마케팅, 호텔 등으로 진출하거나 유럽 관련 학회 및 민간 연구기관뿐 아니라 외교관, 대사관, 기타 유럽 관련 정부나 공공기관에서 일할 수 있습니다.

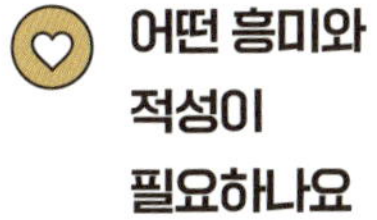

어떤 흥미와 적성이 필요하나요

① 중·고등학생 때부터 유럽의 문화와 언어에 관심이 많고 유럽 국가의 다양한 모습을 살펴보는 것에 흥미가 있었다면 좋습니다.

② 국제적 감각을 가지고 있으며 유럽의 정치·경제·사회·문화 전반에 대해 기초적인 지식을 갖추고 있으면 유리합니다.

③ 다양한 돌발상황이나 이질적인 문화 차이에도 능동적이고 유연하게 대처할 수 있는 능력을 갖추고 있다면 도움이 됩니다.

관련자격	관광통역안내사, 국내여행안내사
관련직업	번역가, 외교관, 통역가, 관광 안내사, 국제무역 전문가, 호텔 지배인
관련기관	인천국제공항공사, 한국국제협력단 등

018

영어영문학과

학과 소개

할리우드 영화, 미국 드라마, 팝송, 학교 영어 수업 등을 떠올려보면 우리가 영어를 전혀 접하지 않는 날이 한 달에 며칠 되지 않음을 알 수 있습니다. 영어영문학과는 이처럼 우리 생활에 밀접한 '영어'로 의사소통하는 법을 체계적으로 가르칠 뿐 아니라 영어학, 영미 문학, 영미 문화까지 탐구합니다. 이를 통해 영어·영미 문학 분야의 인재를 배출합니다.

관련학과

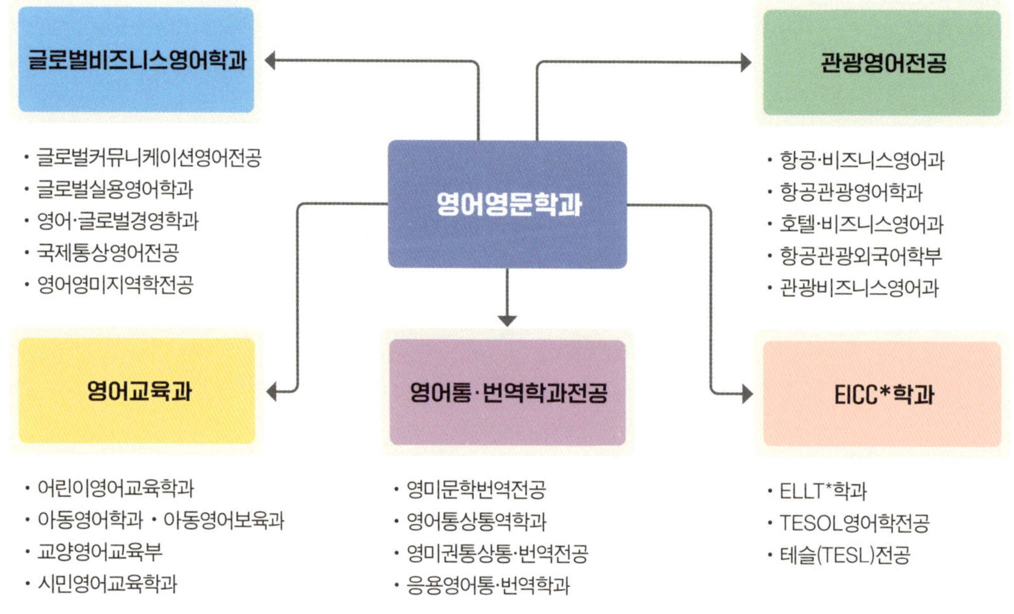

* EICC: English for International Conferences & Communication(국제회의 및 커뮤니케이션 영어)
* ELLT: English Linguistics & Language Technology(영어 언어학 및 언어 기술)

주요 교과목 영미문학사, 영미비평, 영미소설, 영어음성학, 영작문 등의 교과목을 공부합니다.

<table>
<tr><td>

진로 탐색과 준비, 이렇게 하세요

</td><td>

1. 영미권의 생활 관습과 실제 사용하는 영어를 익히기 위해 평소 영미 드라마를 즐겨 보면서 영어 공부를 하면 좋습니다.
2. 미국의 유명 뉴스 프로그램을 시청하거나 포털사이트의 영어 뉴스를 들으며 영어 듣기, 번역 능력을 길러두세요.
3. 다양한 영어 문학 작품을 읽어두면 영문학에 대한 이해를 높일 수 있습니다.

</td></tr>
</table>

고교학점제 준비, 이렇게 하세요

공통	공통국어 1·2, 공통영어 1·2, 기본영어 1·2, 통합사회 1·2 등
일반 선택	**국어 교과**: 독서와 작문, 문학 **영어 교과**: 영어 I·II, 영어 독해와 작문 **사회 교과**: 사회와 문화, 세계사, 세계시민과 지리
진로 선택	주제 탐구 독서, 영미 문학 읽기, 심화 영어, 심화 영어 독해와 작문, 국제 관계의 이해
융합 선택	언어생활 탐구, 실생활 영어 회화, 세계 문화와 영어, 미디어 영어, 여행지리, 사회 문제 탐구

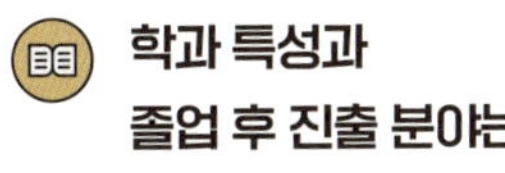

학과 특성과 졸업 후 진출 분야는 어떤가요

① 과거와 달리 영어영문학 전공자들은 영미 문학 작품을 읽고 감상하는 데 그치지 않고, 해당 주제를 독창적으로 분석하고 이를 논리적으로 전달하는 의사표현 방법도 공부합니다. 이런 능력을 함양하면 글로벌 시대에 걸맞은 인재로 성장하게 됩니다.

② 영어는 이 시대의 필수 역량인 만큼 인문, 사회, 경제 등 다양한 분야로 진출이 가능합니다. 졸업하면 출판사, 무역회사, 여행사, 호텔, 기업 일반 사무직 및 해외 영업직, 해외 현지 기업, 사설 학원, 언론사 등에서 일할 수 있습니다. 또 국제 경제·무역이나 인문과학 관련 국가나 민간 연구소, 외교관, 대사관 등 정부기관이나 공공기관에서 활약할 수도 있습니다.

어떤 흥미와 적성이 필요하나요

① 중·고등학생 때 영어 수업 시간을 즐긴 경험이 있고, 문학 작품을 비롯한 여러 영어 매체를 읽고 보는 것을 좋아했다면 영어영문학과에 진학할 최소한의 조건을 이미 갖춘 것이나 다름없습니다.

② 기본적으로 어학 실력이 뛰어나거나, 언어와 관련한 쓰기, 읽기, 듣기, 말하기 능력이 갖추어져 있다면 영어영문학과 수업을 듣는 데 더욱 유리합니다.

③ 언어 구조를 공부할 수 있는 기본적인 언어 감각과 논리적 사고력, 분석력을 갖추었다면 도움이 됩니다.

관련자격 관광통역안내사, 무역영어, 실용영어, 영어능력시험(TOEIC, TEPS, TOEFL, Flex영어 등), 영어회화평가시험(ESPT), 외국어번역행정사, 호텔경영사, 호텔관리사

관련직업 무역 담당자, 언론인(기자, PD, 아나운서 등), 여행 안내원, 인문과학 연구원, 작가, 출판물 기획자, 호텔 지배인

관련기관 인천국제공항공사, 한국수출입은행, 대한무역투자진흥공사 등

019

외국어학과

학과 소개

21세기에 들어서면서 더욱 가속화되고 있는 산업화, 정보화, 국제화의 변화 추세에 따라 국제 감각을 지닌 인재 양성의 필요성이 강조되고 있습니다. 이에 외국어학과는 동서양의 여러 언어와 문화의 연구를 통하여 인간의 정신과 삶을 이해하는 인격을 완성하는 동시에 세계화의 흐름에 맞추어 실용적 언어 구사 능력을 갖춘 언어 전문인 양성을 교육 목표로 두고 있습니다.

관련학과

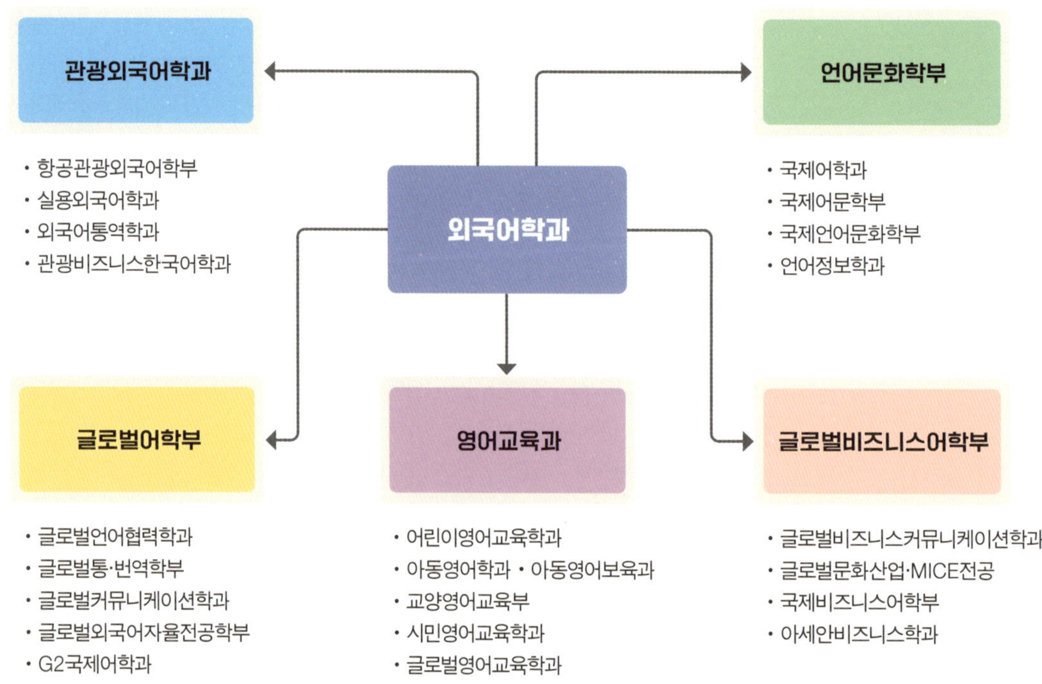

주요 교과목 영어와 영미문화, 일본어와 일본문화, 중국어와 중국문화, 러시아어와 러시아문화 등 해당 외국어에 맞춘 다양한 교과목을 공부합니다.

<table>
<tr><td>

**진로 탐색과
준비,
이렇게 하세요**

</td><td>

1. 중·고등학생 때부터 외국인 친구를 사귀고 관심이 있는 나라의 언어 공부를 꾸준히 하면 좋습니다.
2. 국제문화 교류센터에서 외국인과 문화 교류 활동을 하면 다양한 국적의 사람들과 사귀면서 세상을 바라보고 이해하는 시야가 넓어질 것입니다.
3. 우리나라에 있는 관련 국가의 대사관이나 문화원 등을 찾아가 각종 행사나 프로그램에 참여해보면 좋습니다.

</td></tr>
<tr><td>

**고교학점제
준비,
이렇게 하세요**

</td><td>

공통	공통영어 1·2, 기본영어 1·2, 통합사회 1·2 등
일반 선택	**영어 교과:** 영어 I·II, 영어 독해와 작문
	사회 교과: 세계시민과 지리, 사회와 문화, 세계사
	제2외국어 교과: 독일어, 프랑스어, 스페인어 등
진로 선택	영미 문학 읽기, 영어 발표와 토론, 심화 영어, 심화 영어 독해와 작문, 제2외국어 회화, 국제 관계의 이해
융합 선택	언어생활 탐구, 실생활 영어 회화, 세계 문화와 영어, 여행지리, 사회문제 탐구, 제2외국어권 문화

</td></tr>
</table>

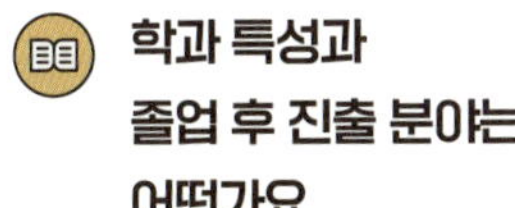

학과 특성과 졸업 후 진출 분야는 어떤가요

① 세계화 시대에 맞춰 국제 시대를 주도할 인재를 양성하기 위하여 동·서양의 여러 언어와 문화를 연구합니다. 이를 통해 외국의 문화를 이해하고 실용적인 외국어 구사 능력을 갖춘 글로벌 인재로 성장할 수 있습니다.

② 졸업하면 무역회사, 항공사, 여행사, 호텔, 일반 기업체의 해외 영업·마케팅 부서, 언론사 등의 기업 및 산업체에서 활동할 수 있습니다. 또 외국 관련 연구기관뿐 아니라 외교관, 대사관, 외교 및 통·번역 관련 정부나 공공기관에서 활동하거나 외국어 강사가 되어 학원에서 강의를 할 수도 있습니다.

어떤 흥미와 적성이 필요하나요

① 외국인과 만나 소통하는 것에 흥미가 있고 세계의 경제·문화·예술 트렌드에 관심이 많다면 좋습니다.

② 외국의 사회와 문화에 대한 폭넓은 지식을 갖추고 외국인과 의사소통하는 데 어려움이 없을 정도의 외국어 능력이 있다면 공부하는 데 도움이 됩니다.

③ 다양한 돌발상황이나 이질적인 문화 차이에도 능동적이고 유연하게 대처할 수 있는 능력을 갖추고 있다면 유리합니다.

관련자격 관광통역안내사, 국내여행안내사

관련직업 번역가, 외교관, 통역가, 학원 강사, 무역 담당자, 호텔 지배인, 관광가이드

관련기관 인천국제공항공사, 한국국제협력단, 대한무역투자진흥공사 등

020

일어일문학과

<table>
<tr><td>학과
소개</td><td>일본은 우리나라와 가깝게 위치해 교류의 중요성이 큽니다. 이 학과는 일본의 언어뿐만이 아니라 문학·사회·정치·경제·문화 등 일본과 관련된 인문학 및 사회과학 전반을 탐구하고 연구합니다. 이를 통해 일본어 문학과 일본 문화에 정통한 일본 전문가를 양성해 한·일 관계를 선도하고 국제사회에 기여할 글로벌 리더를 양성하는 데 교육 목표가 있습니다.</td></tr>
</table>

관련학과

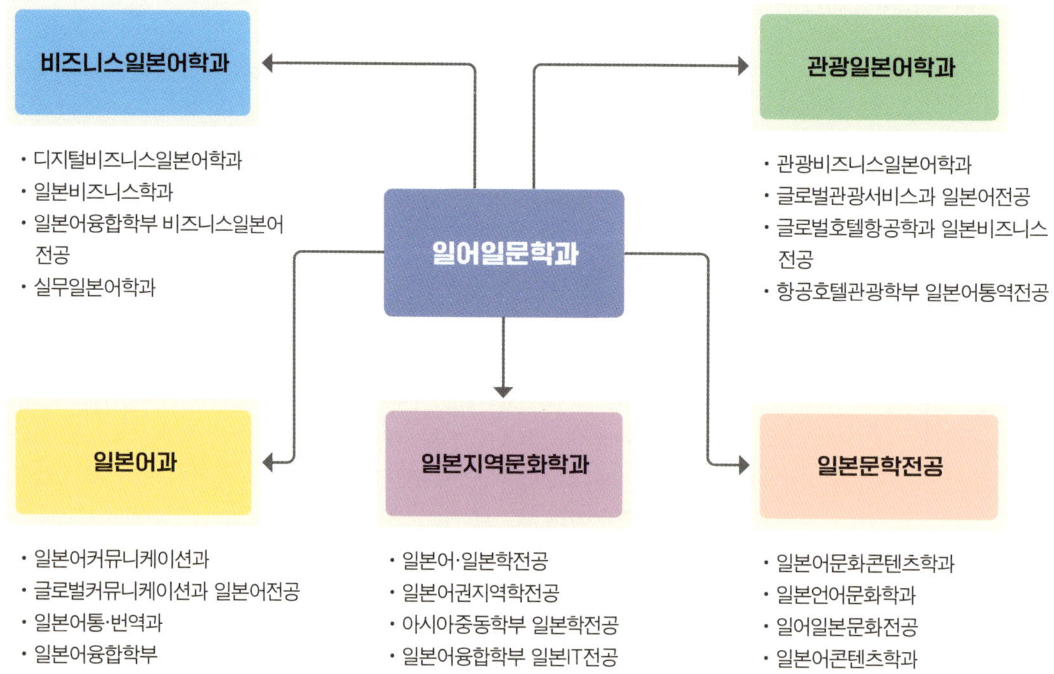

주요 교과목　고급 일본어 문법, 고급 일본어 작문, 고급 일본어 회화, 일본 현대소설 입문, 일본 전통문화론 등의 교과목을 공부합니다.

진로 탐색과 준비, 이렇게 하세요	1. 중·고등학생 때부터 일본 영화나 애니메이션을 꾸준히 시청한다면 일본의 문화 및 언어를 습득하는 데 유리합니다.
	2. 일어일문학과는 일본어 능력을 바탕으로 하므로 기초적인 일본어 능력을 쌓아 틈틈이 일본어 능력시험에 응시해보는 것이 좋습니다.
	3. 주 대한민국 일본대사관이나 문화원 등을 찾아가 각종 행사나 프로그램에 참여해보면 좋습니다.

고교학점제 준비, 이렇게 하세요		
	공통	공통국어 1·2, 통합사회 1·2 등
	일반 선택	국어 교과: 화법과 언어, 독서와 작문, 문학 사회 교과: 사회와 문화, 세계사, 세계시민과 지리 제2외국어 교과: 일본어 한문 교과: 한문
	진로 선택	문학과 영상, 인문학과 윤리, 동아시아 역사 기행, 국제 관계의 이해, 일본어 회화, 심화일본어, 한문 고전 읽기
	융합 선택	언어생활 탐구, 언어생활과 한자, 역사로 탐구하는 현대세계, 일본 문화, 여행지리, 사회문제 탐구

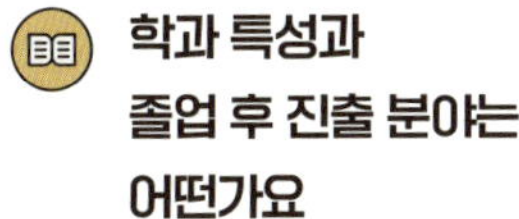 학과 특성과 졸업 후 진출 분야는 어떤가요

① 중국의 부상으로 일본의 위세가 상대적으로 하락했다고 하나, 지금처럼 우리나라 옆에 위치하여 경제·사회적으로 많은 교류를 하고 있는 한 일본어와 일본 문화의 중요성은 지속될 것입니다. 최근에는 단순히 한·일 관계만의 관점이 아닌, 글로벌 동북아 관계 관점에서의 일본 연구에도 집중하고 있습니다.

② 졸업하면 출판사, 무역회사, 여행사, 호텔, 기업 일반 사무직 및 해외 영업직, 일본 현지 기업, 사설 학원, 신문사, 잡지사, 방송국 등의 기업 및 산업체로 진출할 수 있습니다. 또 국제 경제·무역이나 인문과학 관련 국가 혹은 민간 연구소 같은 학계 및 연구기관뿐 아니라 일본어 관련 외교관, 대사관 등의 정부 및 공공기관에서 활약할 수도 있습니다.

 어떤 흥미와 적성이 필요하나요

① 고등학생 때 제2외국어로 일본어를 선택하여 재미있게 공부했던 경험이 있으면 좋습니다.

② 일본 문화 및 매체에 관심이 많다면 이 학과에 관심을 가져볼 만합니다.

③ 외국어 감각, 특히 일본어 감각이 뛰어나고 한자를 배우는 것에 특별한 거부감이 없다면 이 학과를 전공으로 선택하는 데 큰 무리가 없을 것입니다.

관련자격	관광통역안내사, 외국어번역행정사, 일본어능력시험(JLPT, JPT, Flex일본어 등), 호텔경영사, 호텔관리사
관련직업	무역 담당자, 언론인(기자, PD, 아나운서 등), 여행 안내원, 인문과학 연구원, 작가, 출판물 기획자, 호텔 지배인
관련기관	한국국제교류재단, 아시아문화원, 주한 일본대사관 등

021

중어중문학과

매우 높은 성장 잠재력을 지닌 중국은 이미 최강대국 미국과 어깨를 나란히 하는 G2 국가로서 세계 무대에서 확고한 위상을 차지하고 있습니다. 중어중문학과에서는 체계적인 중국어 지식뿐 아니라 중국 문화권의 역사·사회·문화·경제 전반을 교육해 중국의 문학과 언어에 심도 있는 소양을 갖춘 중국 전문가를 배출합니다.

관련학과

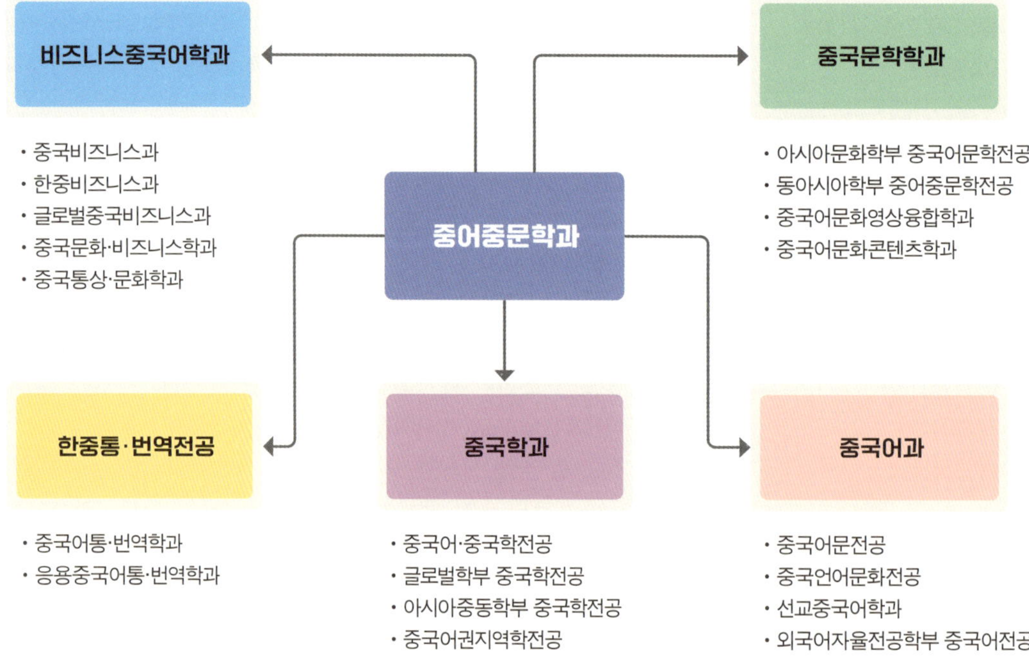

주요 교과목 경전강독, 제자백가선독, 중국문학사, 중국어, 중국의 이해 등의 교과목을 공부합니다.

진로 탐색과 준비, 이렇게 하세요	1. 중·고등학생 때부터 중국 드라마를 꾸준히 시청한다면 중국어 능력을 기르고 중국 문화를 파악할 수 있습니다.
	2. 중국어 능력이 기본적으로 갖추어져 있으면 유리하므로 중국어 능력 시험을 준비해 틈틈이 응시해보는 것이 좋습니다.
	3. 주한 중국대사관이나 문화원 등을 찾아가 관련 행사나 프로그램에 참여해보면 좋습니다.

고교학점제 준비, 이렇게 하세요

공통	공통국어 1·2, 통합사회 1·2 등
일반 선택	국어 교과: 화법과 언어, 독서와 작문, 문학
	사회 교과: 사회와 문화, 현대사회와 윤리, 세계사, 세계시민과 지리
	제2외국어 교과: 중국어
	한문 교과: 한문
진로 선택	문학과 영상, 인문학과 윤리, 중국어 회화, 심화중국어, 한문 고전 읽기, 동아시아 역사 기행, 국제 관계의 이해
융합 선택	언어생활 탐구, 역사로 탐구하는 현대세계, 언어생활과 한자, 중국 문화, 여행지리, 사회문제 탐구

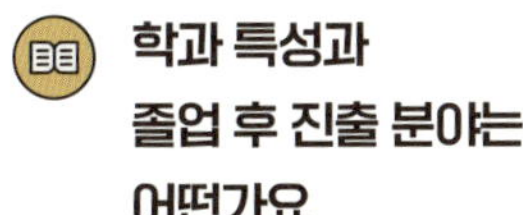 **학과 특성과 졸업 후 진출 분야는 어떤가요**

① 중국을 흔히 새로운 기회의 땅이라고 합니다. 앞으로 중국과의 관계 및 교류가 보다 활발해질 것으로 예상되어, 중어중문학과 전공자의 졸업 후 진로는 더욱 확장될 것입니다. 이 학과에 진학하면 중국어 능력을 키울 수 있을 뿐만 아니라 한·중 관계 발전에 이바지하고, 한류를 중국에 잘 알릴 수 있는 다각적인 인재로 성장할 수 있습니다.

② 졸업하면 출판사, 무역회사, 여행사, 호텔, 기업의 일반 사무직 및 해외 영업직, 중국 현지 기업, 사설 학원, 신문사, 잡지사, 방송국 등의 기업 및 산업체로 진출할 수 있습니다. 또 국제 경제·무역이나 인문과학 관련 국가나 민간 연구소, 대사관 등의 중국어 관련 정부 및 공공기관에서 활약할 수도 있습니다.

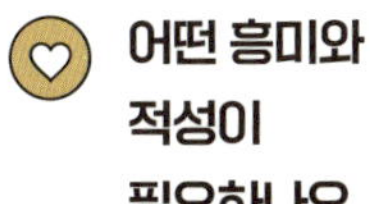 **어떤 흥미와 적성이 필요하나요**

① 기본적으로 중국의 역사 및 문화와 중국어에 관심이 있어야 합니다.

② 한자로 이루어진 문장을 말하고 쓰는 것에 큰 어려움을 겪지 않을 것이라는 자신감과 중국어·중국 문학에 열정이 있다면 중어중문학을 전공하는 것이 즐거울 것입니다.

③ 쓰기·말하기·읽기·듣기 등 기본적인 언어 능력 및 외국어 습득 능력이 뛰어나면 공부하는 데 도움이 됩니다.

🏅 **관련자격** 관광통역안내사, 외국어번역행정사, 중국어인증시험(HSK, Flex중국어 등), 호텔경영사, 호텔관리사

👤 **관련직업** 언론인(기자, PD, 아나운서 등), 여행 안내원, 인문과학 연구원, 작가, 출판물 기획자, 호텔 지배인

📁 **관련기관** 한국국제교류재단, 아시아문화원, 주한 중국대사관 등

022

통·번역학과

학과 소개

통·번역학과는 해외 지역 연구에 필수적인 현지화 능력과 우수한 언어 능력을 지닌 전문인을 양성하는 데 주력하고 있기에 외국의 사회 구조 및 문화를 심도 있게 이해하기 위한 인문학적 토대라고 할 수 있습니다. 이 학과는 세계 각 지역의 언어와 문화적 다양성을 이해하고 소통할 수 있는 글로벌 인재 양성을 교육 목표로 하고 있습니다.

관련학과

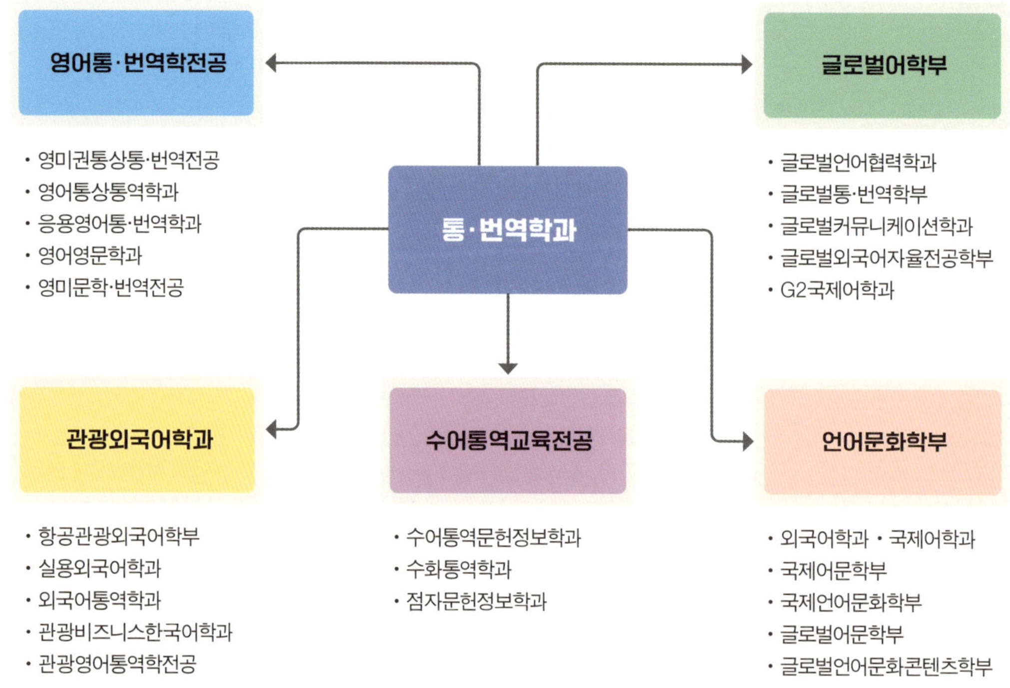

주요 교과목 통역·번역 입문, 노트 테이킹(Note Taking)과 기초 통역 연습, 통역, 번역, 문장 구조론 등의 교과목을 공부합니다.

<table>
<tr><td>

**진로 탐색과
준비,
이렇게 하세요**

</td><td>

1. 중·고등학생 때부터 다른 나라의 문화에 관심을 가지고 관련 책을 읽어두면 도움이 됩니다.
2. 지역의 국제문화 교류센터를 찾아가 다양한 국적의 외국인들과 교류하며, 통역을 도와주는 활동을 통해 실전 경험을 익힐 수 있습니다.
3. 신문이나 인터넷 등에서 세계 각 국가별 문화와 사회, 정치 등의 주요 이슈를 꾸준히 살펴보면 좋습니다.

</td></tr>
<tr><td>

**고교학점제
준비,
이렇게 하세요**

</td><td>

공통	공통영어 1·2, 기본영어 1·2, 통합사회 1·2 등
일반 선택	영어교과: 영어 I·II, 영어 독해와 작문 사회 교과: 세계시민과 지리, 사회와 문화, 세계사 제2외국어 교과: 독일어, 프랑스어, 스페인어 등
진로 선택	영미 문학 읽기, 영어 발표와 토론, 심화 영어, 심화 영어 독해와 작문, 국제 관계의 이해, 제2외국어 회화
융합 선택	언어생활 탐구, 실생활 영어 회화, 미디어 영어, 세계 문화와 영어, 여행지리, 사회 문제 탐구, 제2외국어권 문화

</td></tr>
</table>

**학과 특성과
졸업 후 진출 분야는
어떤가요**

① 고도 산업사회에 필요한 인력의 어학 능력 향상과 지식정보화 사회에서 요구하는 교양인의 자질을 향상시키기 위하여 연관된 어·문학 및 문화 교육을 실시하여 유능한 언어 전문가를 양성합니다. 언어 그 자체를 실용적·체계적으로 배우고 통·번역의 전문 기술을 공부하는 것이기에 실사용에 초점을 맞춘 학문이라 할 수 있습니다.

② 졸업하면 언론사, 일반 기업의 해외 업무 파트, 외국계 회사, 학원 등의 기업 및 산업체로 진출할 수 있습니다. 또 학계 및 연구기관, 외교관, 대사관 등 해외 및 통·번역 관련 정부나 공공기관에서 활동할 수도 있습니다.

**어떤 흥미와
적성이
필요하나요**

① 평소에 외국 영화나 드라마, 소설 등을 보며 한국어 또는 다른 나라의 언어로 대사나 지문, 문장을 번역하는 것에 흥미를 가지고 있었다면 이 학과에서 공부하는 데 많은 도움이 됩니다.

② 관심 있는 국가의 언어뿐만 아니라 사회, 경제, 문화 등 더 넓은 범위의 정보까지 파악하고, 이와 연관 지어 통·번역할 수 있는 능력을 갖추었다면 유리합니다.

③ 언어 능력이 뛰어나고 다양한 문화권의 사람들과 잘 소통할 수 있는 의사소통 능력과 글로벌 마인드를 갖추고 있다면 유리합니다.

관련자격 관광통역안내사, 번역능력인정시험(TCT) 노어·한국어, 번역능력인정시험(TCT) 독어·한국어, 번역능력인정시험(TCT) 불어·한국어, 번역능력인정시험(TCT) 서어·한국어, 번역능력인정시험(TCT) 영어·한국어, 번역능력인정시험(TCT) 일본어·한국어, 번역능력인정시험(TCT) 중국어·한국어

관련직업 번역가, 여행 안내원, 통역사, 학원 강사

관련기관 인천국제공항공사, 한국국제협력단, 대한무역투자진흥공사 등

023

한국어학과

학과 소개
한국어는 한반도 전역과 제주도를 비롯한 크고 작은 인근 섬에서 쓰는 한국의 공용어로서 어휘 체계는 순수 고유의 말과 한자어, 차용어로 구성되어 있습니다. 한국어학과는 외국어로서의 한국어 교육과 한국의 전통 및 현대 문화에 대한 이해를 기본으로 학습하며, 한국 언어와 문화를 세계에 알리는 중요한 역할을 할 전문가 양성에 교육 목표를 두고 있습니다.

관련학과

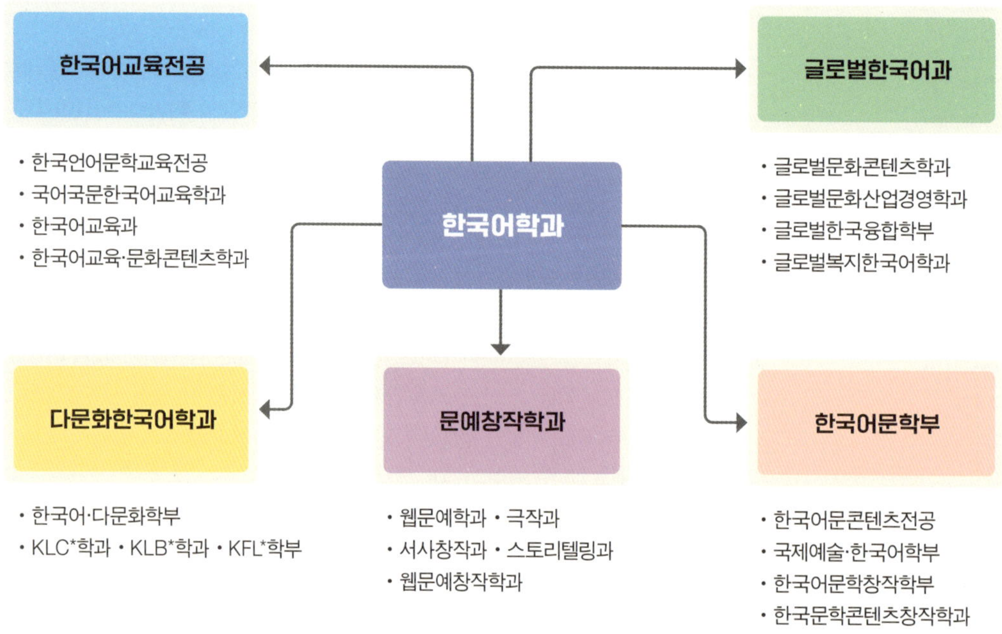

* KLC: Korea Language and Culture(한국언어문화) * KLB: Korea Language and Business(한국언어비즈니스)
* KFL: Korean as a Foreign Language(외국어로서 한국어교육전공, 한국어통·번역전공)

주요 교과목 우리말과 글의 이해, 한국 문학의 이해, 한국어 이해 교육법, 한국어 표현 교육법, 한국어 교육 개론 등의 교과목을 공부합니다.

진로 탐색과 준비, 이렇게 하세요	1. 언어로서의 한국어뿐 아니라 외국어 공부에 관심을 가지고 즐겨 하면 좋습니다. 2. 우리나라 역사와 문화를 알아보고 다양한 한국 문화 활동을 하며 직접 문화재를 찾아가 접하면 도움이 됩니다. 3. 다문화센터에서 한국어 교육 봉사를 하면 현장에서 한국어 교육을 경험할 수 있습니다.

고교학점제 준비, 이렇게 하세요

공통	공통국어 1·2, 공통영어 1·2, 통합사회 1·2, 한국사 1·2 등
일반 선택	국어 교과: 화법과 언어, 독서와 작문, 문학 영어 교과: 영어Ⅰ·Ⅱ, 영어 독해와 작문 사회 교과: 사회와 문화, 현대사회와 윤리, 세계사 한문 교과: 한문
진로 선택	주제 탐구 독서, 문학과 영상, 직무 의사소통, 논리와 사고, 교육의 이해, 인문학과 윤리, 한문 고전 읽기
융합 선택	독서 토론과 글쓰기, 매체 의사소통, 언어생활 탐구, 실생활 영어 회화, 논술, 사회 문제 탐구

학과 특성과 졸업 후 진출 분야는 어떤가요

① 최근 국제적으로 한국의 국가적 위상이 높아짐에 따라 한국어를 배우는 사람들이 증가하고 있습니다. 한국어학과는 학문의 국제화 시대에 부응하여 한국어와 한국 문화의 정체성을 확립하고, 이를 세계에 널리 알려 한국의 위상을 더욱 높이는 데 많은 기여를 하고 있습니다. 또 국가적으로 여성 결혼 이민자의 증가에 따른 다문화 가정이 많아지고 있는데 이들에게 제대로 한국어를 가르칠 전문가가 부족한 실정입니다. 한국어학과는 외국인 및 재외동포를 대상으로 한국어와 한국 문화를 교육하는 전문가를 양성합니다.

② 졸업하면 국외 한국문화원, 한국어 관련 공공기관뿐 아니라 여행사, 출판사, 학원 등으로 진출할 수 있으며 다양한 관련 국가나 민간 연구소에서도 활동할 수 있습니다.

어떤 흥미와 적성이 필요하나요

① 우리말과 우리 문화에 자부심을 가지고 있으며 국어학, 고전 문학, 현대 문학 등의 과목 공부뿐 아니라 한국어로 된 작품 읽기나 창작에 관심이 많으면 좋습니다.

② 외국인과 소통하기를 좋아하고 외국인에게 우리의 문화를 알리고 싶다면 한국어학과에서 흥미롭게 공부할 수 있습니다.

③ 다문화 감수성 및 소통 능력, 한국어와 한국 문화에 대한 전문 지식, 한국어 교육자로서의 소양을 갖추었다면 공부하는 데 도움이 됩니다.

관련자격 한국어교원자격증

관련직업 번역가, 외교관, 통역가, 국제상거래 전문가, 비교문화학 연구자, 언어습득이론 전문가, 외국인을 위한 한국어 교사, 이중언어대조 연구자, 한국문화 지도사, 한국문화콘텐츠(영화, 드라마) 개발자, 한국어교재 개발자, 한국언어·문화 연구자

관련기관 외교관, 대사관, 한국국제교류재단, 한국문학번역원 등

사회계열

024

건축학과

휴식과 편안함을 주는 집과 일을 하는 직장, 공부를 할 수 있는 학교와 학원, 식사와 쇼핑을 할 수 있는 상점 등 우리는 하루도 빠짐없이 수많은 건축물을 이용하고 있습니다. 건축학과에서는 우리가 외부 환경으로부터 보호받고, 사용 목적과 용도에 따라 건축물을 쉽고 편안하게 이용할 수 있도록 건축물을 설계하고 만드는 방법에 대해 배웁니다.

관련학과

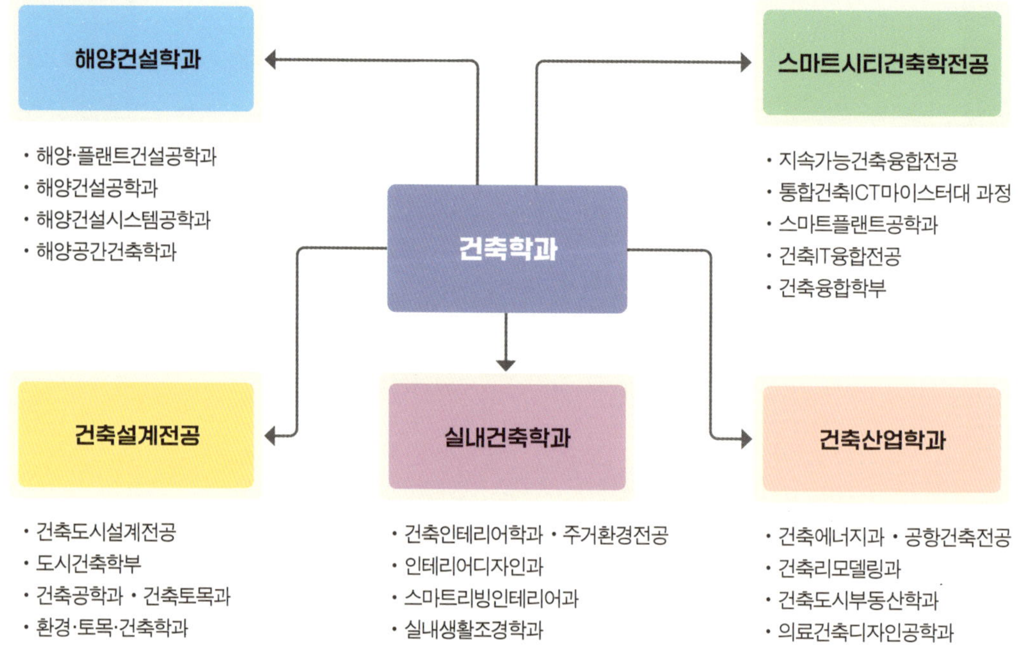

- 해양·플랜트건설공학과
- 해양건설공학과
- 해양건설시스템공학과
- 해양공간건축학과

- 지속가능건축융합전공
- 통합건축ICT마이스터대 과정
- 스마트플랜트공학과
- 건축IT융합전공
- 건축융합학부

- 건축도시설계전공
- 도시건축학부
- 건축공학과 · 건축토목과
- 환경·토목·건축학과

- 건축인테리어학과 · 주거환경전공
- 인테리어디자인과
- 스마트리빙인테리어과
- 실내생활조경학과

- 건축에너지과 · 공항건축전공
- 건축리모델링과
- 건축도시부동산학과
- 의료건축디자인공학과

주요 교과목 건축과 사회, 건축미학, 건축설계, 건축시공학, 건축조경 등의 교과목을 공부합니다.

<table>
<tr><td>

**진로 탐색과
준비,
이렇게 하세요**

</td><td>

1. 중·고등학생 때부터 사진·미술·예술 전시회를 관람하면 건축학과에서 중요한 요소인 미적 감각을 기르는 데 도움이 됩니다.
2. 건축 체험 프로그램에 참여하면 건축 분야에서 어떤 일을 하는지 알 수 있고, 건축 분야가 자신의 적성에 맞는지 점검해볼 수 있습니다.

</td></tr>
<tr><td>

**고교학점제
준비,
이렇게 하세요**

</td><td>

공통	기본수학 1·2, 통합사회 1·2, 통합과학 1·2 등
일반 선택	수학 교과: 대수, 미적분 I, 확률과 통계 사회 교과: 세계시민과 지리, 사회와 문화 과학 교과: 물리학, 화학, 지구과학
진로 선택	기하, 미적분 II, 한국지리 탐구, 도시의 미래 탐구, 역학과 에너지, 물질과 에너지, 화학 반응의 세계, 지구시스템과학
융합 선택	수학과제 탐구, 사회문제 탐구, 과학의 역사와 문화, 융합과학 탐구, 창의공학 설계, 기후변화와 지속가능한 세계

</td></tr>
</table>

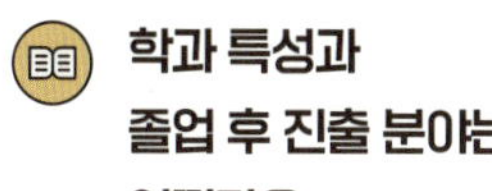 **학과 특성과 졸업 후 진출 분야는 어떤가요**

① 최근에는 BIM(Building Information Modeling) 설계, 증강현실(AR)과 가상현실(VR)을 이용한 건축 설계, 3D프린터를 활용한 건축 3D모델링, 드론을 활용한 건축 측량, 사물인터넷(IoT)을 활용한 건축 공간 구성, 인공지능(AI)을 활용한 건축 법규 검토 등 최신 기술도 접목하여 사용하고 있기에 변화 속도가 빠른 학과입니다.

② 졸업하면 건축 설계 사무소, 건축 시공회사, 인테리어 회사, 건설회사, 건축 감리회사 등으로 진출할 수 있습니다. 또 건축, 건축 재료 및 구조 공학 관련 연구소나 중앙부처 및 지방자치단체의 건축 기술직 공무원으로 일할 수도 있습니다.

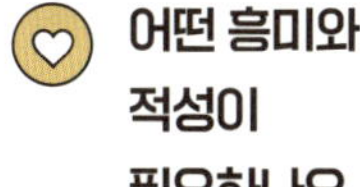 **어떤 흥미와 적성이 필요하나요**

① 건축은 일상생활과 밀접한 관계를 갖고 있어 문화와 예술을 반영하므로, 사회현상이나 문화·예술과 관련된 분야에 폭넓은 관심을 가지고 있으면 좋습니다.

② 건축 공간을 상상하고 구성해볼 수 있는 공간 지각력, 건축물의 실내외 구성에 필요한 미술 감각뿐 아니라 사용 목적에 맞는 건축물을 만들기 위해 폭넓은 관심이 필요합니다.

 **관련자격** 건설안전기사, 건설재료시험기사, 건축구조기술사, 건축기계정비기술사, 건축기사, 건축목재시공기능장, 건축사, 건축설비기사, 건축시공기술사, 건축일반시공기능장, 건축전기설비기술사, 도시계획기사, 수질환경기사, 실내건축기사, 지적기사, 철도보선산업기사

관련직업 건설공사 품질 관리원, 건축공학 기술자, 건축사, 인테리어 디자이너, 측량사, 캐드원, 건축구조 기술자, 건축시공 기술자

관련기관 한국건설관리공사, 국토교통부, 주택관리공단 등

025

광고홍보학과

학과 소개

광고홍보는 마케팅의 실행전략이라 할 수 있는데, 이윤 추구를 목적으로 하는 기업 조직은 물론 비영리 조직, 개인에 이르기까지 그 필요성이 증대되고 있습니다. 정보화 시대의 미디어 환경 변화에 대응하는 전략가 및 기획자, 실행자로서의 미래형 커뮤니케이션 전문가를 양성하기 위한 학과로 '사람의 마음을 움직일 수 있는' 창의 인재를 양성합니다.

관련학과

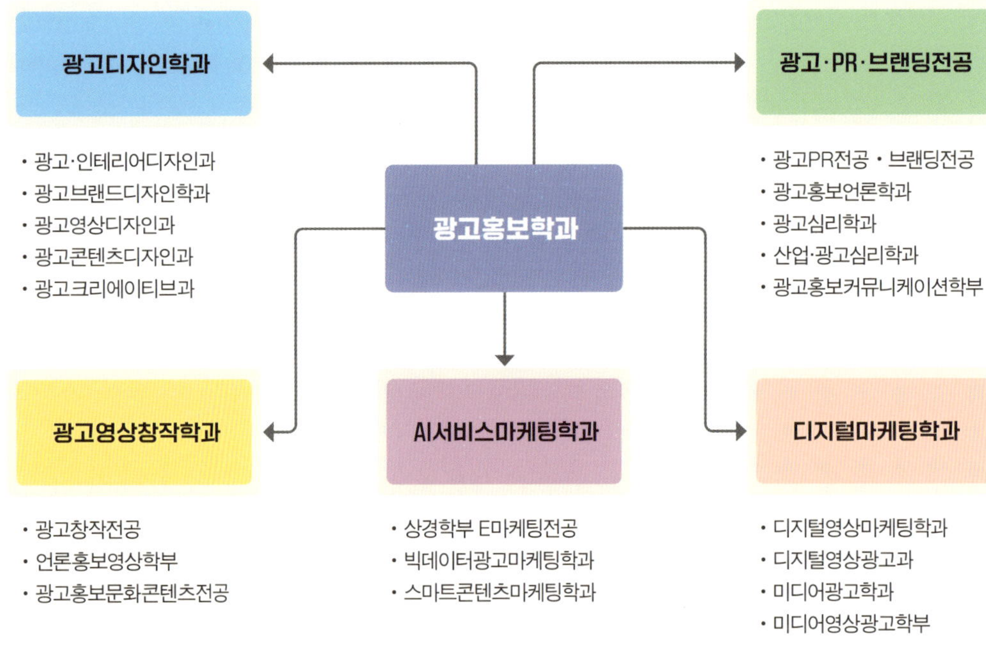

주요 교과목 광고원론, 광고기획 관리론, 광고매체 기획, 이벤트기획 관리론, 국제광고론, 광고제작론, 광고카피라이팅, 인쇄·영상광고제작 등의 교과목을 공부합니다.

| **진로 탐색과 준비, 이렇게 하세요** | 1. 신문을 꾸준히 읽으며 경제와 광고홍보 관련 주요 이슈를 살펴보면 도움이 됩니다.
2. 금융기관이 주최하는 경제 배우기 체험활동인 경제캠프, 경제박람회, 청소년 경제 강좌 등에 참여하면 시장경제 원리뿐 아니라 그와 관련한 광고홍보 정보도 알아볼 수 있습니다.
3. 광고홍보캠프, 광고홍보박람회, 대학 학과체험 등에 참여하면 광고홍보 관련 지식과 필요한 기술, 미래의 광고홍보를 알아볼 수 있습니다. |

| **고교학점제 준비, 이렇게 하세요** | **공통** 공통국어 1·2, 공통수학 1·2, 통합사회 1·2 등
일반 선택 국어 교과: 화법과 언어, 독서와 작문, 문학
수학 교과: 확률과 통계
사회 교과: 사회와 문화, 현대사회와 윤리, 세계사, 세계시민과 지리
진로 선택 주제 탐구 독서, 문학과 영상, 직무 의사소통, 정치, 법과 사회, 인간과 철학, 논리와 사고, 인간과 심리
융합 선택 독서 토론과 글쓰기, 매체 의사소통, 언어생활 탐구, 실용 통계, 윤리문제 탐구, 여행지리, 사회문제 탐구, 논술 |

학과 특성과 졸업 후 진출 분야는 어떤가요

① 광고홍보학과는 심리학, 경영학(마케팅) 등의 인접 인문사회학과와 밀접한 관계를 맺고 있어, 해당 인접 학과를 간접적으로 공부할 기회가 많습니다. 또 위성, 인터넷 및 뉴미디어의 발달에 따라 광고홍보학과도 그에 맞추어 다양한 커뮤니케이션 상황에서의 문제 해결 능력을 키울 수 있도록 하고 있습니다.

② 졸업하면 광고회사, 마케팅 회사, 출판사, 영화 배급사, 연예 기획사, 광고 대행사, 홍보 대행사, 광고 매체사, 인터넷 광고 대행사, 이벤트 회사, 방송국 등의 기업 및 산업체로 진출할 수 있습니다. 또 관련 정부 및 공공기관에서 활동할 수도 있습니다.

어떤 흥미와 적성이 필요하나요

① 사회·문화와 관련된 현상 및 영화, 드라마, 광고 등 다양한 콘텐츠에 관심이 많으며, 사람의 심리를 파악하고 분석하는 것을 좋아하는 사람에게 적합합니다.

② 최근 뉴미디어 등을 활용한 광고 및 홍보 콘텐츠가 급증하고 있으므로, 사람들의 눈과 마음을 사로잡을 만한 예술적인 감각을 지닌 학생에게 좋은 분야입니다.

③ 설득력과 커뮤니케이션 능력이 좋은 사람들에게 유리한 학문입니다.

관련자격 디지털정보활용능력(DIAT), 무대예술전문인, 사회조사분석사, 컴퓨터활용능력, 옥외광고사, 컨벤션기획사

관련직업 광고 기획자, 마케팅 전문가, 작가, 카피라이터, 광고 스타일리스트, 여론조사 전문가, 방송연출가, 행사·이벤트 기획자, 광고 및 홍보 전문가

관련기관 한국언론진흥재단, 한국콘텐츠진흥원, 시청자미디어재단 등

026

노인복지학과

**학과
소개**

우리나라는 초고령화 사회 진입을 눈앞에 두고 있습니다. 이에 따라 노인복지학과에서는 늘어난 노년기의 사회부적응 문제와 미충족 욕구 등을 해결하기 위해 필요한 정책적 프로그램과 서비스 개발을 연구합니다. 노인들의 보건복지 서비스 문제에 효율적으로 대응하기 위한 전문적·실천적 교육을 통해 노인복지 현장 실무에 능통한 노인복지 전문가 양성을 교육 목표로 두고 있습니다.

관련학과

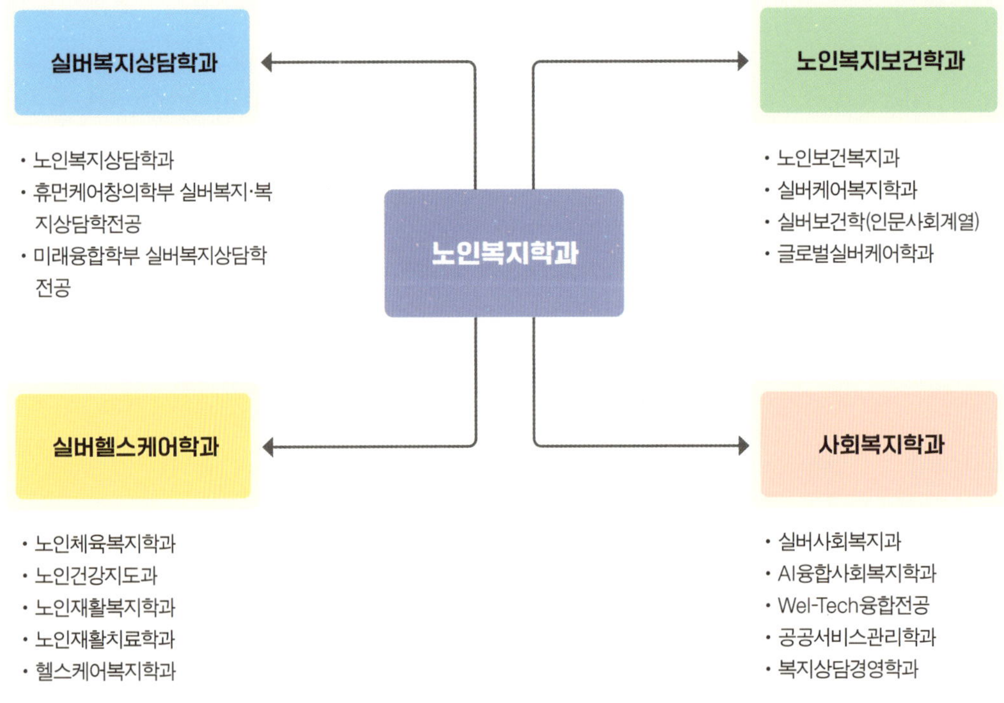

실버복지상담학과
- 노인복지상담학과
- 휴먼케어창의학부 실버복지·복지상담학전공
- 미래융합학부 실버복지상담학전공

노인복지보건학과
- 노인보건복지과
- 실버케어복지학과
- 실버보건학(인문사회계열)
- 글로벌실버케어학과

실버헬스케어학과
- 노인체육복지학과
- 노인건강지도과
- 노인재활복지학과
- 노인재활치료학과
- 헬스케어복지학과

사회복지학과
- 실버사회복지과
- AI융합사회복지학과
- Wel-Tech융합전공
- 공공서비스관리학과
- 복지상담경영학과

주요 교과목　　노인복지론, 노인상담심리, 노인복지 현장실습, 프로그램 개발과 평가, 노년학 등의 교과목을 공부합니다.

<table>
<tr><td>진로 탐색과
준비,
이렇게 하세요</td><td>1. 지역에 있는 노인복지센터에 가서 봉사활동을 꾸준히 하면 자신의 적성을 파악할 수 있고 더불어 노인복지와 관련된 여러 가지 정보를 얻을 수 있습니다.
2. 노인복지 관련 박람회, 대학 학과체험 등에 참여하면 노인복지 관련 지식과 필요한 기술, 미래의 노인복지를 알아볼 수 있습니다.</td></tr>
</table>

<table>
<tr><td>고교학점제
준비,
이렇게 하세요</td><td>공통   통합사회 1·2 등
일반 선택   사회 교과: 사회와 문화, 현대사회와 윤리
             기술가정 교과: 기술가정
진로 선택   윤리와 사상, 정치, 법과 사회, 경제, 도시의 미래 탐구, 생활과학 탐구, 인간과 심리, 교육의 이해, 보건
융합 선택   사회문제 탐구, 윤리문제 탐구, 생애 설계와 자립</td></tr>
</table>

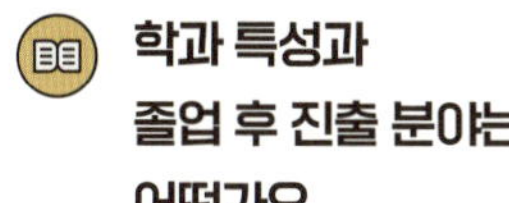

학과 특성과 졸업 후 진출 분야는 어떤가요

① 노인복지학과는 노인복지 분야의 이론과 실전 기술을 겸비한 노인 전문 사회복지사뿐만 아니라 노인요양서비스의 제공과 관련된 각종 업무를 담당할 요양관리사를 양성합니다. 또 초고령화 사회를 대비한 고령친화산업 전문가 양성을 목표로 하고 있습니다.

② 졸업하면 노인복지 관련 산업체 및 기업, 사회적 기업 등으로 진출할 수 있습니다. 또 사회복지연구소, 사회조사연구소, 사회정책연구원, 사회과학연구소 등의 학계나 연구기관, 노인복지 관련 중앙정부 및 지방자치단체 등에서 활동할 수도 있습니다.

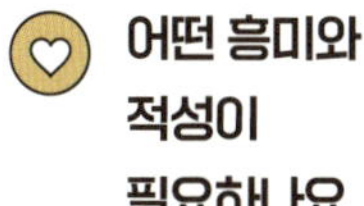

어떤 흥미와 적성이 필요하나요

① 노인복지학을 공부하기 위해서는 노인에 대한 관심이 중요합니다. 어려운 사람을 돕는 일을 좋아하고, 심리적·정서적으로 안정적이며, 봉사활동 경험이 많은 학생에게 적합합니다.

② 각종 사회 문제에 통찰력이 있고 노인 계층에 대한 편견에 맞서기 위해 진취적인 사고력을 갖춘 학생에게 좋은 분야입니다.

③ 다양한 돌발상황이나 세대 차이에도 능동적이고 유연하게 대처할 수 있는 능력을 갖추고 있다면 유리합니다.

관련자격   노인체육지도자, 레크리에이션지도자, 사회복지사, 정신보건사회복지사

관련직업   사회복지사, 상담전문가, 건강가정사, 공무원(사회복지직)

관련기관   한국노인인력개발원, 한국보건복지인력개발원 등

027

멀티미디어학과

학과 소개

멀티(Multi)는 우리말로 '다수의', 미디어(Media)는 '매체'를 뜻합니다. 정보통신기술의 급속한 발전에 따라 다양한 미디어로 제공되는 콘텐츠를 기반으로 새롭게 창출되는 여러 응용 분야를 다루는 학과로 멀티미디어를 위한, 정보통신에 의한, 신뢰할 수 있는 정보화 사회를 선도할 전문인 양성에 교육목표를 두고 있습니다.

관련학과

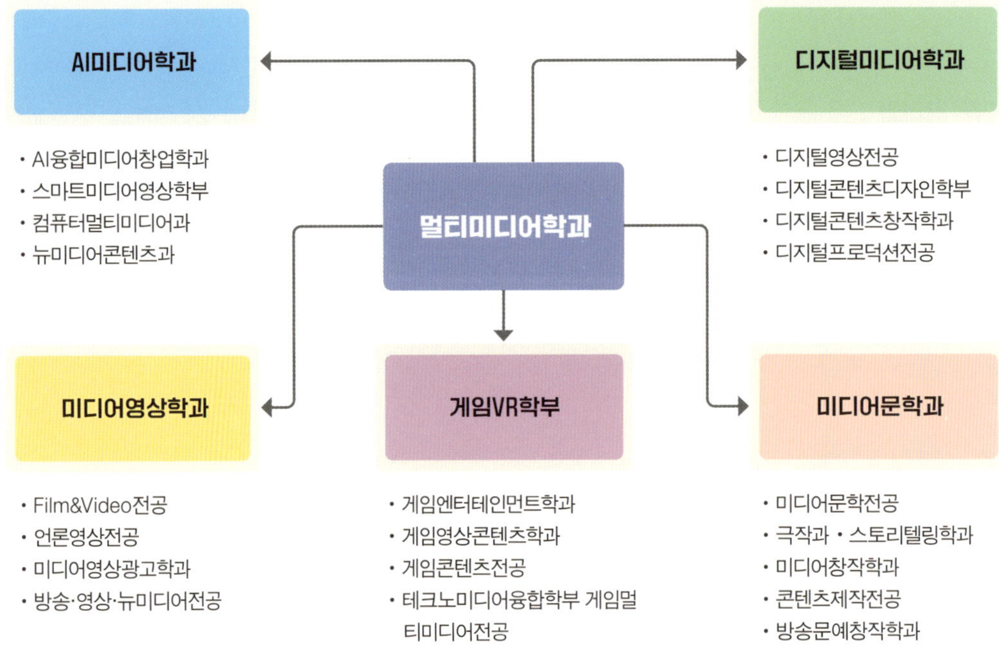

주요 교과목 데이터베이스, 디지털미디어 개론, 디지털 영상연출, 방송콘텐츠 기획, 미디어와 사회 등의 교과목을 공부합니다.

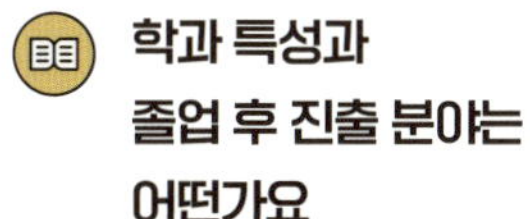

진로 탐색과 준비, 이렇게 하세요

1. 다양한 매체에서 활약하고 있는 종사자를 만나 이야기를 들어보는 활동을 해보세요.
2. 미디어학 관련 캠프, 미디어학 관련 박람회, 대학 학과체험 등에 참여하면 미디어학 관련 지식과 필요한 기술, 미래의 미디어학을 알아볼 수 있습니다.
3. 어떤 동영상이든 촬영해 편집 후 업로드해보세요. 동영상 매체의 수요가 빠르게 증가하고 있기에 동영상 매체를 다루는 것에 익숙해지면 좋습니다.

고교학점제 준비, 이렇게 하세요

공통	공통국어 1·2, 공통수학 1·2, 통합과학 1·2 등
일반 선택	국어 교과: 화법과 언어, 독서와 작문, 문학 수학 교과: 대수, 미적분 I, 확률과 통계 과학 교과: 물리학 예술 교과: 음악, 미술 정보 교과: 정보
진로 선택	주제 탐구 독서, 문학과 영상, 기하, 미적분 II, 인공지능 수학, 전자기와 양자, 역학과 에너지, 로봇과 공학세계, 인공지능 기초, 데이터 과학, 논리와 사고, 인간과 심리
융합 선택	독서 토론과 글쓰기, 매체 의사소통, 언어생활 탐구, 실용 통계, 창의공학 설계, 사회문제 탐구, 소프트웨어와 생활, 논술

학과 특성과 졸업 후 진출 분야는 어떤가요

① 21세기는 신문, 방송, 인터넷, 모바일 등 다양한 매체가 융합하는 '미디어 빅뱅' 시대로 미디어 콘텐츠 시장이 크게 성장할 것으로 예상됩니다. 동시에 1인 미디어와 뉴미디어를 통해 자신의 생각과 콘텐츠를 전 세계와 소통할 수 있는 시대이기도 합니다. 급속히 팽창하는 미디어 콘텐츠 시장은 융합형 전문인력을 필요로 합니다. 멀티미디어학과는 창의적인 콘텐츠를 제작할 수 있는 예술적 감각과 기술력, 생산된 콘텐츠를 홍보하고 마케팅할 수 있는 비즈니스 역량을 두루 갖춘 융합형 인재를 양성합니다.

② 졸업하면 일반 기업체, 국내 및 해외 기업의 미디어 관련 분야로 진출할 수 있습니다. 또 미디어 관련 국가나 민간 연구소, 중앙정부 및 지방자치단체 등에서 활약할 수 있습니다.

어떤 흥미와 적성이 필요하나요

① 소통의 중요성을 알고 창의적 표현, 효율적 전달 능력을 키우는 데 관심이 있으면 좋습니다.
② 통찰력, 예술적 감각, 균형 감각, 공감 능력, 협상 능력, 경영 능력 등이 필요합니다.
③ 매체에 전반적으로 관심이 있으면 흥미롭게 공부할 수 있습니다. 미디어의 변화에 맞추어 트렌드와 새로운 매체에 대한 공부가 지속적으로 이루어져야 합니다.

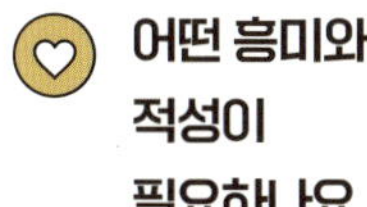 **관련자격**　무대예술전문인(무대기계, 조명, 음향), 방송통신기사, 정보처리산업기사, 정보통신산업기사, 컴퓨터활용능력

 **관련직업**　광고 기획자, 기자, 방송연출가, 촬영기사, 평론가, 광고제작 감독(CF감독), 디지털 영상편집 전문가, 마케팅 및 여론조사 전문가, 멀티미디어 전문가, 문화콘텐츠 전문가, 방송 카메라 기자, 영상녹화 및 편집기사

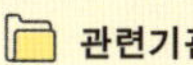 **관련기관**　한국영상자료원, 한국문화진흥주식회사 등

028

사회복지학과

**학과
소개**

인간 중심의 철학을 바탕으로 평등, 정의를 실현하기 위한 학과입니다. 사회복지는 더불어 사는 행복한 사회를 만들기 위한 노력을 뜻합니다. 사회복지학과는 다양한 사회 문제의 해결 방법을 연구하고 실천하기 위한 교육을 제공해 인간의 삶의 질을 높이고 평등과 정의를 실현하는 데 기여하는 사회복지 인력을 양성합니다.

관련학과

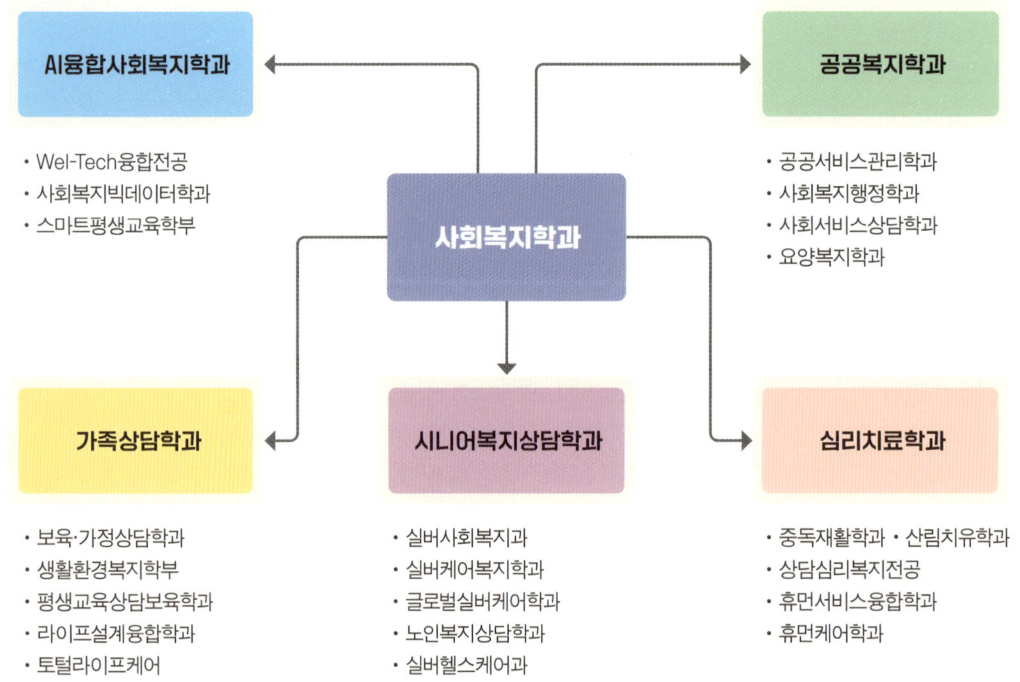

주요 교과목 　사회복지 개론, 사회복지 정책론, 자원봉사론, 지역사회 복지론, 사회복지법제 등의 교과목을 공부합니다.

<table>
<tr><td>

**진로 탐색과
준비,
이렇게 하세요**

</td><td>

1. 신문이나 관련 단체의 잡지를 구독해 사회복지 주요 이슈를 꾸준히 살펴보면 좋습니다.
2. 사회복지 관련 박람회, 대학 학과체험 등에 참여하면 사회복지 관련 지식과 필요한 기술, 미래의 사회복지를 알아볼 수 있습니다.
3. 지역의 사회복지 관련 단체를 방문해 봉사활동을 하면 자신의 적성을 알아볼 수 있고 실제 경험도 쌓을 수 있습니다.

</td></tr>
</table>

<table>
<tr><td>

**고교학점제
준비,
이렇게 하세요**

</td><td>

공통	통합사회 1·2 등
일반 선택	사회 교과: 사회와 문화, 현대사회와 윤리 정보 교과: 정보 교양 교과: 진로와 직업
진로 선택	윤리와 사상, 정치, 법과 사회, 경제, 도시의 미래 탐구, 생활과학 탐구, 데이터 과학, 인간과 심리, 교육의 이해, 보건
융합 선택	사회문제 탐구, 윤리문제 탐구

</td></tr>
</table>

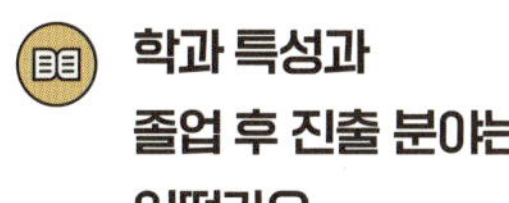

**학과 특성과
졸업 후 진출 분야는
어떤가요**

① 사회가 복잡해지면서 갈수록 사회복지에 대한 수요가 늘어나고 있습니다. 사회복지학과는 급격한 사회 변화로 인해 발생하는 다양한 문제를 해결하여 공정한 사회를 만들기 위한 방법을 연구합니다. 따라서 사회학, 심리학, 가족학 등 관련 학문에 대한 폭넓은 학습이 필요합니다. 최근에는 세계화에 따라 국제기구에서 활동하는 인력 양성을 위한 전문적인 교육과 훈련도 제공합니다.

② 졸업하면 복지 관련 산업체 및 기업, 사회적 기업 등으로 진출할 수 있습니다. 또 사회복지연구소, 사회조사연구소, 사회정책연구원, 사회과학연구소 등의 학계 및 연구기관이나 사회복지 관련 중앙정부 및 지방자치단체 등의 공공기관에서 활약할 수 있습니다.

**어떤 흥미와
적성이
필요하나요**

① 사회복지학을 공부하기 위해서는 다른 사람에 대한 관심이 중요합니다. 어려운 사람을 돕는 일을 좋아하고, 심리적·정서적으로 안정적이며, 봉사활동 경험이 많은 학생에게 적합합니다.

② 각종 사회 문제에 대한 통찰력과 소외 계층에 대한 편견에 맞서기 위해 진취적인 사고력을 갖춘 학생에게 좋은 분야입니다.

③ 복잡한 상황을 차분하게 풀어나갈 수 있는 분석력과 다양한 돌발상황에 능동적이고 유연하게 대처할 수 있는 순발력을 갖추고 있다면 유리합니다.

관련자격　물리치료사, 사회복지사, 수화통역사, 직업상담사, 청소년상담사, 청소년지도사

관련직업　사회복지사, 상담전문가, 임상심리사, 건강가정사, 노인 여가활동 촉진자, 복지행정가

관련기관　국민건강보험공단, 사회보장정보원 등

029

사회학과

학과 소개
사회학은 사회에 속해 있는 우리의 삶과 행동을 연구·분석하는 학문입니다. 우리가 일상에서 겪는 다양한 문제는 사회구조와 밀접하게 연결되어 있습니다. 우리 주변에서 일어나는 크고 작은 사회현상을 살펴보고 현대 사회의 문제를 해결할 수 있는 지식과 안목을 갖춘 전문인력의 양성을 교육 목표로 하고 있습니다.

관련학과

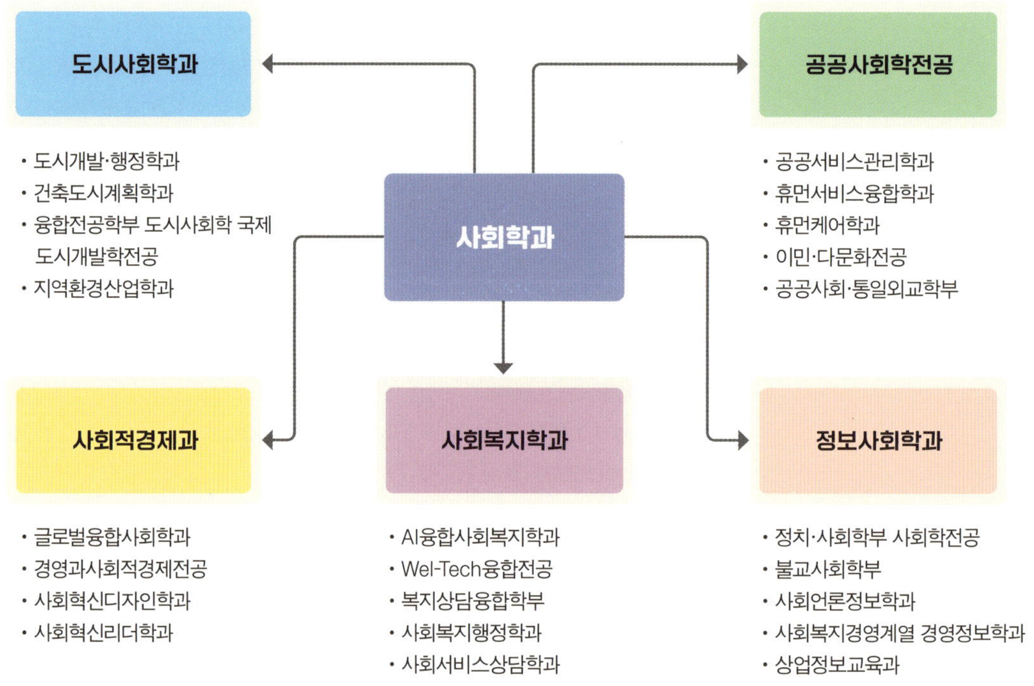

주요 교과목 경제사회학, 노동사회학, 문화사회학, 사회통계론, 사회조사 분석론 등의 교과목을 공부합니다.

<table>
<tr><td>진로 탐색과
준비,
이렇게 하세요</td><td>1. 신문과 잡지를 꾸준히 읽으며 우리 사회의 다양한 이슈를 살펴보고 인터넷에서 사회의 변화 트렌드를 추적해보면 좋습니다.
2. 사회학 관련 캠프, 사회학 관련 박람회, 대학 학과체험 등에 참여하면 사회학 관련 지식과 필요한 기술, 미래의 사회학을 알아볼 수 있습니다.
3. 관심이 있는 사회단체에 가입해 활동해보면 도움이 됩니다.</td></tr>
</table>

<table>
<tr><td>고교학점제
준비,
이렇게 하세요</td><td>**공통** 공통수학 1·2, 통합사회 1·2 등
일반 선택 **수학 교과:** 확률과 통계
사회 교과: 세계시민과 지리, 세계사, 사회와 문화, 현대사회와 윤리
진로 선택 직무 수학, 도시의 미래 탐구, 정치, 법과 사회, 경제, 윤리와 사상, 인문학과 윤리, 국제 관계의 이해, 인간과 철학, 인간과 심리
융합 선택 역사로 탐구하는 현대세계, 사회문제 탐구, 금융과 경제생활, 윤리문제 탐구, 기후변화와 지속가능한 세계</td></tr>
</table>

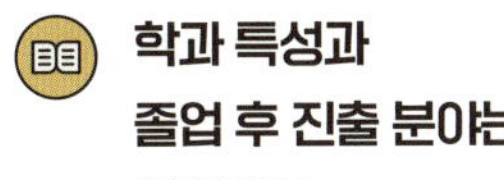

학과 특성과 졸업 후 진출 분야는 어떤가요

① 사회학은 사회복지학, 여성학, 신문방송학, 정치외교학 등 응용 학문의 기초라는 점에서 중요합니다. 사회 각 분야의 다양한 현상과 문제를 분석하는 데 필요한 이론과 방법을 공부하기에 정치학, 경제학, 법학, 행정학 등 인접 학문에 대한 폭넓은 학습을 할 수 있습니다.

② 졸업하면 여론 조사 및 시장 조사 기업, 기업체 조사 분석실, 방송사, 신문사, 잡지사, 광고 기획사 등의 기업 및 산업체로 진출할 수 있습니다. 또 사회조사연구소, 사회여론연구소, 사회정책연구소, 노동사회연구소, 사회과학연구소 등의 연구기관이나 사회 관련 중앙정부 및 지방자치단체, 공공기관이나 학계에서도 활약할 수 있습니다.

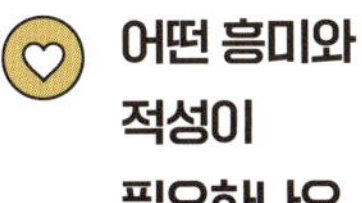

어떤 흥미와 적성이 필요하나요

① 사회학을 전공하려면 개인에서부터 정치, 제도에 이르기까지 각종 사회현상에 대한 폭넓은 관심이 필요합니다.

② 평소에 신문이나 책을 통해 사회에서 일어나는 일들을 관심 있게 지켜보는 학생에게 적합한 분야입니다.

③ 논리적인 분석력과 통찰력이 중요하며, 사회현상 조사를 위해 통계학적 지식을 갖춘 학생이 유리합니다.

관련자격 사회조사분석사, 정책분석평가사

관련직업 기자, 사회단체 활동가, 공무원, 사회과학 연구원, 사회 교사, 연구원, 중등학교 교사, 통계 사무원 등

관련기관 정보사회진흥원, 정보문화진흥원 등

030

신문방송학과

**학과
소개**

정보통신 기술의 비약적인 발전에 따라 커뮤니케이션이 전통적인 신문, 방송, 출판 등의 범주를 넘어
서 각종 오락산업, 정보 서비스, 통신 서비스를 망라하는 멀티미디어 종합 정보통신사업으로 확대되
고 있습니다. 이에 발맞춰 현실 사회에 바람직한 미디어 문화와 대중매체의 발전에 기여할 수 있는
전문인력 양성을 교육 목표로 두고 있는 학과입니다.

관련학과

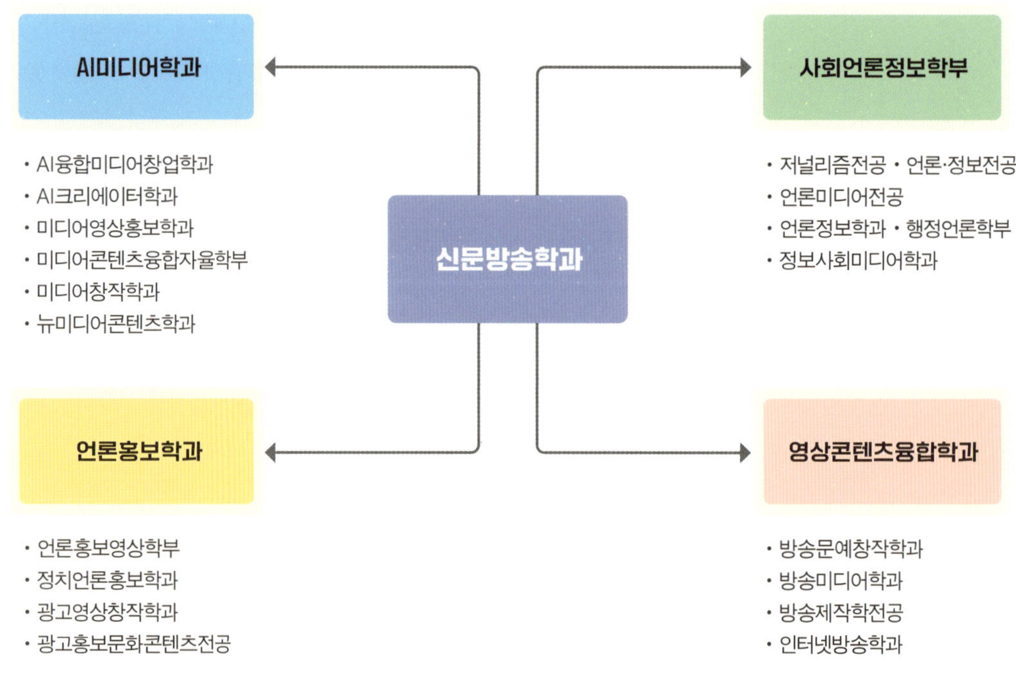

주요 교과목 매스컴 원론, 취재보도론, 언론윤리, 방송저널리즘, 언론법, 신문학, 방송학, 출판학, 신문 제작, TV 및 라디오 제작, 컴퓨터그래픽 등
의 교과목을 공부합니다.

<table>
<tr><td>

**진로 탐색과
준비,
이렇게 하세요**

</td><td>

1. 신문과 인터넷에서 꾸준히 언론과 방송, 출판 관련 주요 이슈를 살펴보면 좋습니다.
2. 신문방송학 관련 캠프, 신문방송학 관련 박람회, 대학 학과체험 등에 참여하면 신문방송학 관련 지식과 필요한 기술, 미래의 신문방송학을 알아볼 수 있습니다.
3. 학교의 신문방송 관련 동아리에 들어가 활동하면 도움이 됩니다.

</td></tr>
<tr><td>

**고교학점제
준비,
이렇게 하세요**

</td><td>

공통	공통국어 1·2, 통합사회 1·2, 한국사 1·2 등
일반 선택	국어교과: 화법과 언어, 독서와 작문, 문학 사회 교과: 세계사, 사회와 문화, 현대사회와 윤리
진로 선택	주제 탐구 독서, 문학과 영상, 직무 의사소통, 정치, 법과 사회, 경제, 윤리와 사상, 인문학과 윤리, 인간과 철학, 인간과 심리, 삶과 종교
융합 선택	독서 토론과 글쓰기, 매체 의사소통, 언어생활 탐구, 사회문제 탐구, 역사로 탐구하는 현대세계, 윤리문제 탐구, 논술

</td></tr>
</table>

학과 특성과 졸업 후 진출 분야는 어떤가요

① 최근 트위터, 페이스북 등 SNS의 등장은 대중의 활발한 소통에 기여했지만, 사생활 침해와 같은 사회 문제 또한 증가하였습니다. 신문방송학과는 커뮤니케이션 관련 문제와 그 해결 방안을 연구합니다. 또 정보기술의 발달로 급변하는 각종 매체에 대한 실습을 제공하여 학생들이 언론, 방송계로 진출하는 데 필요한 지식과 기술을 습득하도록 합니다.

② 졸업하면 언론사의 취재기자, 편집기자로 활동할 수 있습니다. 또 방송 전문 분야 등은 물론 멀티미디어 정보서비스 산업계 등으로 진출할 수 있습니다. 특히 인터넷 방송업체, 기업체 사내 방송국 등이 늘어나 진출 분야가 확대되고 있습니다. 그밖에도 신문사, 잡지사, 광고 기획사, 출판사, 광고 대행사, 인터넷 콘텐츠 기획 및 제작업체 등에서 활약할 수 있습니다. 미디어·콘텐츠 관련 학계나 연구기관, 정부 및 공공기관 등에서 일할 수도 있습니다.

어떤 흥미와 적성이 필요하나요

① 신문방송학을 전공하기 위해서는 다양한 사회현상에 대한 안목을 기르는 것이 중요합니다. 신문이나 방송을 통해 사회의 흐름을 살피는 데 관심이 많은 학생에게 적합합니다.

② 기자 등 언론인이 되기 위해서는 글짓기 능력을 갖추는 것이 필요합니다.

③ 방송 및 영상학 공부를 하기 위해서는 창의력과 예술적 감수성을 갖추는 것이 중요합니다.

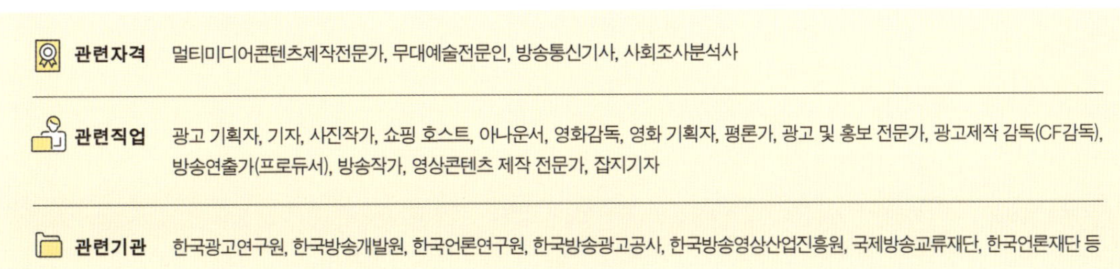

관련자격 멀티미디어콘텐츠제작전문가, 무대예술전문인, 방송통신기사, 사회조사분석사

관련직업 광고 기획자, 기자, 사진작가, 쇼핑 호스트, 아나운서, 영화감독, 영화 기획자, 평론가, 광고 및 홍보 전문가, 광고제작 감독(CF감독), 방송연출가(프로듀서), 방송작가, 영상콘텐츠 제작 전문가, 잡지기자

관련기관 한국광고연구원, 한국방송개발원, 한국언론연구원, 한국방송광고공사, 한국방송영상산업진흥원, 국제방송교류재단, 한국언론재단 등

031

아동복지학과

학과 소개

아동이 건강하게 출생하여 행복하게 자라도록 만들기 위한 연구를 담당하는 학과로 최근 보육에 관한 국가적 관심이 높아지면서 사회복지 영역의 가장 중요한 부분으로 대두되고 있습니다. 아동들이 바람직한 사회인으로 성장할 수 있도록 하는 이론과 실무 능력들을 길러 관련 업무에 능통한 전문가를 양성하는 데 교육 목표를 두고 있습니다.

관련학과

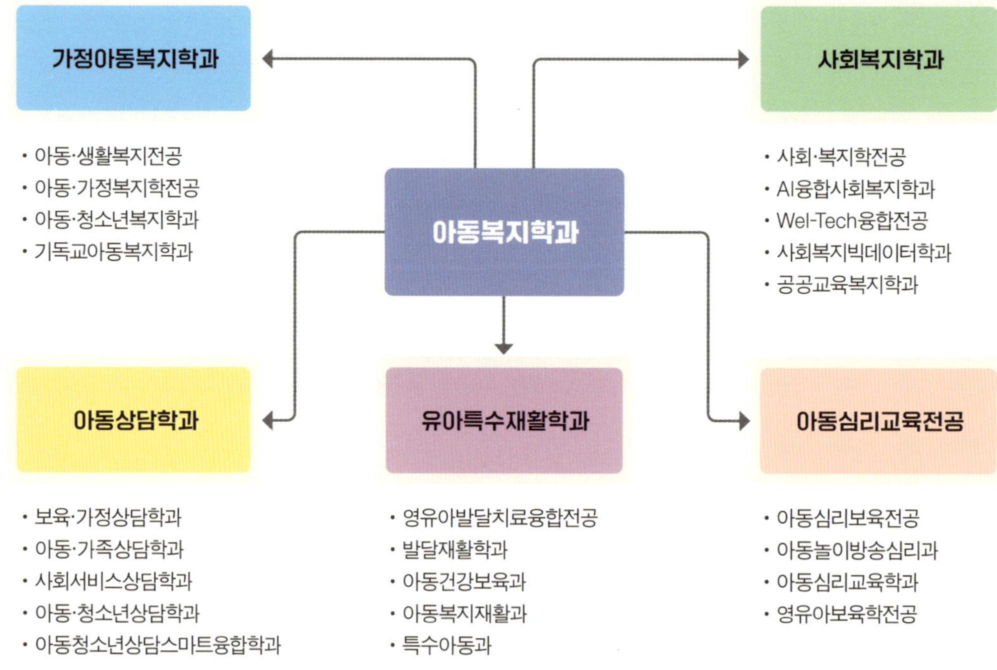

주요 교과목 아동·가족상담, 아동·가족복지, 아동발달, 사회복지정책, 아동교육 및 보육, 장애인복지, 아동관찰, 아동임상심리, 아동문학 등의 교과목을 공부합니다.

<table>
<tr><td>

**진로 탐색과
준비,
이렇게 하세요**

</td><td>

1. 중·고등학생 때부터 지역의 아동복지 시설을 탐방하고 봉사활동을 하면 자신의 적성을 알아볼 수 있고 실제 경험도 쌓을 수 있습니다.
2. 아동복지 관련 박람회, 대학 학과체험 등에 참여하면 아동복지 관련 지식과 필요한 기술, 미래의 아동복지를 알아볼 수 있습니다.
3. 아동과 관련된 각종 사회현상 또는 정책 등에 관심을 가지고 신문이나 다양한 미디어를 살펴보면 좋습니다.

</td></tr>
</table>

<table>
<tr><td>

**고교학점제
준비,
이렇게 하세요**

</td><td>

공통	통합사회 1·2 등
일반 선택	사회 교과: 사회와 문화, 현대사회와 윤리 기술가정 교과: 기술가정
진로 선택	정치, 법과 사회, 생활과학 탐구, 인간과 철학, 인간과 심리, 교육의 이해, 보건
융합 선택	사회문제 탐구, 아동발달과 부모, 생애 설계와 자립

</td></tr>
</table>

학과 특성과 졸업 후 진출 분야는 어떤가요

① 아동복지란 모든 아동이 가족 및 사회의 일원으로 건강하고 건전하게 성장할 수 있도록 개인, 민간, 국가가 서로 협력하여 벌이는 활동 및 연구영역입니다. 세계적으로 보육과 아동복지에 대한 관심과 배려가 높아지면서, 우리나라에서도 아동학 관련 학과가 꾸준히 증가하고 있습니다. 최근에는 아동의 신체적, 지적, 정서적 발달 문제 해결을 위한 언어 치료, 놀이 치료, 음악 치료 등 다양하고 실제적인 교육 과정까지 제공합니다.

② 졸업하면 아동복지 관련 산업체 및 기업, 사회적 기업으로 진출할 수 있습니다. 또 아동복지 연구소, 사회조사연구소, 사회정책연구원, 사회과학연구소 등의 학계 및 연구기관이나 중앙정부 및 지방자치단체, 아동·복지 관련 공공기관 등에서 활약할 수도 있습니다.

어떤 흥미와 적성이 필요하나요

① 아동을 좋아하고 사랑하는 마음이 가장 중요합니다. 아이들이 귀엽고 사랑스럽다면 이 학과에 흥미가 있다고 볼 수 있습니다.

② 다양한 분야의 아동교육을 위해 음악, 미술에도 관심이 있어야 합니다. 또 활동적이며 봉사나 교육 경험이 많으면 좋습니다.

③ 호기심이 많은 어린아이를 상대하기에 인내심과 이해심이 많고 세심한 관찰력을 가졌으며 꾸준한 성격이 유리합니다.

관련자격 보육교사, 사회복지사, 유치원2급정교사, 정신보건사회복지사, 가정복지사, 청소년상담사, 청소년지도사

관련직업 사회복지사, 방과후 아동 지도사, 임상심리사, 아동 놀이·언어 치료사, 아동발달 전문가, 아동상담사, 아동용 교재·교구 및 컴퓨터소프트웨어 제작자, 아동 음악가, 아동·사회복지 관련 기관의 연구원, 어린이집 보육교사, 유치원 교사(교직 이수자에 한함), 중앙정부와 지방자치단체의 사회복지 전담공무원, 특수학교 교사, 아동 문학가

관련기관 한국청소년상담복지개발원, 한국건강가정진흥원 등

032

언론홍보학과

학과 소개

사회현상으로서의 커뮤니케이션 양상을 과학적으로 연구·분석함으로써 보편타당한 커뮤니케이션 이론을 정립하고 체계화시키려는 학과입니다. 사람들 간의 원활한 소통을 위해 신문·방송·영상 매체·정보통신 등 대중매체를 연구해 바람직한 미디어 문화와 대중매체의 발전에 기여하는 전문인력을 양성합니다.

관련학과

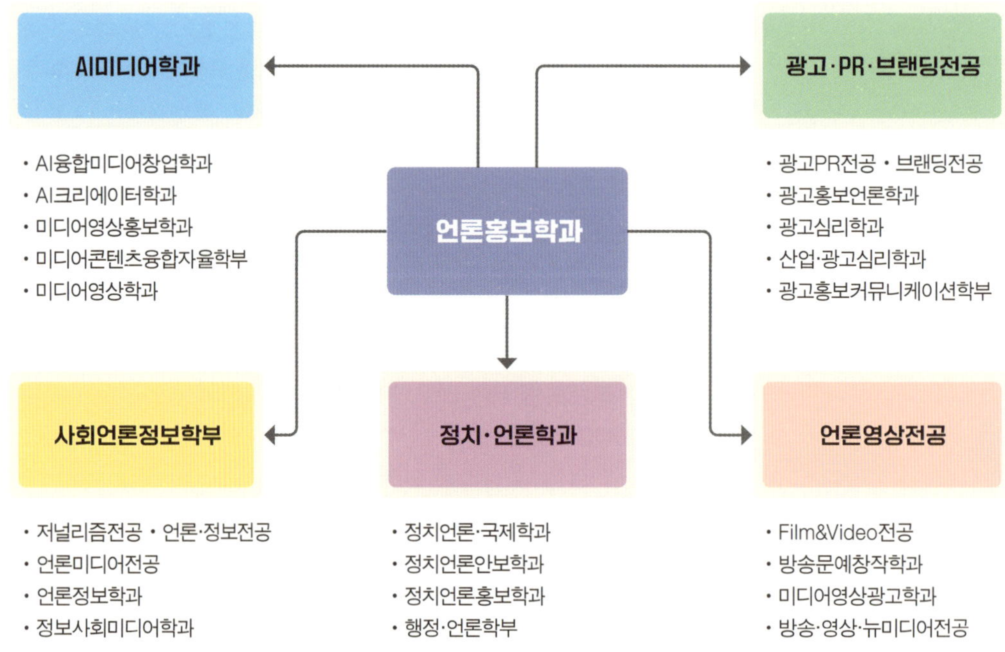

주요 교과목　방송학 개론, PR론, 디지털미디어 이론, 광고기획론, 저널리즘 이론 등의 교과목을 공부합니다.

진로 탐색과 준비, 이렇게 하세요	1. 신문과 인터넷에서 경제뿐만 아니라 언론홍보 관련 주요 이슈를 꾸준히 살펴보면 좋습니다.
	2. 언론홍보캠프, 언론홍보박람회, 대학 학과체험 등에 참여하면 언론홍보 관련 지식과 필요한 기술, 미래의 언론홍보를 알아볼 수 있습니다.
	3. 언론홍보 관련 책자나 언론홍보 쪽에서 크게 활약하고 있는 사람들이 쓴 책을 읽어보면 좋습니다.

고교학점제 준비, 이렇게 하세요

공통 공통국어 1·2, 통합사회 1·2 등

일반 선택 국어 교과: 화법과 언어, 독서와 작문, 문학
사회 교과: 세계사, 사회와 문화, 현대사회와 윤리

진로 선택 주제 탐구 독서, 문학과 영상, 직무 의사소통, 정치, 법과 사회, 인간과 철학, 논리와 사고, 인간과 심리, 윤리와 사상

융합 선택 독서 토론과 글쓰기, 매체 의사소통, 언어생활 탐구, 역사로 탐구하는 현대세계, 사회문제 탐구, 윤리문제 탐구, 논술

학과 특성과 졸업 후 진출 분야는 어떤가요

① 저널리즘, 커뮤니케이션 이론 교육과 다양한 실습을 통해 21세기 정보화 사회를 적극적으로 이끌어나갈 언론인 및 홍보 분야의 전문가 육성을 목표로 삼고 있습니다. 산학협동체제 역시 구축하여 4차 산업혁명 시대를 넘어 5차 산업혁명 시대에 걸맞은 실무형, 현장 맞춤형 전문인력을 양성합니다.

② 졸업하면 방송국, 인터넷 방송국, 기업체 사내 방송국, 신문사, 잡지사, 케이블TV 등의 언론사나 광고 기획사, 출판사, 광고 대행사, 인터넷 콘텐츠 기획 및 제작업체 등의 기업 및 산업체로 진출할 수 있습니다. 또 관련 학계와 연구기관뿐 아니라 중앙정부 및 지방자치단체 같은 공공기관에서 활약할 수 있습니다.

어떤 흥미와 적성이 필요하나요

① 언론홍보학을 전공하기 위해서는 다양한 사회현상에 대한 안목을 기르는 것이 중요합니다. 신문이나 방송을 통해 사회의 흐름을 살피는 데 관심이 많은 학생에게 적합합니다.

② 기자 등 언론인이 되기 위해서는 한 가지 일을 끈질기게 파고드는 탐구 정신과 이를 다른 사람들에게 정확하게 전달할 수 있는 글짓기 능력을 갖추는 것이 필요합니다.

③ 방송 및 영상학 공부를 위해서는 창의력과 예술적 감수성을 갖추는 것이 중요합니다.

관련자격 멀티미디어콘텐츠제작전문가, 무대예술전문인, 방송통신기사, 사회조사분석사

관련직업 쇼핑 호스트, 영화감독, 촬영기사, 공연 기획자, 비디오 저널리스트, 사회과학 연구원, 시나리오 작가, 시장 및 여론조사 전문가

관련기관 한국방송광고공사, 한국광고연구원, 한국방송개발원, 한국방송영상산업진흥원, 국제방송교류재단, 한국언론진흥재단 등

033

외식산업학과

학과 소개
가정 밖에서 음식을 제공하는 서비스업과 관련된 여러 분야를 탐구하는 학문입니다. 외식산업의 선진화와 업계 발전에 기여할 수 있고, 한국 외식문화의 대외경쟁력을 높여 외식산업의 세계화를 선도할 수 있습니다. 외식산업학과는 21세기 정보화 사회에 필요한 우수한 외식산업 현장의 관리자 육성을 교육 목표로 합니다.

관련학과

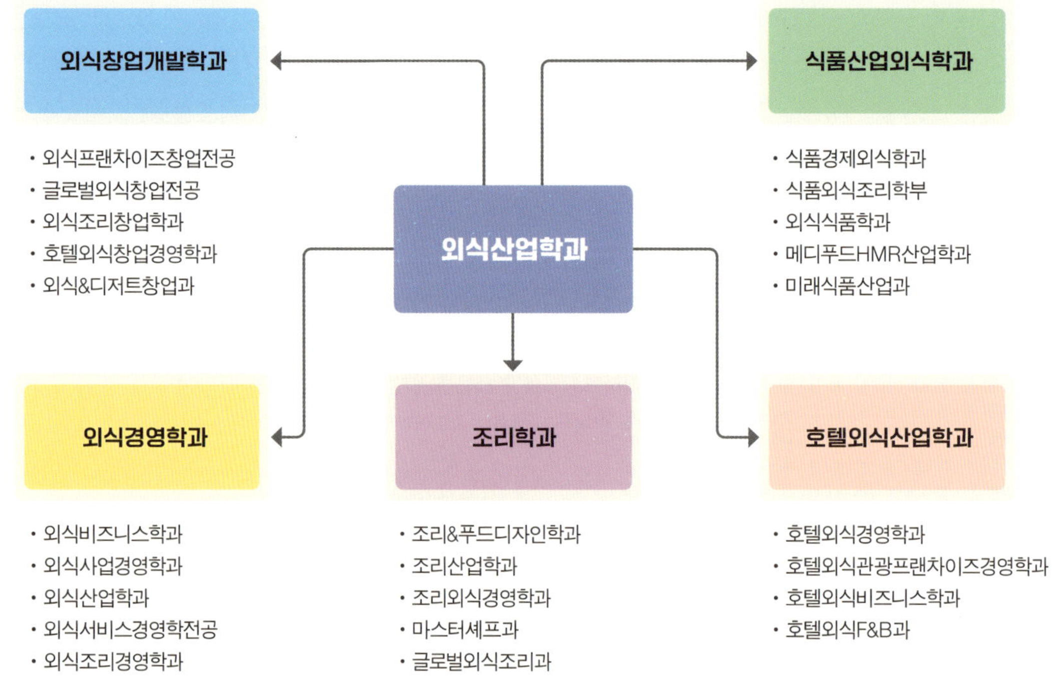

주요 교과목 서비스마케팅, 식품학 개론, 외식조리 실습, 외식주방 관리론, 외식산업론 등의 교과목을 공부합니다.

<table>
<tr><td>진로 탐색과
준비,
이렇게 하세요</td><td>

1. 경제신문을 꾸준히 읽으면 경제와 외식산업의 주요 이슈를 살펴볼 수 있습니다.
2. 금융기관이 주최하는 경제캠프, 경제박람회, 청소년 경제 강좌 등에 참여하면 은행, 화폐, 시장경제원리, 저축과 투자, 신용관리를 알아볼 수 있습니다.
3. 외식산업캠프, 외식산업박람회, 대학 학과체험 등에 참여하면 외식산업 관련 지식과 필요한 기술, 미래의 외식산업을 알아볼 수 있습니다.

</td></tr>
</table>

고교학점제 준비, 이렇게 하세요

공통 공통수학 1·2, 통합사회 1·2 등

일반 선택 **수학 교과:** 대수, 미적분 I, 확률과 통계

사회 교과: 세계시민과 지리, 사회와 문화, 현대사회와 윤리

기술가정·정보 교과: 기술가정, 정보

진로 선택 법과 사회, 경제, 경제 수학, 인공지능 기초, 데이터 과학, 윤리와 사상, 국제 관계의 이해, 보건

융합 선택 실용 통계, 수학과제 탐구, 사회문제 탐구, 금융과 경제생활

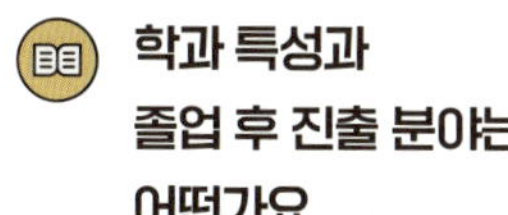

학과 특성과 졸업 후 진출 분야는 어떤가요

① 생활방식의 변화에 따라 괄목할 만한 성장을 거듭하고 있는 외식문화를 선도할 인재를 양성하기 위해 탄생하였습니다. 외식산업 규모 확대와 경영의 체계화 등으로 외식산업은 음식의 제조법뿐만 아니라 서비스의 선진화를 함께 추구하는 복합산업으로서의 면모를 갖추게 되었습니다. 향후 외식서비스 산업은 식품제조업, 소매업, 서비스업의 세 가지 성격을 동시에 지닌 21세기 유망산업으로 부상할 것입니다.

② 졸업하면 일반 기업체, 호텔 및 외식업체, 외식 유통업체, 국내 및 해외 기업의 외식산업 분야로 진출할 수 있습니다. 또 외식산업이나 사회과학 관련 국가나 민간 연구소뿐 아니라 중앙정부 및 지방자치단체 등에서도 활약할 수 있습니다.

어떤 흥미와 적성이 필요하나요

① 음식 만들기나 맛집 찾기 등에 흥미가 있으면 좋습니다.
② 요리 기초 지식과 조리 기술은 물론, 소비 심리와 환경, 푸드스타일과 식공간 연출 분야 등에 대한 확장된 관심과 지식, 고민이 필요합니다.

관련자격 복어조리기능사, 양식조리기능사, 위생사, 일식조리기능사, 제과기능사, 제빵기능사, 조주기능사, 중식조리기능사, 커피바리스타, 푸드코디네이터, 한식조리기능사

관련직업 바리스타, 푸드스타일리스트, 레스토랑 컨설턴트, 서비스교육센터 강사, 소믈리에(와인강사), 식품 관련 학원 강사, 외식사업 창업가, 외식프랜차이즈 컨설턴트, 제과사 및 제빵사, 조리사 및 주방장, 패밀리레스토랑 점장, 호텔 및 외식업체 식음료 부서(조리식음료 분야) 관리자

관련기관 (재)한식진흥원, 국가식품클러스터지원센터 등

034

항공서비스학과

학과 소개

국내외 항공사·공항·호텔·리조트·외식업체 등 항공관광 관련 산업 분야에서 필요로 하는 전문인력을 양성하는 학문입니다. 영어, 일본어, 중국어 등의 외국어 교육 및 서비스 이론과 현장 실습 교육으로 지성과 전문성을 겸비한 승무원을 양성함과 동시에 항공산업에 대한 전문성과 글로벌 마인드를 함양한 전문 인재 양성을 교육 목표로 하고 있습니다.

관련학과

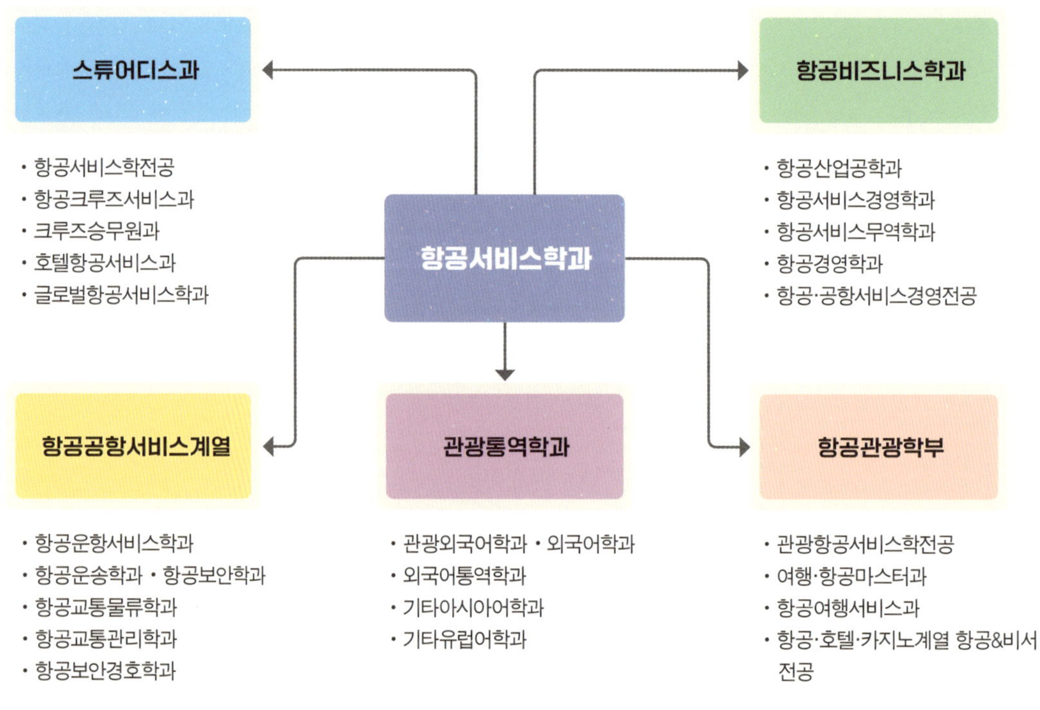

주요 교과목　객실서비스 실무, 항공운항과 안전, 항공서비스 마케팅, 인간관계론, 항공실무영어 등의 교과목을 공부합니다.

진로 탐색과 준비, 이렇게 하세요	1. 중·고등학생 때부터 영어 및 제2외국어 공부를 열심히 하면 전공 공부에 유리합니다.
	2. 항공서비스캠프, 항공서비스박람회, 대학 학과체험 등에 참여하면 항공서비스 관련 지식과 필요한 기술, 미래의 항공서비스를 알아볼 수 있습니다.
	3. 다양한 국제문화 교류센터를 통해 외국인과 문화 교류 활동을 하면 세계 각국의 문화를 경험하고 각 나라의 사람들을 더 잘 이해할 수 있습니다.

고교학점제 준비, 이렇게 하세요

공통 공통영어 1·2, 통합사회 1·2 등

일반 선택 영어 교과: 영어 I·II, 영어 독해와 작문

사회 교과: 세계시민과 지리, 사회와 문화, 현대사회와 윤리

제2외국어 교과: 독일어, 프랑스어, 스페인어 등

진로 선택 직무 영어, 심화 영어, 한국지리 탐구, 경제, 국제 관계의 이해, 제2외국어 회화, 인간과 심리, 보건

융합 선택 실생활 영어 회화, 세계 문화와 영어, 여행지리, 사회문제 탐구, 제2외국어권 문화

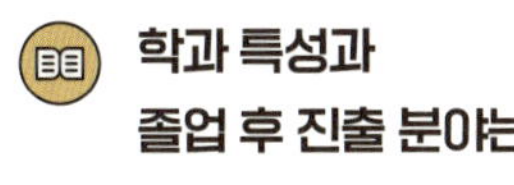

학과 특성과 졸업 후 진출 분야는 어떤가요

① 자유무역협정으로 국가 간 상품과 인적 교류가 증가하고, 국민소득 수준이 향상된 만큼 항공서비스학과는 항공 및 서비스 산업 분야에서 필요로 하는 전문적인 교육을 바탕으로 국제적 감각과 서비스 마인드가 투철한 서비스 인재를 양성하고 있습니다.

② 졸업하면 일반 기업체, 항공산업 업체, 국내 및 해외 기업의 항공 및 서비스 산업 분야 등으로 진출할 수 있습니다. 또 항공 및 서비스 산업 관련 국가나 민간 연구소뿐만 아니라 중앙정부 및 지방자치단체 같은 공공기관에서 활약할 수도 있습니다.

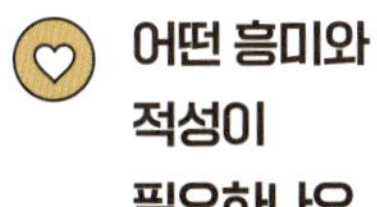

어떤 흥미와 적성이 필요하나요

① 평소 외국 여행을 좋아하고 비행기 타는 것을 두려워하지 않아야 합니다.

② 건강한 체력, 세련된 매너, 능숙한 외국어 능력 등을 갖추어야 합니다.

③ 참된 인성과 투철한 서비스·봉사 정신이 필요하며 국제적 문화 감각을 기르기 위한 노력이 요구됩니다.

④ 다양한 돌발상황에 대비해 신속한 판단 능력과 대처 능력이 필요하며 책임감과 성실, 끈기 등을 갖추어야 합니다.

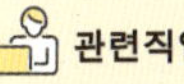

관련자격 관광통역안내사, 국내여행안내사, 항공예약발권자격증(TOPAS, ABACUS), 호텔서비스사

관련직업 비행기 승무원, 여행 안내원, 관광통역 안내원, 국제 크루즈선 승무원, 리조트 직원, 여행 사무원, 여행상품 개발자, 항공사 지상직 근무요원, 항공운송 사무원, 호텔 관리자

관련기관 인천국제공항공사, 한국공항공사 등

PART 04

정치 · 행정 · 외교계열

035

경찰행정학과

학과 소개

2000년대 이후 우리나라의 범죄율이 계속 증가하고 있습니다. 이에 따라 사회질서 유지와 치안에 관심이 높아지고 있습니다. 경찰행정학과는 각종 범죄 현상의 원인과 대책을 연구하며, 다양한 범죄 이론을 해석하고 적용하는 교육을 제공합니다. 또 경찰을 비롯한 형사사법 및 행정기관에 종사할 전문인력을 양성합니다.

관련학과

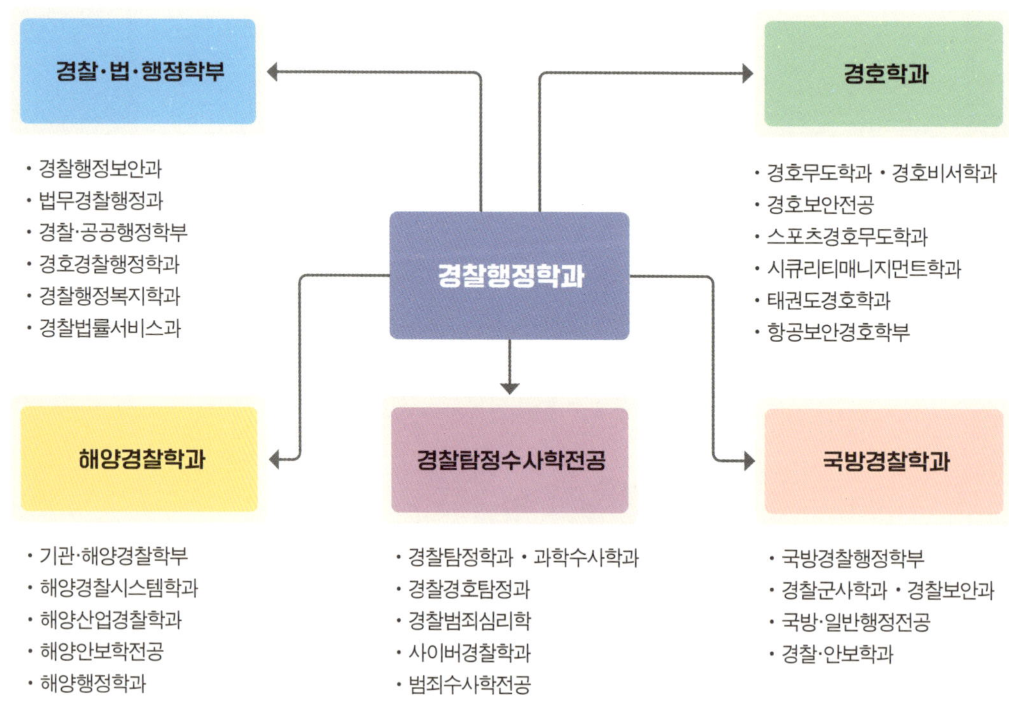

경찰·법·행정학부
- 경찰행정보안과
- 법무경찰행정과
- 경찰·공공행정학부
- 경호경찰행정학과
- 경찰행정복지학과
- 경찰법률서비스과

경호학과
- 경호무도학과 · 경호비서학과
- 경호보안전공
- 스포츠경호무도학과
- 시큐리티매니지먼트학과
- 태권도경호학과
- 항공보안경호학부

해양경찰학과
- 기관·해양경찰학부
- 해양경찰시스템학과
- 해양산업경찰학과
- 해양안보학전공
- 해양행정학과

경찰탐정수사학전공
- 경찰탐정학과 · 과학수사학과
- 경찰경호탐정과
- 경찰범죄심리학
- 사이버경찰학과
- 범죄수사학전공

국방경찰학과
- 국방경찰행정학부
- 경찰군사학과 · 경찰보안과
- 국방·일반행정전공
- 경찰·안보학과

주요 교과목 경찰학 개론, 경찰행정학, 체포술, 범죄심리학, 형사소송법 등의 교과목을 공부합니다.

**진로 탐색과
준비,
이렇게 하세요**

1. 중·고등학생 때부터 경찰 관련 드라마나 추리소설 등을 접하면 국민의 안전을 지키는 경찰 업무를 간접체험해볼 수 있습니다.
2. 경찰행정학 관련 캠프, 경찰행정학 관련 박람회, 대학 학과체험 등에 참여하면 경찰행정학 관련 지식과 필요한 기술, 미래의 경찰행정학을 알아볼 수 있습니다.
3. 운동을 열심히 해서 튼튼한 체력을 기르고 무도 관련 자격증을 따놓으면 좋습니다.

**고교학점제
준비,
이렇게 하세요**

| 공통 | 공통수학 1·2, 통합사회 1·2, 한국사 1·2 등 |

| 일반 선택 | 수학 교과: 확률과 통계 |

사회 교과: 세계시민과 지리, 세계사, 사회와 문화, 현대사회와 윤리

정보 교과: 정보

한문 교과: 한문

| 진로 선택 | 한국지리 탐구, 도시의 미래 탐구, 정치, 법과 사회, 경제, 윤리와 사상, 데이터 과학, 인간과 철학, 인간과 심리 |

| 융합 선택 | 실용 통계, 사회문제 탐구, 윤리문제 탐구 |

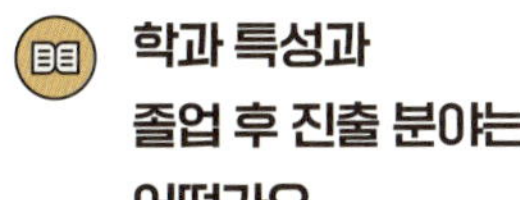 **학과 특성과
졸업 후 진출 분야는
어떤가요**

① 경찰의 업무를 체계적으로 수행할 수 있도록 이끌어주는 학문입니다. 실제 업무 수행을 위해서 경찰행정학과에서는 각종 이론적 지식과 함께 무술, 체포술과 같은 무도 기술을 습득시킵니다. 또 최근 각종 강력 범죄, 특수 범죄가 증가하고 있기에 고도로 조직화된 범죄에 대한 대처 능력을 지닌 인재 양성을 위해 보다 전문화된 교육을 제공합니다.
② 졸업하면 중앙정부 및 지방자치단체, 소방서, 경찰청 등 경찰행정 관련 공공기관뿐 아니라 경비업체, 보안업체로 진출할 수 있습니다. 또 지방행정연구소, 공공행정연구소, 자치행정연구소, 공공자치연구원, 자치발전연구원 등 연구기관에서 활동할 수도 있습니다.

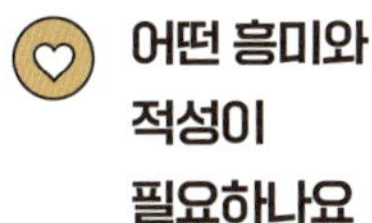 **어떤 흥미와
적성이
필요하나요**

① 경찰행정학과의 졸업생 대부분은 경찰관으로 일합니다. 따라서 형사, 수사 등 경찰의 업무에 대한 관심이 필요합니다.
② 평소 뉴스나 신문을 통해 경찰관에 대해 이해하려는 노력이 필요합니다.
③ 경찰 업무는 사람을 대상으로 하는 일이므로 사람을 존중하고, 어려운 처지에 있는 사람들을 잘 도와주는 책임감·사명감·봉사정신이 강한 학생에게 적합합니다.

 **관련자격** 경비지도사, 경호지도사, 신변보호사, 인명구조사, 화약류관리기술사

관련직업 경찰관, 경호원, 교도관, 검찰 수사관, 경비업체 및 보안업체 종사자, 경찰 관리자, 공공자치 연구자, 공공행정 연구자, 교도 관리자, 사이버 수사요원, 소년보호관, 소방공무원, 자치발전 연구자, 자치행정 연구자, 지방행정 연구자, 해양경찰관, 행정공무원

관련기관 경찰청, 경찰인재개발원, 경찰대학, 중앙경찰학교, 경찰수사연수원 등

036

국제관계학과

학과 소개
글로벌 상호의존성이 강화되어가고 있는 시대 상황에 맞춰 정부와 정부 간의 관계만이 아니라 국제기구, 국경을 뛰어넘는 비정부기구들 사이에서 일어나는 모든 현상을 연구합니다. 국제관계학과는 다양한 국제 문제를 분석하기 위한 전문적인 교육을 제공해 폭넓은 시각으로 우리나라의 국제관계를 원활하게 하는 전문 인재를 양성합니다.

관련학과

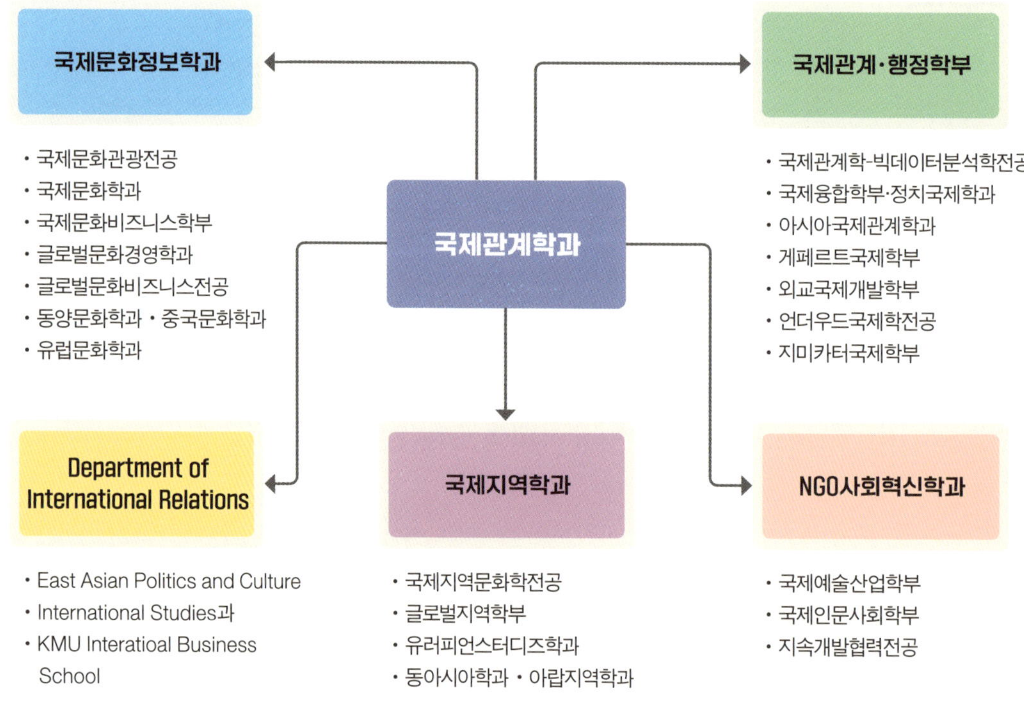

주요 교과목 국제관계론, 국제정치경제, 국제협상, 국제관계 이슈, 국제법 등의 교과목을 공부합니다.

<table>
<tr><td>진로 탐색과
준비,
이렇게 하세요</td><td>1. 중·고등학생 때부터 영어 및 제2외국어 공부를 열심히 하면 전공 공부에 유리합니다.
2. 국제관계 관련 캠프, 국제관계 관련 박람회, 대학 학과체험 등에 참여하면 국제관계 관련 지식과 필요한 기술, 미래의 국제관계를 알아볼 수 있습니다.
3. 신문이나 인터넷 등에서 세계 각 국가별 문화와 사회, 정치 등의 주요 이슈를 살펴보면 도움이 됩니다.</td></tr>
</table>

<table>
<tr><td rowspan="5">고교학점제
준비,
이렇게 하세요</td><td>공통</td><td>공통영어 1·2, 통합사회 1·2, 한국사 1·2 등</td></tr>
<tr><td>일반 선택</td><td>영어 교과: 영어 I·II, 영어 독해와 작문
사회 교과: 세계시민과 지리, 세계사, 사회와 문화, 현대사회와 윤리
제2외국어 교과: 독일어, 프랑스어, 스페인어 등</td></tr>
<tr><td>진로 선택</td><td>직무 영어, 심화 영어, 동아시아 역사 기행, 정치, 법과 사회, 경제, 윤리와 사상, 국제 관계의 이해, 제2외국어 회화, 인간과 철학, 인간과 심리</td></tr>
<tr><td>융합 선택</td><td>실생활 영어 회화, 세계 문화와 영어, 여행지리, 기후변화와 지속가능한 세계, 사회문제 탐구</td></tr>
</table>

학과 특성과 졸업 후 진출 분야는 어떤가요

① 국가 간 협력이 필요한 사안이 늘어나면서 국제 교류의 중요성이 커지고 있습니다. 국제관계학은 국제 문제에 대한 이해와 분석을 위해 세계의 여러 언어·문화·정치·경제 등을 연구합니다. 정치학·역사학·사회학 등 다양한 학문을 종합적으로 학습하며 국제 문제에 대한 안목과 감각을 습득하기 위한 현지 탐방 등의 교육과 실습이 제공됩니다.

② 졸업하면 무역회사, 유통회사, 통상 관련 업체, 언론사 국제부, 기업체 국제 업무 및 해외 개발 담당 부서, 국제회의 및 이벤트 기획사 등으로 진출할 수 있습니다. 또 국제기구나 국제통상 관련 중앙정부 및 지방자치단체에서 일할 수 있습니다.

어떤 흥미와 적성이 필요하나요

① 국제관계학을 전공하기 위해서는 국제관계나 외교 등 국제 문제에 관심을 가지고 살펴보는 것이 중요합니다.

② 다양한 문화에 개방적인 사고를 가지고 낯선 것에도 과감하게 도전하는 정신이 필요합니다.

③ 국제관계학과에서는 각종 국제 문제 정보를 수집·분석하기에 정보통신 능력을 갖춘 학생이 유리합니다.

 **관련자격** 관광통역안내사, 국내여행안내사, 무역영어, 물류관리사, 정책분석평가사, 컨벤션기획사

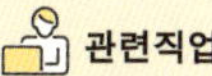 **관련직업** 경제학 연구원, 국제회의 전문가, 기자, 외교관, 인문사회계열 교수, 공무원, 국제통상 전문가(물류관리 전문가), 기업체 연구원 및 기술직, 기업체 홍보요원, 기획·홍보 및 광고 관리자, 무역 사무원, 외국어 학원 강사, 인문과학 연구원, 정부정책 기획 전문가, 컨벤션 기획자, 통·번역가

관련기관 WTO, UN, 대외경제정책연구원, 대외법률연구소, 국제문화연구소, 대한무역투자진흥공사 등

037

국제법무학과

학과 소개
글로벌 경제 활동이 활발해지면서 그에 따른 분쟁 가능성도 점차 더 높아짐에 따라 국제통상 전문가의 국제법무 수요에 대응해 국제적인 법률 소양을 갖춘 전문 인재를 배출하려는 학과입니다. 국제적 감각을 갖추도록 이론 학습과 함께 향후 펼쳐질 국제적 마찰과 경쟁에서 우위를 선점할 수 있는 전문적인 인재 양성에 교육 목표를 두고 있습니다.

관련학과

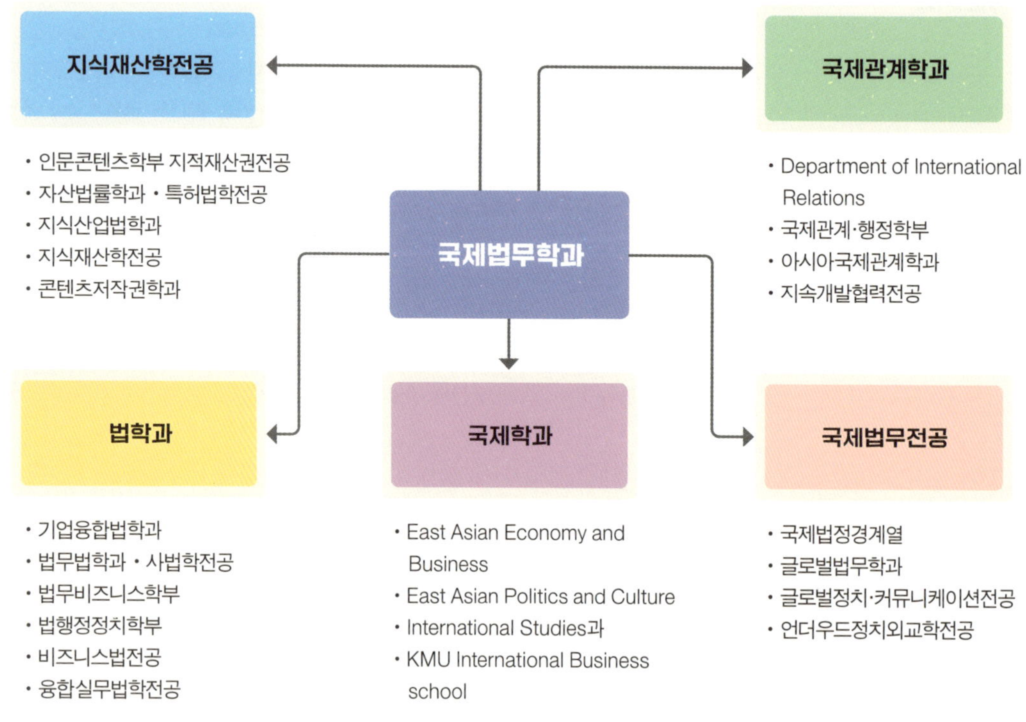

주요 교과목 국제계약법, 국제노동법, 국제법, 관세법, 국제환경법 등의 교과목을 공부합니다.

<table>
<tr><td>

**진로 탐색과
준비,
이렇게 하세요**

</td><td>

1. 중·고등학생 때부터 꾸준히 신문이나 인터넷에서 국가 간의 마찰이나 분쟁 등에 관한 이슈를 살펴보면 좋습니다.
2. 국제법무 관련 캠프, 국제법무 관련 박람회, 대학 학과체험 등에 참여하면 국제법무 관련 지식과 필요한 기술, 미래의 국제법무를 알아볼 수 있습니다.
3. 영어 및 제2외국어 공부를 열심히 하면 전공 공부에 유리합니다.

</td></tr>
<tr><td>

**고교학점제
준비,
이렇게 하세요**

</td><td>

공통	공통영어 1·2, 통합사회 1·2 등
일반 선택	영어 교과: 영어 I·II, 영어 독해와 작문 사회 교과: 세계시민과 지리, 사회와 문화, 현대사회와 윤리
진로 선택	영어 발표와 토론, 경제, 국제 관계의 이해, 정치, 법과 사회, 윤리와 사상, 인간과 심리
융합 선택	실생활 영어 회화, 사회문제 탐구, 윤리문제 탐구, 기후변화와 지속가능한 세계, 지식 재산 일반

</td></tr>
</table>

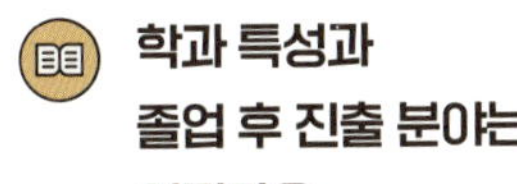

**학과 특성과
졸업 후 진출 분야는
어떤가요**

① 국제거래, 통상법률, 영미법 등의 원어 강의를 통해 글로벌 인재를 양성합니다. 아울러 실무교육과 법 문서 작성 교육을 통한 분석 능력 함양으로 문제 해결형 인재를 양성하며, 글로벌 감각을 키워 국내외 변호사뿐만 아니라 국제적 기업에서의 법무 전문가 양성을 목표로 삼고 있습니다.

② 졸업하면 일반 기업체 법무팀, 노무법인, 리서치 회사, 언론사, 신문사, 잡지사, 방송국 법무팀 등의 기업 및 산업체로 진출할 수 있습니다. 또 법·사회과학 관련 국가나 민간 연구소, 중앙정부 및 지방자치단체의 유관 부서에서 활동할 수도 있습니다.

**어떤 흥미와
적성이
필요하나요**

① 국제분쟁 등에 관심이 있고 국제기관에서 일하는 데 흥미가 있다면 재미있게 공부할 수 있습니다.

② 공익을 우선시하는 봉사정신, 바른 양심과 인성이 요구되며 논리적 분석력 및 공정한 판단력이 필요합니다.

③ 정보화 능력과 외국어 능력, 리더십을 갖추고 있다면 전공을 이수하는 데 많은 도움이 될 것입니다.

④ 다양한 돌발상황에 대비해 신속한 판단 능력과 대처 능력이 필요하며 책임감과 성실, 끈기 등을 갖추어야 합니다.

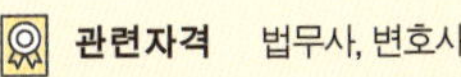

관련자격 법무사, 변호사

관련직업 법무사, 변호사, 국제법무 사무원, 국제법무 전문 변호사

관련기관 대한법률구조공단, 정부법인공단, 정부법무공단 등

038

군사학과

학과 소개

21세기 한반도 주변의 새로운 군사안보 상황에서 국가를 지키고 대한민국의 군을 이끌어 갈 장교 및 군사 전문가를 양성합니다. 군사 정책 및 전략에 필요한 전문 지식을 배양하고, 과학기술이 지배하는 미래 환경에 능동적으로 대처할 군사력 운용 능력과 장교로서 임무 수행에 필요한 투철한 국가관 및 강인한 체력을 배양시키는 것을 교육 목표로 두고 있습니다.

관련학과

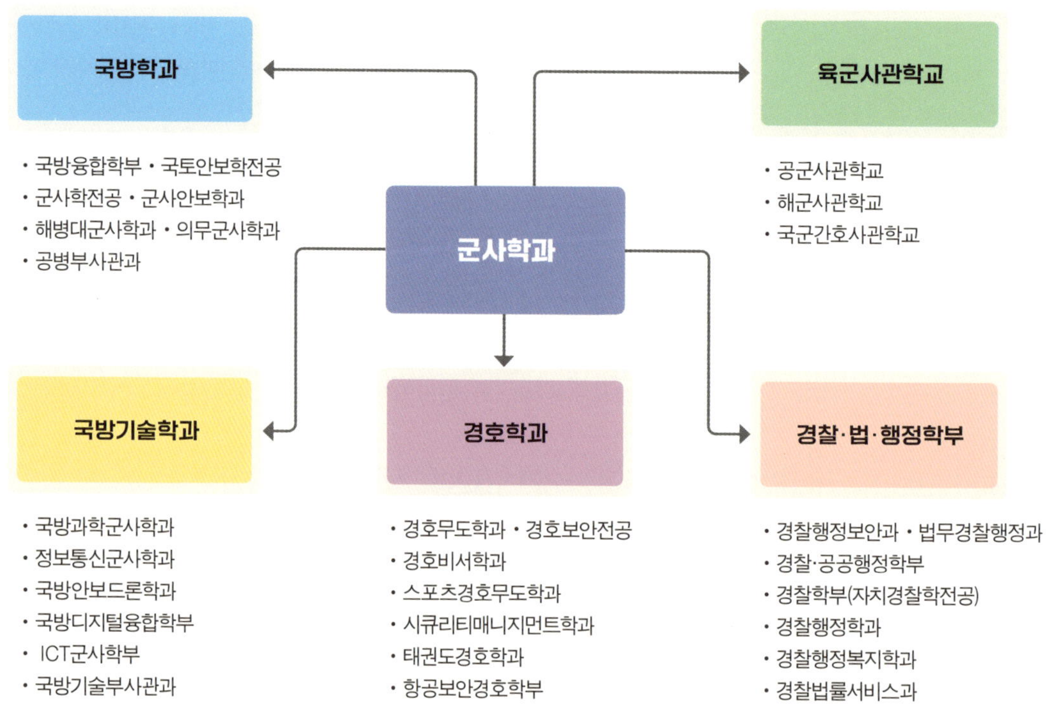

주요 교과목 군사학 개론, 국가안보론, 군사 이론, 북한학, 국방경제학 등의 교과목을 공부합니다.

<table>
<tr><td>진로 탐색과
준비,
이렇게 하세요</td><td>

1. 중·고등학생 때부터 운동을 열심히 해서 체력을 단련하고 무술 관련 자격증을 따놓으면 좋습니다.
2. 신문이나 인터넷을 통해 군사학 관련 지식과 필요한 기술, 미래의 군사학을 살펴보면 도움이 됩니다.
3. 군사 박물관에 가보고 군대 체험 프로그램에 참여해보면 자신의 적성을 알아볼 수 있습니다.

</td></tr>
</table>

**고교학점제
준비,
이렇게 하세요**

공통	통합사회 1·2, 한국사 1·2 등
일반 선택	**사회 교과**: 세계시민과 지리, 현대사회와 윤리, 사회와 문화, 세계사 **체육 교과**: 체육 1·2 **정보 교과**: 정보
진로 선택	한국지리 탐구, 정치, 법과 사회, 경제, 윤리와 사상, 국제 관계의 이해, 운동과 건강, 데이터 과학, 인간의 심리
융합 선택	사회 문제 탐구, 윤리문제 탐구, 역사로 탐구하는 현대세계, 스포츠 생활 1·2

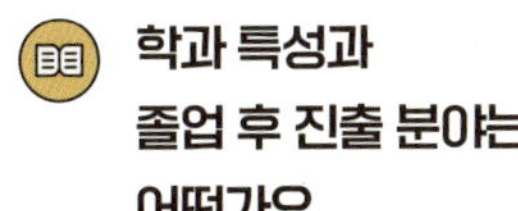 **학과 특성과
졸업 후 진출 분야는
어떤가요**

① 군사 이론의 과학화와 체계화를 정립한 독립된 학문으로 육·해·공군 합동군사학과로 발전시켜 나아가고 있습니다. 군사학과의 교육 목표는 국방 환경 변화에 대응할 수 있는 미래형 군사 전문가, 어학 능력 및 다양한 국제문화 역량을 겸비한 글로벌 군사 전문가, 유연하고 탄력적인 대응 능력을 갖춘 창조형 군사 전문가입니다.

② 졸업하면 국방 관련 기업체, 국방 관련 분야의 국내 및 해외 기업이나 산업체로 진출할 수 있습니다. 또 국방·안보 관련 국가나 민간 연구소뿐만 아니라 관련 중앙정부 및 지방자치단체에서 일할 수 있습니다.

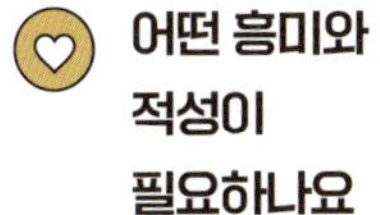 **어떤 흥미와
적성이
필요하나요**

① 군사, 국방, 안보 등에 관심이 있다면 이 학과에 적합합니다.

② 리더로서의 품성과 자질을 개발하고 올바른 국가관을 확립하기 위한 노력이 필요하며 미래의 다양한 안보 환경에 대비해 창의적인 안목을 함양하기 위한 노력이 요구됩니다.

③ 국가와 국민을 지키려 하는 봉사정신과 애국심이 있으면 이 학과에 적합합니다.

 **관련자격**　무도단증(태권도, 유도, 검도 등), 문서실무사, 컴퓨터활용능력, 한자능력급수자격증

관련직업　군무원, 공군 파일럿, 군사 전략가, 군 장교, 항공관제사

관련기관　전쟁기념사업회, 한국국방연구원 등

039

도시계획학과

학과 소개

땅과 인간, 땅을 매개로 하는 인간과 인간 간의 관계를 적절히 정립·계획하고 관리하기 위한 공학적 기술과 사회과학적 지식을 요구하는 종합 과학적 학과입니다. 국토 공간과 도시 및 지역에서 나타나는 각종 문제점을 찾고 적절한 대책 수립과 계획 입안을 수행할 수 있는 전문인력 양성에 교육 목표를 두고 있습니다.

관련학과

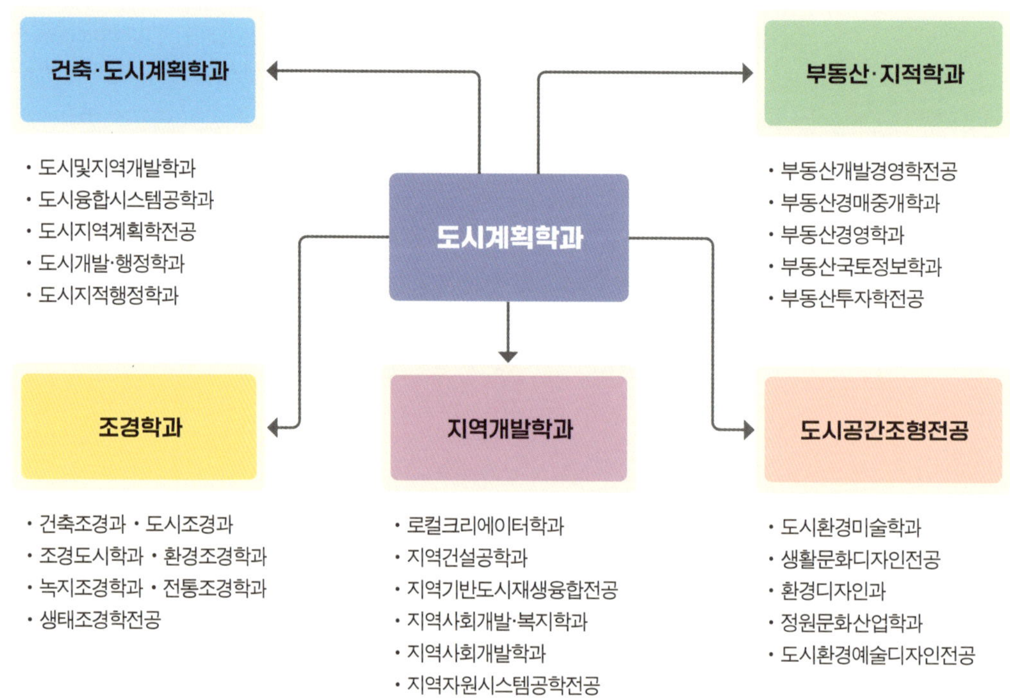

- 도시및지역개발학과
- 도시융합시스템공학과
- 도시지역계획학전공
- 도시개발·행정학과
- 도시지적행정학과

- 부동산개발경영학전공
- 부동산경매중개학과
- 부동산경영학과
- 부동산국토정보학과
- 부동산투자학전공

- 건축조경과 · 도시조경과
- 조경도시학과 · 환경조경학과
- 녹지조경학과 · 전통조경학과
- 생태조경학전공

- 로컬크리에이터학과
- 지역건설공학과
- 지역기반도시재생융합전공
- 지역사회개발·복지학과
- 지역사회개발학과
- 지역자원시스템공학전공

- 도시환경미술학과
- 생활문화디자인전공
- 환경디자인과
- 정원문화산업학과
- 도시환경예술디자인전공

주요 교과목 국토 및 지역계획, 도시재개발, 도시계획관계 법규, 도시인구론, 도시설계지도 등의 교과목을 공부합니다.

진로 탐색과 준비, 이렇게 하세요	1. 우리 주위에서 새로 만들어지는 건물과 도로, 공원 등을 살펴보고 더 편리하게 이용할 수 있는 방법을 생각해보면 좋습니다.

1. 우리 주위에서 새로 만들어지는 건물과 도로, 공원 등을 살펴보고 더 편리하게 이용할 수 있는 방법을 생각해보면 좋습니다.
2. 도시계획 관련 캠프, 도시계획 관련 박람회, 대학 학과체험 등에 참여하면 도시계획 관련 지식과 필요한 기술, 미래의 도시계획을 알아볼 수 있습니다.

고교학점제 준비, 이렇게 하세요

공통	공통수학 1·2, 통합사회 1·2, 통합과학 1·2 등
일반 선택	**수학 교과:** 대수, 미적분 I, 확률과 통계 **사회 교과:** 세계시민과 지리, 사회와 문화 **과학 교과:** 물리학, 화학, 지구과학 **정보 교과:** 정보 **교양 교과:** 생태와 환경
진로 선택	기하, 미적분 II, 역학과 에너지, 물질과 에너지, 화학 반응의 세계, 지구시스템과학, 전자기와 양자, 데이터 과학, 한국지리 탐구, 도시의 미래 탐구, 경제
융합 선택	수학과 문화, 사회문제 탐구, 융합과학 탐구, 과학의 역사와 문화

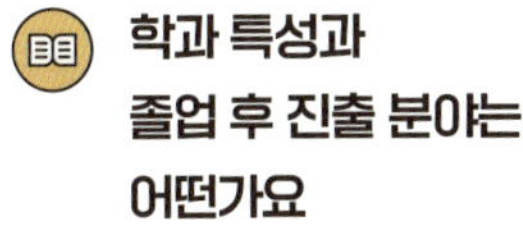

학과 특성과 졸업 후 진출 분야는 어떤가요

① 도시, 주택, 교통, 환경, 토지 이용 등의 제반문제를 해결하기 위한 관련 이론 및 이론의 현실적 응용을 학습함으로써 도시 전문가를 육성합니다. 더불어 미래 도시는 사물인터넷과 사이버 물리시스템, 빅데이터, 5G 인터넷 등 최신 IT 기술을 기반으로 스마트도시, 지하나 해저, 해상도시 등 다양한 형태와 모습으로 변해갈 것입니다. 이에 따라 필요한 역량과 지식을 갖춘 교과 과정이 개발되고 있습니다.

② 졸업하면 일반 기업체, 국내 및 해외 기업의 도시계획 관련 분야로 진출할 수 있습니다. 또 도시계획이나 사회과학 관련 국가나 민간 연구소, 중앙정부 및 지방자치단체 같은 공공기관에서 일할 수 있습니다.

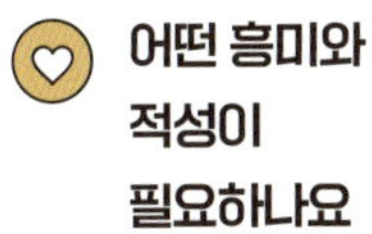

어떤 흥미와 적성이 필요하나요

① 자연환경 보존과 도시생활 등에 대한 균형 있는 관심이 필요합니다. 더불어 '마을 만들기'에 관심을 가질 필요가 있습니다.

② 다양한 사회 이슈와 주민 수요를 종합적으로 사고하고 판단하는 능력이 필요합니다.

③ 사물의 관계나 위치를 잘 파악할 수 있는 공간 감각이 있어야 하고, 미적 감각도 좋아야 합니다.

관련자격 감정평가사, 공인중개사, 도시계획기사

관련직업 감정평가사, 부동산 중개인, 공무원, 도시 계획가, 도시계획 및 설계가, 마을 만들기 활동가, 부동산 개발업자, 부동산 경매인, 부동산 및 임대업 관리자, 부동산 시설물 관리원, 부동산 신탁관리원, 부동산 정비사업 관리자, 부동산 컨설턴트, 부동산 펀드 매니저, 지리정보시스템 전문가(GIS 전문가)

관련기관 새만금개발공사, (주)한국건설관리공사 등

040

법학과

학과 소개

'사회가 있는 곳에 법이 있다'는 말이 있는 것처럼 법은 사회의 질서를 유지시켜 주는 가장 중요한 규범입니다. 법학과는 법률에 대한 전문적인 연구와 교육 과정을 제공합니다. 법에 대한 이해와 지식을 이론적·실제적으로 습득하도록 함으로써 올바른 법 생활을 영위하고 국가와 사회에 기여할 수 있는 전문인력을 양성하기 위한 학과입니다.

관련학과

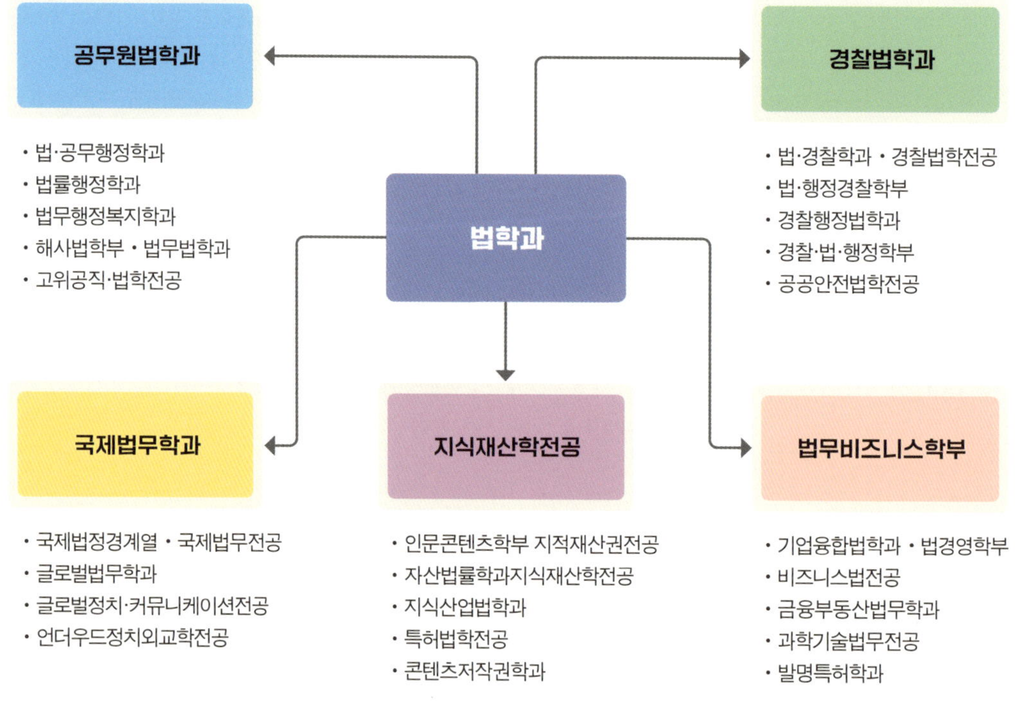

주요 교과목 민법총칙, 상법총칙, 헌법, 형법총론, 형사소송법 등의 교과목을 공부합니다.

<table>
<tr>
<td>진로 탐색과
준비,
이렇게 하세요</td>
<td>
1. 가까운 법정에 가서 재판을 참관해보면 좋습니다.
2. 법률 관련 캠프, 법률 관련 박람회, 대학 학과체험 등에 참여하면 법률 관련 지식과 필요한 기술, 미래의 법률을 알아볼 수 있습니다.
3. 법률 관련 동아리를 만들어 모의재판 등의 활동을 하면 도움이 됩니다.
</td>
</tr>
<tr>
<td>고교학점제
준비,
이렇게 하세요</td>
<td>
공통 공통국어 1·2, 통합사회 1·2 등
일반 선택 국어 교과: 화법과 언어, 독서와 작문, 문학
사회 교과: 사회와 문화, 현대사회와 윤리
진로 선택 주제 탐구 독서, 정치, 경제, 국제 관계의 이해, 법과 사회, 윤리와 사상, 인간과 철학, 인간과 심리
융합 선택 독서 토론과 글쓰기, 매체 의사소통, 실용 통계, 사회문제 탐구, 윤리문제 탐구
</td>
</tr>
</table>

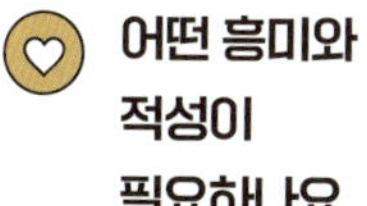

학과 특성과 졸업 후 진출 분야는 어떤가요

① 법학과는 사회 각 분야의 정의와 민주주의를 실현하기 위해 법률에 대한 전문적인 지식과 자질을 갖춘 유능한 법률 전문가를 양성하는 곳입니다. 사회가 복잡해지면서 각 분야의 갈등이 늘어나고 있습니다. 법은 이를 해결하는 기준이라는 점에서 중요합니다. 법학 공부를 하기 위해서는 경제학·정치학·행정학·사회학 등 다양한 학문에 대한 학습이 필요합니다. 또 세계화에 따라 최근 법학은 국제적인 사회 문제를 해결할 수 있는 전문가 양성을 위해 세분화된 교육 과정까지 제공합니다.

② 졸업하면 기업체 법무팀, 언론사, 변호사 사무실, 세무사 사무실, 법무사 사무실, 공인노무사 사무실 등의 기업 및 산업체로 진출할 수 있습니다. 또 법이나 사회과학 관련 국가나 민간 연구소뿐만 아니라 중앙정부 및 지방자치단체 같은 공공기관에서 일할 수도 있습니다.

어떤 흥미와 적성이 필요하나요

① 법학을 전공하려면 사회 문제에 관심을 가지는 것이 필요합니다. 법학은 사회의 문제를 해결하기 위한 학문이기 때문에 다양한 사회현상에 대한 깊은 이해가 중요합니다.

② 법학은 실생활에 적용되는 성격이 강하므로 논리적이고 분석적인 사고력, 공정한 판단력이 필요합니다.

③ 자신의 주장을 정확하고 소신 있게 표현할 수 있는 능력을 가진 학생에게 적합한 분야입니다.

 **관련자격** 감정평가사, 공인노무사, 공인중개사, 관세사, 법무사, 변리사, 변호사, 세무사

관련직업 감정평가사, 노무사, 법률 사무원, 법무사, 변리사, 변호사, 부동산 중개인, 손해사정사, 법률 상담사

관련기관 대한법률구조공단, 정부법무공단 등

041

보건행정학과

학과 소개

보건행정의 많은 영역이 IT나 AI 등의 첨단기술을 이용해 갈수록 정보화, 자동화, 원격화가 되고 있습니다. 보건행정학과는 이에 발맞춰 국가의 복지 증진과 국민의 건강 유지 및 향상에 필요한 전문 지식을 탐구하고 학습해 보건행정을 이끌어나갈 건전하고 유능한 전문인력 양성에 교육 목표를 두고 있습니다.

📖 관련학과

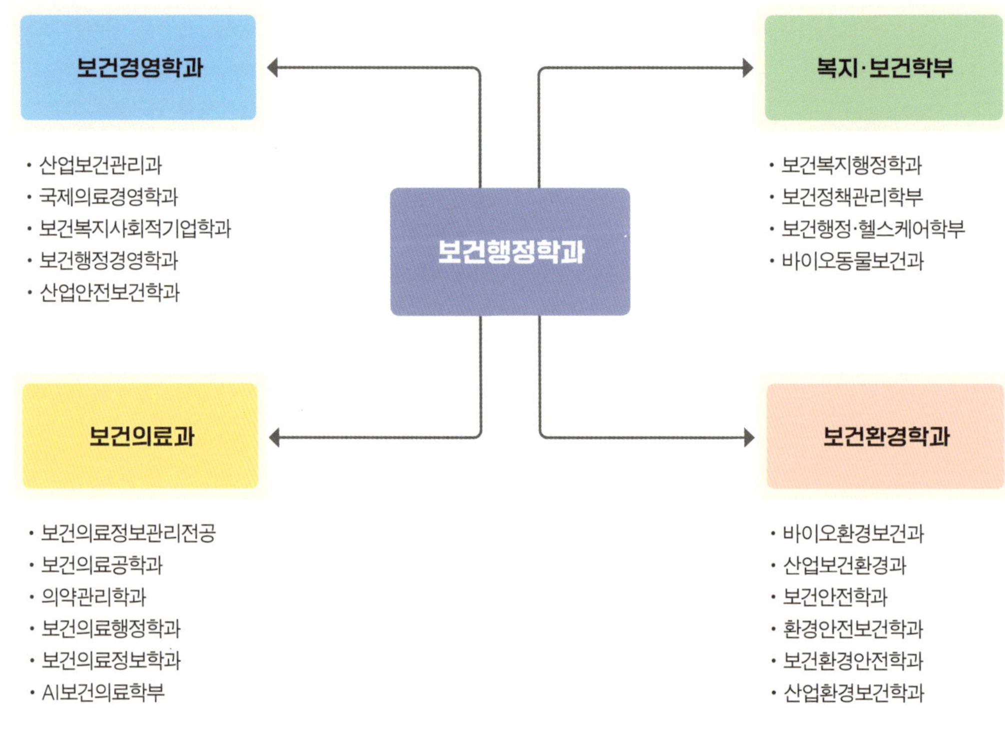

📙 **주요 교과목**   병원재무 관리론, 의료관계 법규, 의무기록 관리학, 환경보건학, 보건경제학 등의 교과목을 공부합니다.

진로 탐색과 준비, 이렇게 하세요	1. 보건행정학 관련 캠프, 보건행정학 관련 박람회, 대학 학과체험 등에 참여하면 보건행정학 관련 지식과 필요한 기술, 미래의 보건행정학을 알아볼 수 있습니다. 2. 의료 관련 멘토링 프로그램에 참여하여 전문가로부터 직접 가르침을 받는 것도 좋은 방법입니다. 의료 관련 산업체들이 운영하는 멘토링 프로그램을 찾아보세요.

고교학점제
준비,
이렇게 하세요
	공통 공통국어 1·2, 공통수학 1·2, 공통영어 1·2, 통합사회 1·2 등
	일반 선택 **국어 교과:** 화법과 언어, 독서와 작문, 문학
	        수학 교과: 확률과 통계
	        영어 교과: 영어 I·II, 영어 독해와 작문
	        사회 교과: 사회와 문화, 현대사회와 윤리
	        정보 교과: 정보
	진로 선택 주제 탐구 독서, 직무 수학, 영어 발표와 토론, 정치, 법과 사회, 경제, 윤리와 사상, 국제 관계의 이해, 보건, 데이터 과학
	융합 선택 독서 토론과 글쓰기, 매체 의사소통, 수학과제 탐구, 실용 통계, 사회문제 탐구

학과 특성과 졸업 후 진출 분야는 어떤가요

① 최소의 비용으로 건강을 관리하고 양질의 의료서비스를 제공하기 위한 이론과 방법을 체계적으로 연구하는 학문입니다. 시시각각 급변하고 있는 보건의료 환경 속에서 함께 진화해 나갈 수 있는 '보건의료행정 전문가 양성'을 목적으로 합니다. 병원행정 업무의 이론과 방법을 체계적으로 지도함으로써 보건복지부 산하의 보건행정직 공무원이나 병원을 위시한 보건의료기관이 요구하는 고급 인력을 양성합니다.

② 졸업하면 국내 및 해외의 보건·의료 관련 기업체 및 산업체로 진출할 수 있습니다. 또 보건·의료 관련 학계, 국가나 민간 연구소뿐만 아니라 중앙정부 및 지방자치단체 같은 공공기관에서 일할 수 있습니다.

어떤 흥미와 적성이 필요하나요

① 건강 관리에 관심이 있으면 좋습니다. 보건 향상, 영양 개선, 식품 위생, 환경 위생, 산업 보건, 구강 위생, 보건에 관한 실험·검사, 전염병 예방과 진료 등에 관심과 역량이 필요합니다.

② 아픈 사람을 따뜻하게 품어줄 수 있는 마음자세가 중요합니다. 상대방에 대한 배려와 책임의식이 있고 긍정적이고 활달한 성격으로 원만한 대인관계를 유지할 수 있어야 합니다.

③ 상황 판단력과 순발력이 필요하며 상담, 심리 등에도 관심을 가져야 합니다.

관련자격   병원코디네이터, 병원행정사, 보건교육사, 보험심사평가사, 의료보험사, 의무기록사

관련직업   병원경영 전문가, 병원 행정사, 보건의료 관련 단체 종사자, 보건의료 연구기관 종사자, 보건의료 전문 언론인, 의료보험 및 국민연금 관련 기관 종사자, 의무기록사, 정부 투자기관 종사자, 행정학 연구원, 환경 관련 기관 종사자

관련기관   한국의사협회, 한국간호협회, 한국보건의료연구원, 의료기관평가인증원 등

042

비서행정학과

학과 소개

산업사회가 고도화되면서 기업경영이 복잡·다양화되고 그만큼 경영관리의 활동 영역과 운영이 어려워지면서 이 학과가 한층 더 주목받고 있습니다. 비서행정학과는 국제화·정보화 사회에서 요구하는 경영·경제 전문 지식과 정보 관리 능력, 커뮤니케이션 능력을 갖춘 전문 직업인을 배양하는 데 교육 목표를 두고 있습니다.

관련학과

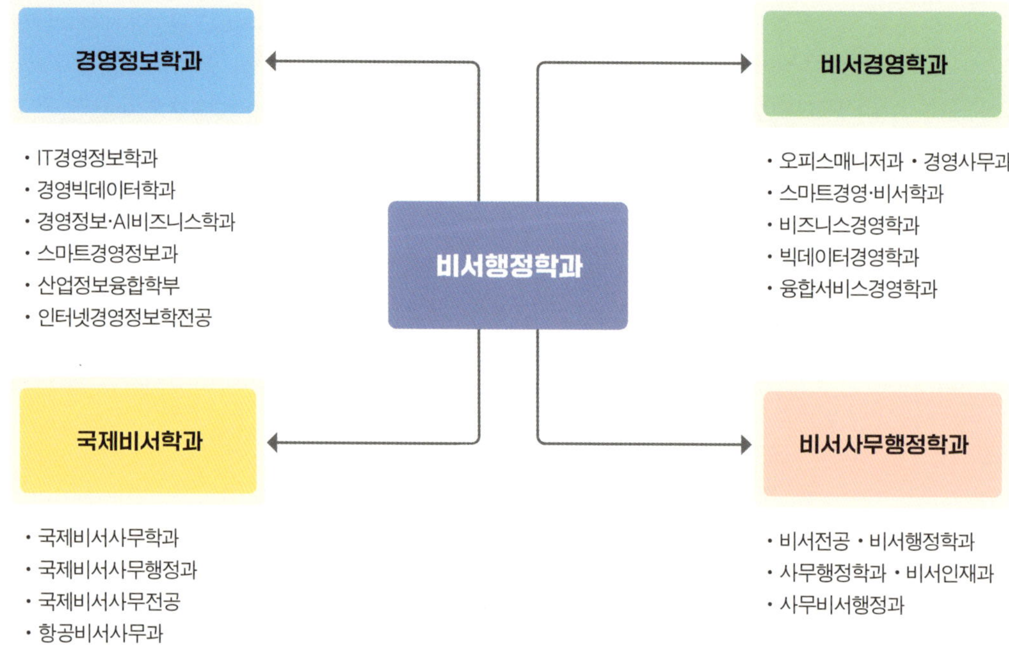

주요 교과목 비서문화론, 비서실무론, 비서학 개론, 조직관리론, 인간관계론 등의 교과목을 공부합니다.

<table>
<tr><td>

**진로 탐색과
준비,
이렇게 하세요**

</td><td>

1. 행정 업무를 수월하게 수행하기 위해서는 컴퓨터를 활용한 문서 작성 능력이 필요합니다. 워드프로세서, 컴퓨터활용 능력 등의 자격증을 취득해보세요.

2. 나만의 일정 관리 노트를 만들어 꼼꼼하게 기록해보세요. 비서 업무에 대한 이해도를 높일 수 있습니다.

3. 무료 인터넷 강의 등을 이용하여 영어 회화를 공부해보세요. 비서 업무에서 영어 능력도 중요합니다.

</td></tr>
</table>

<table>
<tr><td>

**고교학점제
준비,
이렇게 하세요**

</td><td>

[공통] 공통영어 1·2, 통합사회 1·2 등

[일반 선택] 영어 교과: 영어 I·II, 영어 독해와 작문

사회 교과: 세계시민과 지리, 세계사, 사회와 문화, 현대사회와 윤리

정보 교과: 정보

[진로 선택] 직무 영어, 심화 영어, 정치, 법과 사회, 경제, 윤리와 사상, 데이터 과학, 인간과 심리

[융합 선택] 실생활 생활 영어, 세계 문화와 영어, 사회문제 탐구

</td></tr>
</table>

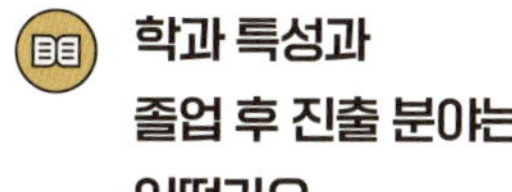 학과 특성과 졸업 후 진출 분야는 어떤가요

① 국제화, 정보화 시대에 걸맞은 전문 지식을 갖추기 위하여 비서학·경제학·법률학 등 사회과학을 공부하여 논리적이고 합리적인 지식 체계를 갖추도록 합니다. 영어, 일본어 등 주요 외국어 실력을 겸비하여 국제화 감각도 익히도록 합니다. 비서실무와 컴퓨터활용 능력으로 현장 감각을 높여 기업 사무현장에 바로 적응할 수 있도록 하며, 직장에서의 규범준수와 직장예절 등 원만한 인간관계 형성을 위하여 지성뿐 아니라 교양까지 함양하도록 교육합니다.

② 졸업하면 일반 기업체, 국내 및 해외 기업의 비서 관련 분야로 진출할 수 있습니다. 또 비서행정 관련 국가나 민간 연구소, 중앙정부 및 지방자치단체 같은 정부 및 공공 서비스 기관에서 일할 수 있습니다.

♡ 어떤 흥미와 적성이 필요하나요

① 유창한 외국어 실력과 정확한 의사전달 능력, 효율적인 커뮤니케이션 능력 및 전문적인 사무 관리 능력과 문제 해결 능력을 가진 학생이 유리합니다.

② 컴퓨터를 활용한 문서 작성 능력과 일정이나 업무를 세심하게 챙길 수 있는 꼼꼼하고 성실한 성향을 가진 학생에게 적합합니다.

 **관련자격** 문서실무사, MOS(Microsoft Office Specialist), CSLeaders(관리사)

 **관련직업** 속기사, 이미지 컨설턴트, 전문비서, 경영지원 사무원, 고객만족 상담원, 관리비서, 관세행정 사무원, 법률행정 사무원, 병원행정 사무원, 조세행정 사무원, 항공기 객실 승무원, 호텔 프론트 사무원, 회의 기획자

 **관련기관** 중소벤처기업부 등

043

정치외교학과

학과 소개
정치 현상을 과학적으로 탐구·이해하여 정치 및 외교 분야에서 활동할 수 있는 전문인력을 양성하는 학과입니다. 급변하는 국내외 정치적·국제적 현상에 대한 이론과 실제를 깊이 공부하고 연구해 영토 분쟁과 역사 분쟁, 경제 관련 분쟁 등으로 국가 간에 갈등이 일어날 때 이를 나서서 해결할 수 있는 역할을 담당합니다.

관련학과

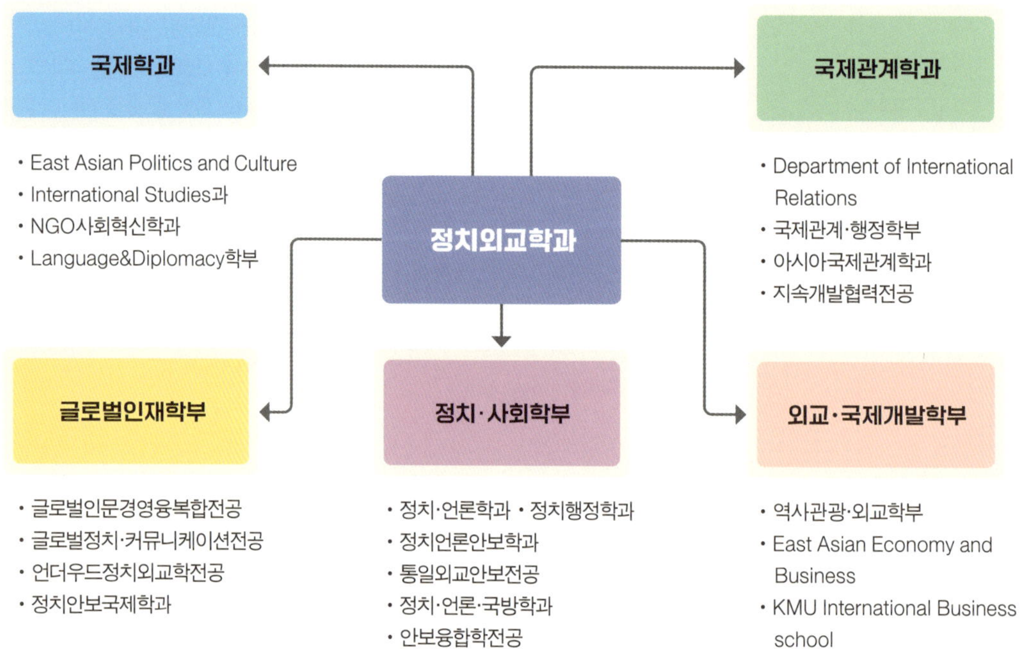

주요 교과목 외교정책론, 정치학 개론, 한국 외교론, 현대정치 이론, 국제정치 등의 교과목을 공부합니다.

<table>
<tr><td>

**진로 탐색과
준비,
이렇게 하세요**

</td><td>

1. 중·고등학생 때부터 영어 및 제2외국어 공부를 열심히 하면 전공 공부에 유리합니다.
2. 정치외교학 관련 캠프, 정치외교학 관련 박람회, 대학 학과체험 등에 참여하면 정치외교학 관련 지식과 필요한 기술, 미래의 정치외교학을 알아볼 수 있습니다.
3. 강대국 사이의 분쟁 이슈에 대한 기사를 꾸준히 읽고 그 나라들의 정치 현실을 집중적으로 살펴보면 국제 정치외교의 변화를 이해할 수 있습니다.

</td></tr>
<tr><td>

**고교학점제
준비,
이렇게 하세요**

</td><td>

공통	공통영어 1·2, 통합사회 1·2, 한국사 1·2 등
일반 선택	**영어 교과:** 영어 I·II, 영어 독해와 작문 **사회 교과:** 세계시민과 지리, 세계사, 사회와 문화, 현대사회와 윤리
진로 선택	직무 영어, 심화 영어, 정치, 법과 사회, 국제 관계의 이해, 경제, 윤리와 사상, 동아시아 역사 기행
융합 선택	실생활 영어 회화, 세계 문화와 영어, 사회문제 탐구, 윤리문제 탐구, 역사로 탐구하는 현대세계, 기후변화와 지속가능한 사회

</td></tr>
</table>

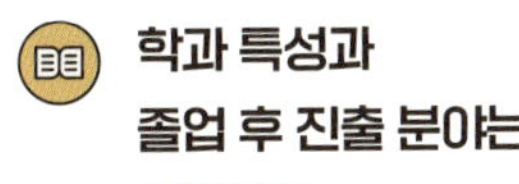 **학과 특성과 졸업 후 진출 분야는 어떤가요**

① 정치 현상에 대한 분석을 통해 투명한 정치 과정과 정치 발전을 목표로 합니다. 최근 다양한 분야에서 초국가적 이슈들이 등장하고, 국제사회에서 국제기구·비정부단체·다국적 기업의 영향력이 커지면서 정치외교학의 적용 범위가 넓어지는 추세입니다. 정치외교학과는 정치 사상과 이론을 기초로 국내외 정치 문제의 해결 방안을 연구합니다.

② 졸업하면 방송사, 신문사 등뿐 아니라 정치문화연구소, 사회정책연구소, 국제협상전략연구소, 안보전략연구소, 남북전략연구소 등 정부나 민간 연구기관으로 진출할 수 있습니다. 또 정치·외교 관련 중앙정부 및 지방자치단체 등의 공공기관에서 일할 수도 있습니다.

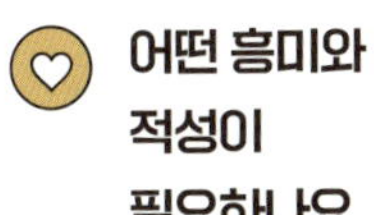 **어떤 흥미와 적성이 필요하나요**

① 정치외교학은 날로 급변하는 국내외의 정치 현상과 국제 문제를 연구합니다. 따라서 국내외의 다양한 정치·사회·경제 문제에 대한 관심과 문제 의식이 필요합니다.

② 각종 정치적·국제적 현상을 분석하기 위해 논리적인 사고력과 추리력을 갖춘 학생에게 적합한 분야입니다.

③ 국제사회로 진출하기 위해 외국어 소양을 갖추는 것도 중요합니다.

 **관련자격**   사회조사분석사

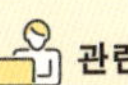 **관련직업**   국제회의 전문가, 사회단체 활동가, 외교관, 일반 공무원, 정치학 연구원, 금융 관련 사무원, 무역 사무원, 방송기자, 신문기자, 정부기관 및 국영 기업체 임원

관련기관   통일연구원, 한국국방연구원 등

044

지역개발학과

학과 소개

우리나라 인구의 약 50%가 수도권에 살고 있습니다. 지방을 떠나는 인구가 늘면서 지역 격차 문제 해결을 위한 지역개발의 중요성이 커지고 있습니다. 지역개발학과는 여러 지역의 문제를 분석하여 해결할 수 있는 이론과 방법을 연구합니다. 또 각 지역의 토지, 주택, 교통, 환경을 분석하여 지역사회 발전을 위한 인력을 양성합니다.

관련학과

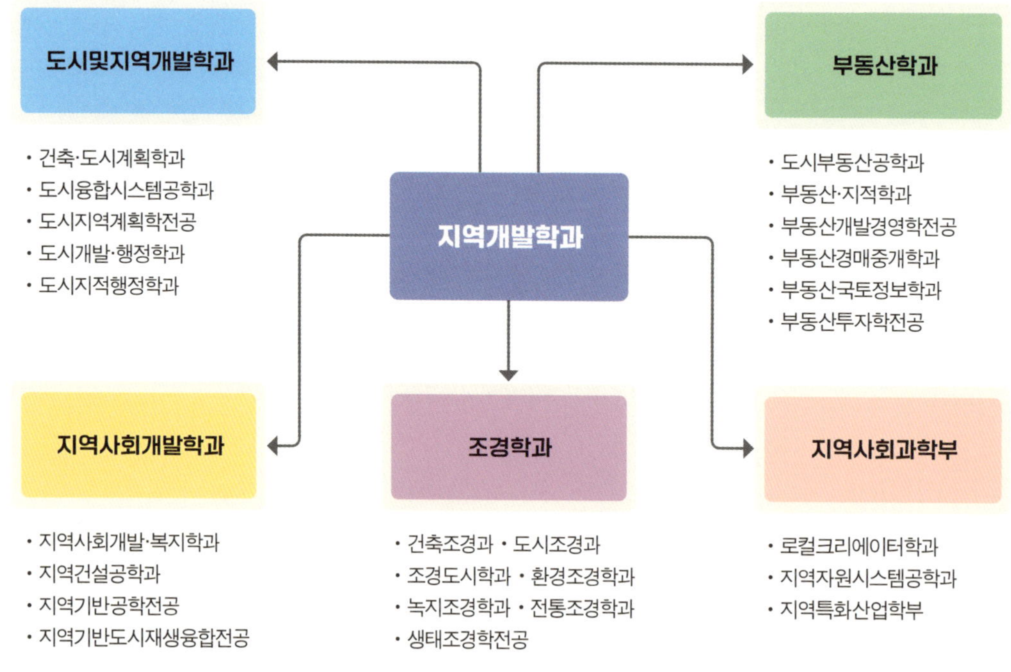

주요 교과목 지역사회 개발론, 도시 및 지역 경제론, 발전 계획론, 지리정보 체계론, 도시 및 지역계획 법규 등의 교과목을 공부합니다.

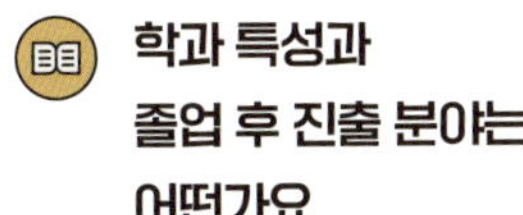

**진로 탐색과
준비,
이렇게 하세요**

1. 지역의 건물과 도로, 공원 등을 살펴보고 더 편리하게 이용할 수 있는 방법을 생각해보면 좋습니다.
2. 지역개발 관련 캠프, 지역개발 관련 박람회, 대학 학과체험 등에 참여하면 지역개발 관련 지식과 필요한 기술, 미래의 지역개발을 알아볼 수 있습니다.
3. 마을 만들기 사업, 마을재생 산업 등에 관한 정보를 찾아보면 도움이 됩니다.

**고교학점제
준비,
이렇게 하세요**

공통	공통수학 1·2, 통합사회 1·2, 통합과학 1·2 등
일반 선택	수학 교과: 확률과 통계, 대수 사회 교과: 세계시민과 지리, 현대사회와 윤리, 사회와 문화 과학 교과: 지구과학 정보 교과: 정보
진로 선택	기하, 실용 통계, 데이터 과학, 한국지리 탐구, 도시의 미래 탐구, 경제, 인간과 심리
융합 선택	여행지리, 기후변화와 지속가능한 세계, 사회문제 탐구, 기후변화와 환경생태

**학과 특성과
졸업 후 진출 분야는
어떤가요**

① 최근 세종특별자치시가 출범하고 지역 균형 발전의 중요성이 커지면서 지역개발학이 적용되는 범위가 넓어지고 있습니다. 지역개발학과에서는 지리학, 경제학을 응용하여 다양한 지역을 분석하고, 이를 통해 지역사회의 부흥을 위한 해결방안을 연구합니다. 나아가 아프리카와 같은 해외 지역의 개발에 기여하는 전문인력 양성을 위해 보다 국제적이고 실용적인 교육을 제공합니다.

② 졸업하면 도시 및 지역·국토 계획을 수립하는 엔지니어링 회사, 관광 레저 회사, 부동산 개발 회사 등으로 진출할 수 있습니다. 또 교통문제연구소, 도시정보연구소, 도시환경연구소, 지역사회연구소 등의 연구기관이나 도시계획 관련 중앙정부 및 지방자치단체 같은 공공기관에서 일할 수도 있습니다.

**어떤 흥미와
적성이
필요하나요**

① 지역개발학은 여러 지역의 여건을 종합적으로 검토하여 지역의 발전을 목표로 하는 실용적인 학문입니다. 따라서 자신이 살고 있는 지역사회에 대한 관심이 필요합니다.

② 지역의 문제를 다양하게 분석할 수 있는 사고력과 지역을 발전시키는 데 필요한 새로운 아이디어를 생각할 수 있는 창의력을 갖춘 학생에게 유리합니다.

③ 공간에 호기심을 가지고 있으며 다양한 사회 이슈를 종합적으로 사고하고 판단하는 능력이 필요합니다.

관련자격	감정평가사, 공인중개사, 교통기사, 도시계획기사, 주택관리사, 지적기사
관련직업	기자, 일반 공무원, 조경 기술자, 공인중개사, 사회과학 연구원, 환경 영향 평가사
관련기관	새만금개발공사, (주)한국건설관리공사 등

045

해양경찰학과

학과 소개
오늘날 해양은 자원 측면에서만이 아니라 생활공간이자 국가주권 수호 차원에서 좀 더 중요하게 바라보아야 합니다. 해양경찰학과는 국제적으로 해양에 대한 관심과 중요성이 증대되고 있는 시대를 맞이하여 해양환경과 해양자원 보호 및 해양질서 유지를 위하여 관련 전문 지식과 기술을 교육해 해양경찰의 발전에 기여할 전문인력을 양성하고 있습니다.

관련학과

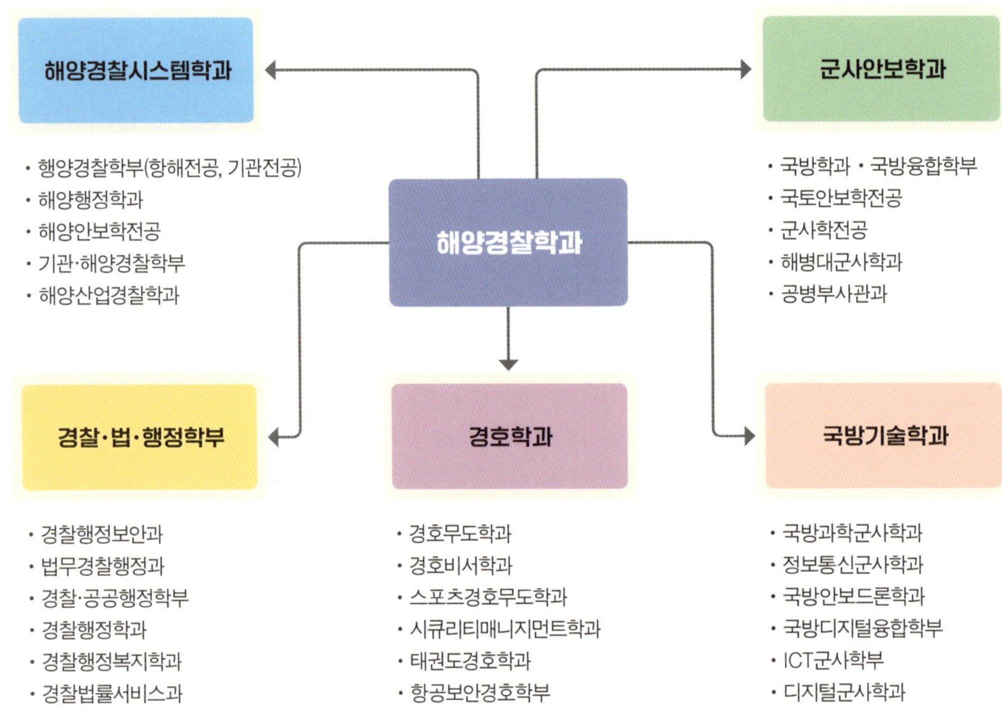

주요 교과목 수색구조론, 해양경찰학, 해양오염 방제론, 해양 정보론, 해사법규 등의 교과목을 공부합니다.

<table>
<tr><td>진로 탐색과
준비,
이렇게 하세요</td><td>1. 중·고등학생 때부터 경찰 관련 드라마나 추리소설 등을 접하면 국민의 안전을 지키는 경찰 업무를 간접체험할 수 있습니다.
2. 운동을 열심히 해서 튼튼한 체력을 기르고 무도 관련 자격증을 따놓으면 좋습니다.
3. 해양경찰 관련 캠프, 해양경찰 관련 박람회, 대학 학과체험 등에 참여하면 해양경찰 관련 지식과 필요한 기술, 미래의 해양경찰을 알아볼 수 있습니다.</td></tr>
</table>

<table>
<tr><td rowspan="6">고교학점제
준비,
이렇게 하세요</td><td>공통</td><td>통합사회 1·2 등</td></tr>
<tr><td>일반 선택</td><td>사회 교과: 세계시민과 지리, 사회와 문화, 현대사회와 윤리
체육 교과: 체육 1·2
정보 교과: 정보
교양 교과: 생태와 환경</td></tr>
<tr><td>진로 선택</td><td>한국지리 탐구, 법과 사회, 윤리와 사상, 국제 관계의 이해, 정치, 경제, 운동과 건강, 데이터 과학, 인간과 철학, 인간과 심리</td></tr>
<tr><td>융합 선택</td><td>실용 통계, 수학과제 탐구, 사회문제 탐구, 윤리문제 탐구</td></tr>
</table>

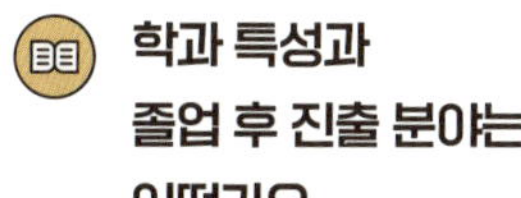

학과 특성과 졸업 후 진출 분야는 어떤가요

① 해양 및 선박 관련 지식과 법 및 행정 분야에 관한 전문 지식을 고루 습득할 수 있도록 하는 최적의 교육 과정을 통해 개개인의 능력을 기르고 전공 교육의 경쟁력을 키워 해양경찰과 해양관리 업무에 필요한 인력을 양성합니다

② 졸업하면 해양경찰 관련 중앙정부 및 지방자치단체 같은 공공기관에서 일할 수 있습니다. 경비업체, 보안업체 등이나 지방행정연구소, 공공행정연구소, 자치행정연구소, 공공자치연구원, 자치발전연구원 등의 연구기관으로 진출할 수도 있습니다.

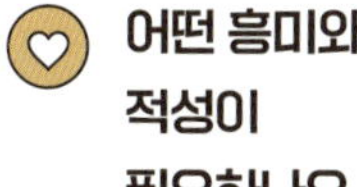

어떤 흥미와 적성이 필요하나요

① 강인한 체력이 있고 바다와 수영을 좋아한다면 도전해볼 만합니다.

② 공익을 우선시하는 봉사정신과 일과 태도에 있어 사사로움이나 그릇됨이 없이 정당하고 떳떳한 품성이 필요합니다.

③ 형사, 수사 등 경찰 업무에 대한 관심과 사람을 존중하고 자신의 일에 책임감과 사명감을 갖는 자세가 필요합니다.

 **관련자격** 기관사3급, 동력수상레저기구조종면허, 무도단증(태권도, 유도, 검도 등), 수상인명구조원, 의료관리자, 전파전자통신기능사, 항해사3급

 **관련직업** 선박 검사관, 선박 조사관, 선박 해기사, 해난 심판원, 해운선사, 공무원

📁 **관련기관** 경찰청, 해양경찰청 등

046

행정학과

학과 소개 정부와 국민, 공공과 민간 부문의 상호작용을 거시적인 관점에서 조망하며 정부의 바람직한 역할이 무엇인지 묻고 다양한 국가 운영의 제 분야를 효율적으로 관리하며 전체 국가와 각 사회 부문 간의 균형적 발전 방향을 디자인하는 학과입니다. 특히 행정학은 '문제 해결'에 초점을 맞춰 중앙부처와 공기업 등의 효율적인 관리를 담당하는 행정 전문가를 양성합니다.

📖 관련학과

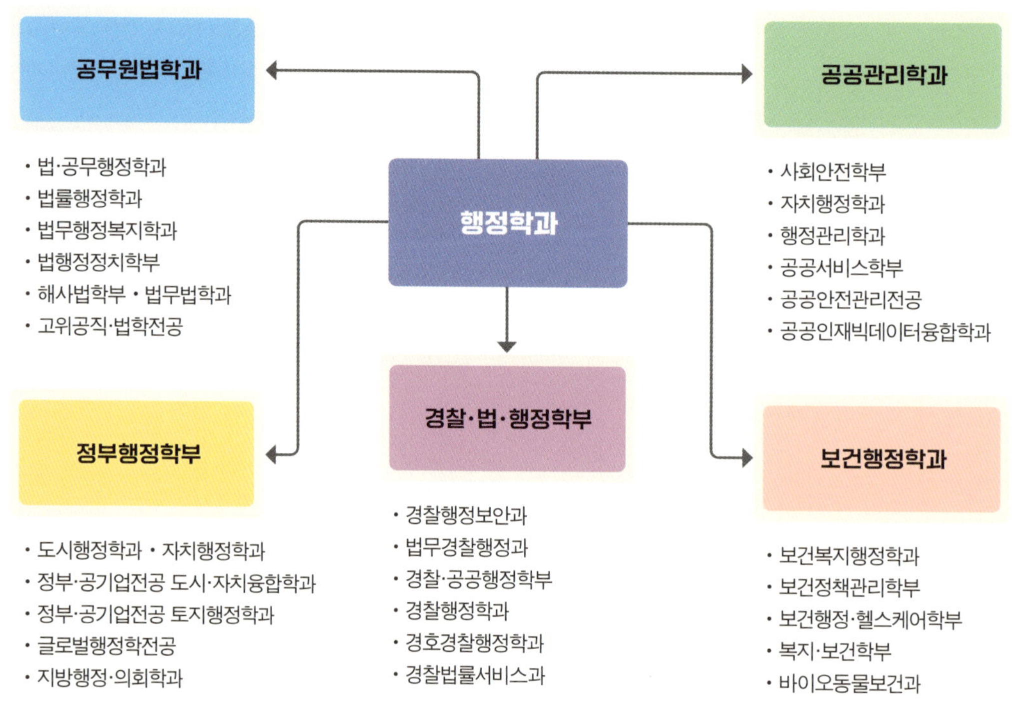

📗 **주요 교과목**   행정학 원론, 정책학, 지방행정, 인사행정, 공공 관리론 등의 교과목을 공부합니다.

<table>
<tr><td>

**진로 탐색과
준비,
이렇게 하세요**

</td><td>

1. 행정 업무를 수월하게 수행하기 위해서는 컴퓨터를 활용한 문서 작성 능력이 필요합니다. 워드프로세서, 컴퓨터활용 능력 등의 자격증을 취득해보세요.
2. 행정학 관련 캠프, 행정학 관련 박람회, 대학 학과체험 등에 참여하면 행정학 관련 지식과 필요한 기술, 미래의 행정학을 알아볼 수 있습니다.

</td></tr>
</table>

**고교학점제
준비,
이렇게 하세요**

공통	공통국어 1·2, 통합사회 1·2 등
일반 선택	국어 교과: 화법과 언어, 독서와 작문, 문학 사회 교과: 사회와 문화, 현대사회와 윤리 정보 교과: 정보 한문 교과: 한문
진로 선택	주제 탐구 독서, 한국지리 탐구, 정치, 법과 사회, 경제, 윤리와 사상, 데이터 과학, 인간과 철학, 인간과 심리
융합 선택	독서 토론과 글쓰기, 매체 의사소통, 실용 통계, 수학과제 탐구, 사회문제 탐구, 윤리문제 탐구

학과 특성과 졸업 후 진출 분야는 어떤가요

① 행정학은 국가의 살림살이를 연구하며, 국가 운영 과정에서 일어나는 복잡한 문제들을 효율적으로 관리하여 사회 각 분야의 균형적 발전을 목표로 합니다. 따라서 정치학·경제학·사회학 등 관련 학문에 대한 폭넓은 이해가 필요합니다. 최근에는 시민단체, 국제기구 등 졸업생들의 진출 분야가 넓어지면서 보다 종합적이고 전문적인 교육이 제공됩니다.

② 졸업하면 방송사, 신문사, 대학 및 전문대학 행정실 등뿐만 아니라 지방행정연구소, 공공행정연구소, 자치행정연구소, 공공자치연구원, 자치발전연구원 등의 연구기관으로 진출할 수 있습니다. 무엇보다 공무원 시험을 통해 중앙정부 및 지방자치단체 같은 행정 관련 공공기관에서 일하는 경우가 많습니다.

어떤 흥미와 적성이 필요하나요

① 행정학은 효율적인 국가 운영과 각종 사회 문제 및 갈등을 해결하고 조정하는 방법에 관한 학문입니다. 따라서 다양한 사회 문제에 관심을 가지고 정부의 각종 정책 및 제도에 비판적 사고를 하는 게 필요합니다.

② 공공 분야의 다양한 현상을 종합적으로 분석·판단하는 능력과 의사소통 및 문제 해결 능력을 갖춘 학생에게 적합한 분야입니다.

③ 참된 인성과 국민과 국가에 대한 투철한 봉사정신이 필요합니다.

관련자격　공인노무사, 공인회계사, 관세사, 법무사, 변리사, 세무사, 행정사

관련직업　공무원, 법무사, 세무사, 회계사, 사회과학 연구원

관련기관　한국행정연구원, 경찰청 등

PART 05

교육계열

047

교육공학과

학과 소개
최근 우리나라에서 디지털 교과서를 활용한 수업이 세계 최초로 이루어졌습니다. 각종 첨단기기, 앱, SNS를 통한 스마트러닝은 교육 현장을 빠르게 변화시키고 있습니다. 교육공학과는 보다 나은 교육 환경과 방법을 만들기 위해 다양한 이론과 기술을 연구합니다. 또 학습자의 창의적 학습을 돕기 위한 교육 프로그램을 설계·개발하는 전문가를 양성합니다.

관련학과

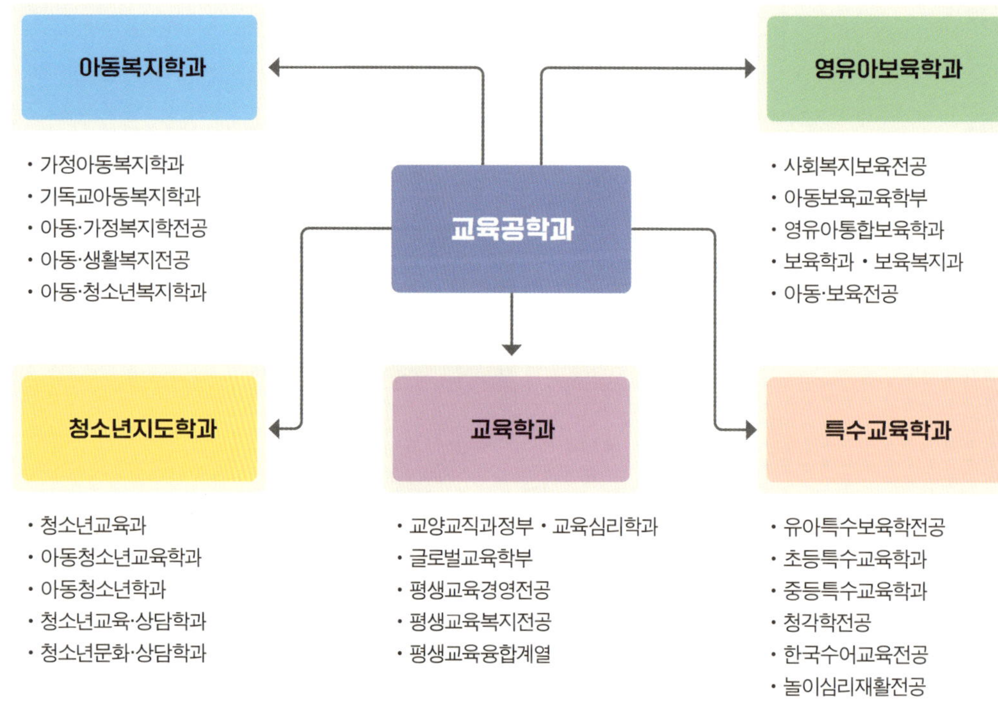

주요 교과목 교수설계 모형, 교수학습 이론, 교수설계, 교육통계 및 컴퓨터 데이터 분석, 교육공학 등의 교과목을 공부합니다.

진로 탐색과 준비, 이렇게 하세요	1. 평소 교육 정책을 비롯한 교육 문제와 청소년 문제에 관심을 가지고 살펴보는 자세가 필요합니다. 2. 교육 환경 및 방법의 개선을 제시할 수 있는 동아리나 봉사활동, 교과 활동을 열심히 하면 좋습니다. 3. 다양한 교육·교육공학 관련 서적을 탐독하면 도움이 됩니다.

고교학점제 준비, 이렇게 하세요	**공통** 공통국어 1·2, 통합사회 1·2 등 **일반 선택** 국어 교과: 화법과 언어, 독서와 작문, 문학 사회 교과: 사회와 문화, 현대사회와 윤리 기술가정·정보 교과: 기술가정, 정보 **진로 선택** 주제 탐구 독서, 문학과 영상, 법과 사회, 윤리와 사상, 데이터 과학, 인간과 심리, 교육의 이해 **융합 선택** 독서 토론과 글쓰기, 역사로 탐구하는 현대세계, 사회문제 탐구, 창의공학 설계

📖 학과 특성과 졸업 후 진출 분야는 어떤가요

① 교육공학과는 효율적인 교육을 위해 교육에 첨단기술을 도입하며 심리학·경영학·커뮤니케이션학 등 다양한 관련 학문을 연구합니다. 또 교육 방법의 첨단화·정보화를 통해 혁신적인 교육을 추구합니다. 교육학 이론을 학습함과 동시에 학생들이 첨단 기자재를 통한 연구와 실습으로 새로운 지식과 기술을 습득하도록 돕습니다.

② 졸업하면 공사립 중·고등학교, 대학, 교육 관련 연구소뿐만 아니라 인력개발원, 사회교육협회, 문화센터, 여성개발원, 청소년 상담실, 사설 학원, 교재 개발업체, 교육용 소프트웨어 개발업체, 교육 단체, 사무 및 교육 관련 컨설팅 회사, 이러닝 업체, 언론사, 광고회사, 온라인 콘텐츠 개발 회사 등으로 진출할 수 있습니다. 또 교육 관련 정부 및 연구기관, 공공기관에서 일할 수 있습니다.

♡ 어떤 흥미와 적성이 필요하나요

① 각종 교육 프로그램을 개발하여 교육 현장의 문제를 해결하는 실천적인 학문으로 교육을 통해 사람을 변화시키는 것을 목적으로 하기에 다양한 교육 문제에 대한 관심이 필요합니다.

② 사람에 대한 이해와 애정, 타인의 가치와 잠재력을 존중하는 자세가 중요합니다.

③ 첨단기술 학습을 위해 수학적 재능, 논리적 사고력, 과학적 응용력을 갖춰야 합니다.

④ 원활한 교육 활동을 위한 정확한 언어 구사 능력 및 정직성과 리더십을 갖춰야 합니다.

🏅 **관련자격** 사회조사분석사, 중등학교2급정교사, 논술지도사, 상담심리사, 직업상담사, 청소년지도사, 평생교육사

👤 **관련직업** 교육학 연구원, 교재 및 교구 개발자, 일반 공무원, 교육행정 사무원, 사이버교육 운영자, 심리상담사, 언어치료사, 유치원 교사, 임상심리사, 직업능력 개발 훈련 교사, 직업상담사, 초·중등학교 교사, 출판물 기획자, 학원 강사

📁 **관련기관** 한국직업능력개발원, 한국교육학술정보원, 한국교육개발원, 한국교육과정평가원, 교육부, 과학기술정보통신부 등

048

언어치료학과

학과 소개
각종 선천성 질병이나 산업재해, 교통사고 등으로 인해 말-언어와 관련된 의사소통 과정에 장애가 생긴 아동 및 성인이 다양한 언어치료 과정을 통해 효율적인 의사소통 참여자로 활동할 수 있도록 치료·교육하는 언어치료사 및 언어임상 전문가 양성을 교육 목표로 합니다.

📖 관련학과

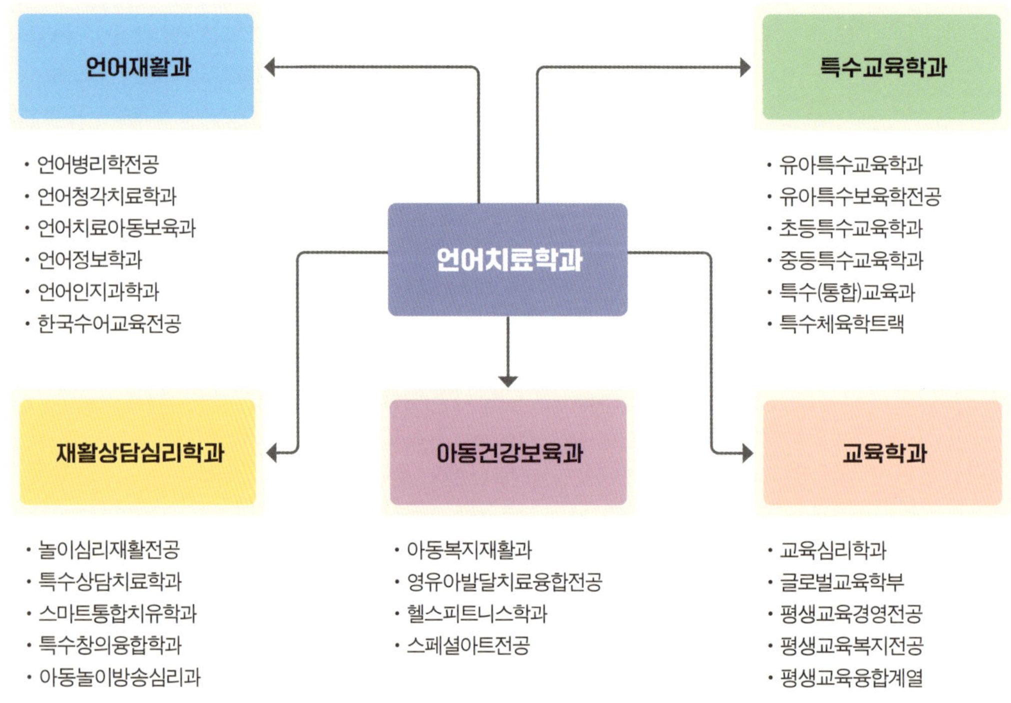

📘 **주요 교과목** 의사소통장애 개론, 언어발달장애, 언어장애와 심리학, 음성학 및 음운론, 의사소통 진단 및 평가 등의 교과목을 배웁니다.

**진로 탐색과
준비,
이렇게 하세요**

1. 재활병원, 복지관 등에서 의료 봉사활동을 하면 재활이 어떻게 이루어지는지 알아볼 수 있고, 환자들을 도와주는 경험도 해볼 수 있습니다.
2. 언어, 특수교육에 관심 및 전공 적합성을 알아볼 수 있는 동아리 활동뿐 아니라 관련 교과 활동을 열심히 하면 좋습니다.
3. 다양한 교육·교육공학 관련 서적을 탐독하면 도움이 됩니다.
4. 병원 및 의료기기 산업박람회에 참가하면 의료 관련 트렌드를 파악하고, 새로운 정보를 얻을 수 있습니다.

**고교학점제
준비,
이렇게 하세요**

| 공통 | 공통국어 1·2, 통합사회 1·2 등 |

| 일반 선택 | 국어 교과: 화법과 언어, 독서와 작문, 문학 |

사회 교과: 사회와 문화, 현대사회와 윤리

정보 교과: 정보

| 진로 선택 | 주제 탐구 독서, 문학과 영상, 윤리와 사상, 법과 사회, 데이터 과학, 보건, 인간과 심리, 교육의 이해 |

| 융합 선택 | 독서 토론과 글쓰기, 매체 의사소통, 언어생활 탐구, 사회문제 탐구, 논술 |

**학과 특성과
졸업 후 진출 분야는
어떤가요**

① 언어발달장애, 조음장애, 음성장애, 말더듬, 청각장애, 실어증 등 다양한 장애 영역에서 의사소통에 어려움을 겪는 아동과 성인의 특성을 이해하여 진단 및 치료 능력을 갖춘 언어재활 전문가를 양성하는 학과입니다.
② 졸업하면 사회복지관, 언어치료센터, 장애전담어린이집, 장애통합어린이집, 장애인복지관, 병원 부설 치료실, 연구실 및 상담실, 아동복지종합센터, 아동발달센터, 장애아동센터 등으로 진출할 수 있습니다. 또 장애인 단체, 장애인권 단체, 사회적 기업뿐 아니라 유치원, 초·중·고등학교, 대학, 언어/인지 관련 연구소, 청각재활연구소에서 일하거나 정부 및 공공기관에서 활약할 수도 있습니다.

**어떤 흥미와
적성이
필요하나요**

① 언어, 글자, 문법 등 언어 자체에 관심과 이해력이 있으면 학과 공부를 하는 데 유리합니다.
② 사람들과 원활하게 의사소통할 수 있는 능력과 언어 능력을 가진 학생에게 적합합니다.
③ 신체적인 불편을 가진 사람들을 이해하고 배려하면서 행복을 느끼며, 타인의 가치와 잠재력을 존중하는 자세가 중요합니다.

관련자격 언어장애전문가, 언어재활교육사, 보육교사

관련직업 대학교수, 언어재활사, 언어치료사, 보육교사

관련기관 특수교육지원센터, 다문화가족지원센터, 교육부, 국립특수교육원, 장애인평생교육센터, 육아종합지원센터, 학습도움센터, 발달장애인센터 등

049

유아교육학과

학과 소개

올바른 사회는 어린이들에게 참다운 교육을 실시함으로써 이루어질 수 있다고 합니다. 바람직한 유아교육을 하기 위해서는 유아에 대한 이해가 필요합니다. 유아교육학과는 영·유아기 발달 과정을 이해하여 효과적으로 유아교육을 하기 위한 이론 및 실습을 제공합니다. 또 건전한 인성을 바탕으로 유아의 특성에 맞는 교육을 개발·적용하는 전문인력을 양성합니다.

관련학과

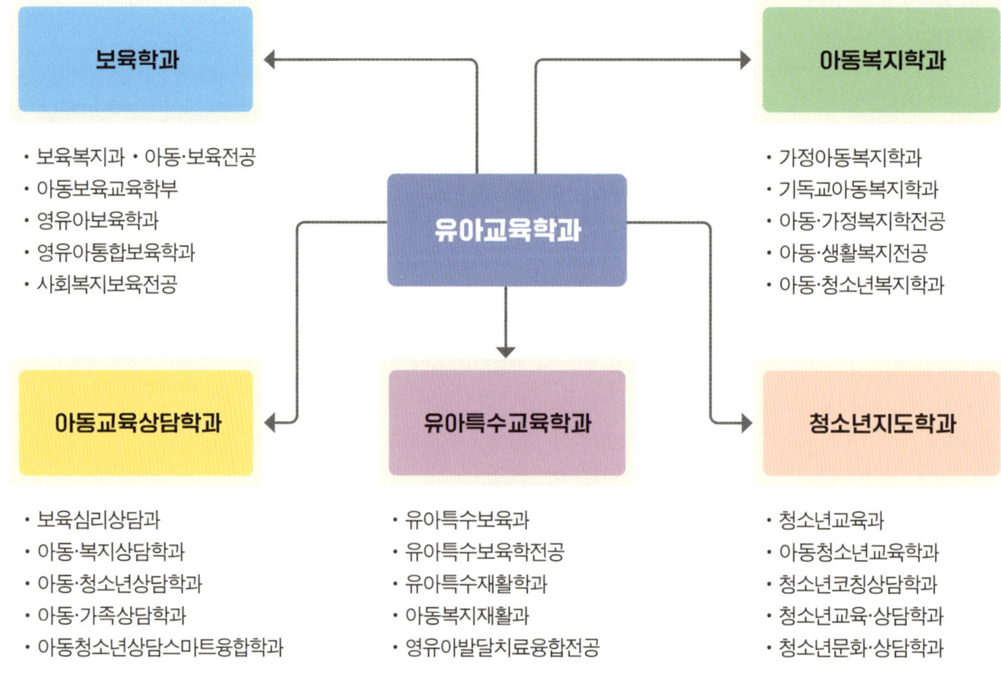

주요 교과목 영·유아발달, 유아교사론, 유아교육 개론, 인지이론과 교육, 유아교육 과정 등의 교과목을 공부합니다.

진로 탐색과 준비, 이렇게 하세요	1. 유아교육에 관심을 가지고 전공 적합성을 파악할 수 있는 동아리 및 관련 봉사활동을 하면 좋습니다. 2. 아동복지 관련 박람회, 대학 학과체험 등에 참여하면 아동복지 관련 지식과 필요한 기술, 미래의 아동복지를 알아볼 수 있습니다. 3. 다양한 유아교육 관련 서적을 탐독하면 도움이 됩니다.

고교학점제 준비, 이렇게 하세요	**공통** 통합사회 1·2 등 **일반 선택** 사회 교과: 사회와 문화, 현대사회와 윤리 체육 교과: 체육 1·2 예술 교과: 음악, 미술 **진로 선택** 윤리와 사상, 운동과 건강, 인간과 심리, 교육의 이해, 음악 연주와 창작, 미술 창작 **융합 선택** 사회문제 탐구, 아동발달과 부모

학과 특성과 졸업 후 진출 분야는 어떤가요

① 유아기는 인생의 출발점으로 유아의 올바른 성장을 위해서 이 시기의 교육이 매우 중요합니다. 유아교육학과는 유아기의 신체적·지적·정서적 발달 과정에 대한 이해를 토대로 적절한 유아교육 방법을 연구합니다.

② 최근 유아교육에 대한 관심이 늘어나면서 졸업생들은 유치원 교사 외에도 유아 관련 방송, 도서, 소프트웨어 제작 등 다양한 분야로 진출합니다. 졸업하면 사립 유치원, 아동 복지 시설(어린이집, 놀이방), 방송계, 유아 관련 출판사, 유아교육 교재 및 교구 제작업체, 유아용 소프트웨어 제작업체, 사회단체 및 문화센터(사회복지관, 문화원), 학원(독서 학원, 공부방, 글짓기 교실) 등에서 활발하게 활동할 수 있습니다. 또 국공립 유치원, 대학, 유아교육 및 보육 관련 연구소, 정부 및 공공기관에서도 일할 수 있습니다.

어떤 흥미와 적성이 필요하나요

① 유아교육학을 전공하려면 교육자로서 사명감을 가지고 어린이를 사랑하고 존중하는 마음자세가 필요합니다.

② 봉사활동이나 교육 활동 경험과 관심이 많은 학생에게 유리합니다.

③ 다양한 형태의 교육을 위해 음악·무용·미술 등의 분야에 소질이 필요하며, 아이들을 효율적으로 지도하기 위해 통솔력, 언어 구사 능력을 갖추는 것이 중요합니다.

④ 다양한 돌발상황에 대비해 신속한 판단 능력과 대처 능력이 필요하며 책임감과 성실, 끈기 등을 갖추어야 합니다.

관련자격 보육교사, 유치원2급정교사

관련직업 심리상담사, 언어치료사, 사회복지사, 아동놀이 지도 강사, 유치원 교사, 보육교사

관련기관 한국교육개발원, 한국교육과정평가원, 교육부 등

050

유아특수재활과

정신지체아, 지체부자유아, 언어장애아, 발달장애아 등 특수아동들을 대상으로 적절한 조기진단 및 치료 교육을 담당할 전문적인 유아특수 교사를 양성하는 학과입니다. 인간 존중 정신과 공동체 의식을 바탕으로 장애인의 복지에 기여하고, 장애인을 진단 및 치료하고 교육할 수 있는 전문인 양성을 교육 목표로 두고 있습니다.

관련학과

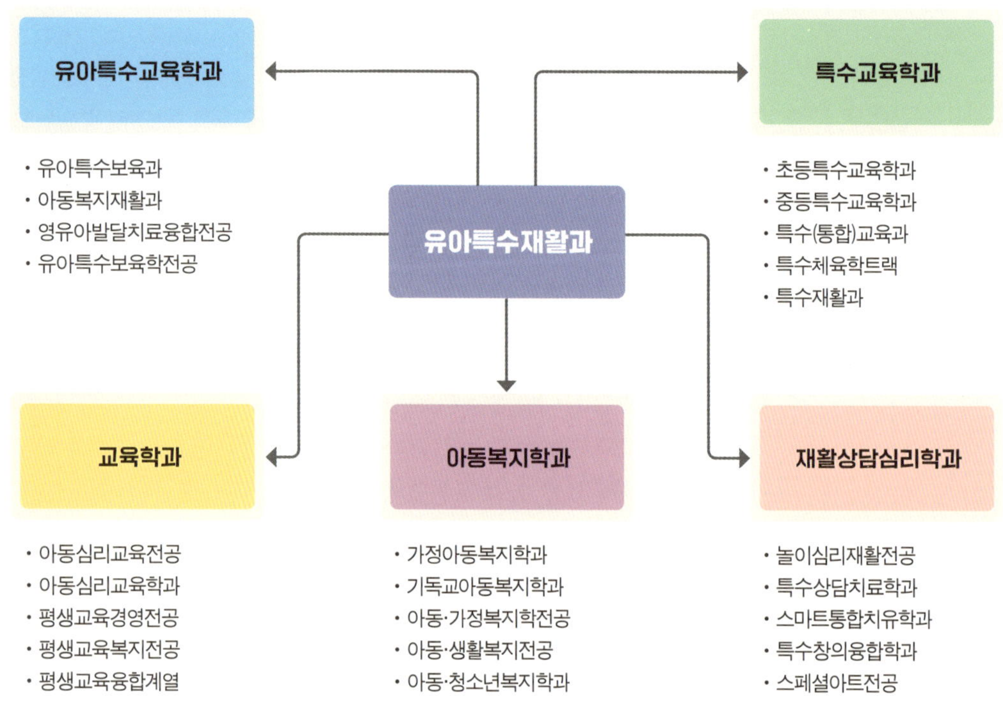

주요 교과목 정신지체아언어교육, 학습장애아 교육, 특수아동지도, 특수아 심리검사, 특수교육학 개론 등의 교과목을 공부합니다.

진로 탐색과 준비, 이렇게 하세요

1. 중·고등학생 때부터 꾸준하게 다양한 유아교육, 특수교육 관련 서적을 탐독하면 도움이 됩니다.
2. 유아 및 특수교육에 관심을 가지고 전공 적합성을 파악할 수 있는 동아리 및 봉사활동을 찾아서 하면 좋습니다.
3. 유아특수재활 관련 박람회, 대학 학과체험 등에 참여하면 다양한 정보와 지식을 얻을 수 있습니다.

고교학점제 준비, 이렇게 하세요

| 공통 | 통합사회 1·2 등 |

| 일반 선택 | 사회 교과: 사회와 문화, 현대사회와 윤리
체육 교과: 체육 1·2
예술 교과: 음악, 미술 |

| 진로 선택 | 윤리와 사상, 운동과 건강, 인간과 심리, 교육의 이해, 음악 연주와 창작, 미술 창작 |

| 융합 선택 | 사회문제 탐구, 아동발달과 부모 |

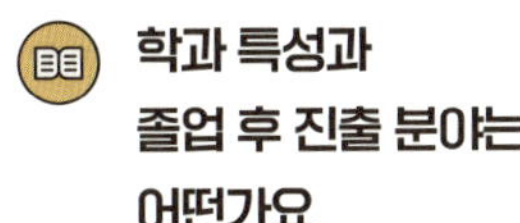

학과 특성과 졸업 후 진출 분야는 어떤가요

① 아동의 성장, 발달 과정에서 일어나는 각종 행동을 탐구함으로써 이론과 전문 지식을 갖춘 인재, 유능한 발달재활지원 전문가로 성장하도록 합니다. 무엇보다 장애 영유아 관련 직무에 필요한 전문 지식과 실무 능력을 갖추도록 교과 과정이 체계적으로 맞추어져 있습니다.
② 졸업하면 일반 어린이집, 장애통합 어린이집, 장애 전담 어린이집, 사설 특수 치료실로 진출할 수 있습니다. 또 대학, 유아특수재활 관련 연구기관이나 중앙정부 및 지방자치단체의 유관 공공기관에서 일할 수 있습니다.

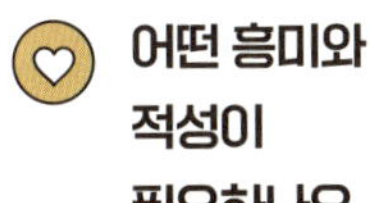

어떤 흥미와 적성이 필요하나요

① 적합한 흥미 유형은 사회형과 호기심을 가지고 관찰하는 것을 즐기는 탐구형입니다.
② 여러 가지 형태의 장애가 있는 영유아들의 욕구나 느낌에 민감하고 이들을 이해하고 도와주려 하는 등 타인에 대한 배려심이 필요합니다.
③ 도와주는 과정에서 어려움이 있어도 이를 포기하지 않고 참고 견디는 인내심과 꾸준함이 필요합니다.
④ 다양한 돌발상황에 대비해 신속한 판단력과 대처 능력이 요구되며 교육자로서 사명감을 가지고 책임감 있게 아이를 돌보는 자세를 가져야 합니다.

관련자격 보육교사, 보육시설특수교사, 사회복지사, 특수아동교육사, 특수재활교육사

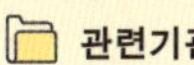
관련직업 놀이치료사, 미술치료사, 보육교사, 심리치료사, 장애인 전담 보육교사, 행동치료사, 물리치료사

관련기관 복지관, 한국보육진흥원, 특수교육지원센터, 육아종합지원센터, 교육부 등

051

청소년지도학과

학과 소개

급격한 사회 변동에 따라 심각하게 대두되고 있는 청소년지도 문제에 관한 연구와 그 학문적 기반을 조성함으로써 청소년들을 올바르게 키울 수 있는 전문가를 양성하기 위한 학과입니다. 미래의 주역이 될 청소년들을 건전하게 육성하기 위한 청소년 관련 정책을 수립하며 청소년지도 프로그램을 개발·운영하는 전문가 양성을 교육 목표로 하고 있습니다.

관련학과

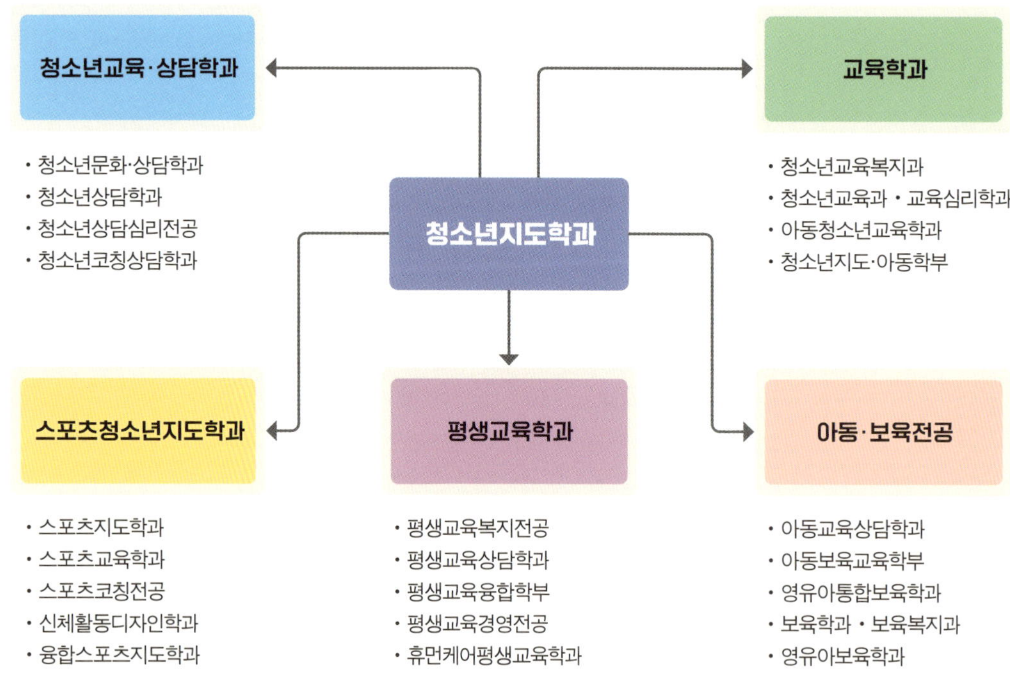

주요 교과목 청소년지도방법론, 청소년심리, 청소년정책론, 가족상담 등의 교과목을 공부합니다.

<table>
<tr><td>

**진로 탐색과
준비,
이렇게 하세요**

</td><td>

1. 청소년단체에 가입하거나 청소년 관련 행사를 찾아 관심을 가지고 꾸준하게 참가해보면 좋습니다.
2. 청소년지도학과 관련 박람회, 대학 학과체험, 봉사활동 등에 참여하면 관련 지식과 필요한 기술, 미래의 청소년지도학을 알아볼 수 있습니다.
3. 다양한 청소년교육 관련 서적을 탐독하는 것도 도움이 됩니다.

</td></tr>
<tr><td>

**고교학점제
준비,
이렇게 하세요**

</td><td>

| 공통 | 통합사회 1·2 등 |

| 일반 선택 | 사회 교과: 사회와 문화, 현대사회와 윤리 |

기술가정·정보 교과: 기술가정, 정보

| 진로 선택 | 윤리와 사상, 정치, 법과 사회, 생활과학 탐구, 인간과 심리, 교육의 이해 |

| 융합 선택 | 사회문제 탐구, 윤리문제 탐구, 생애 설계와 자립 |

</td></tr>
</table>

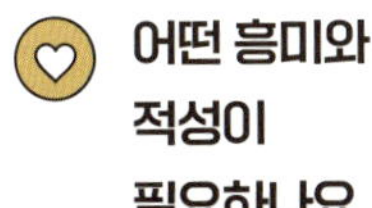

**학과 특성과
졸업 후 진출 분야는
어떤가요**

① 청소년을 둘러싼 다양한 환경에 대한 지식과 기술을 습득하여 청소년 분야의 전문 지도자를 양성하는 것이 이 학과의 목표입니다. 따라서 바람직한 사회복지 실천을 위한 철학과 윤리관 형성, 사회복지 이론과 실천력을 완비한 인재 양성을 위해 높은 수준의 윤리 의식과 건강한 신체를 갖출 수 있도록 교육합니다.

② 졸업하면 기업 및 산업체의 사회공헌 관련 부서, 아동이나 청소년 관련 회사, 사회적 기업 등으로 진출할 수 있습니다. 또 아동복지연구소, 사회조사연구소, 사회정책연구원, 사회과학연구소, 병원 연구소, 사회복지연구소 등과 같은 연구기관뿐 아니라 청소년·복지 관련 중앙정부 및 지방자치단체, 공공기관에서 일할 수 있습니다.

**어떤 흥미와
적성이
필요하나요**

① 청소년으로서 어떤 삶을 살아야 할지, 어떤 도움이 필요한지에 대한 통찰과 비판적 사고가 필요합니다.

② 청소년을 둘러싼 사회 문제에 공감하고 함께 해결해 나가려는 의지가 요구됩니다.

③ 봉사활동이나 교육 활동에 경험과 관심이 많은 학생에게 유리합니다.

관련자격   사회복지사, 청소년상담사, 청소년지도사

관련직업   보육교사, 사회복지사, 가족상담사, 가족생활 교육사, 건강가정사, 공연제작 관리자, 레크리에이션 진행자, 상담 전문가(심리상담사), 아동상담사, 직업상담사

관련기관   한국청소년상담복지개발원, 한국건강가정진흥원 등

052

초등교육학과

'교육은 학생의 머릿속에 씨앗을 심어주는 것이 아니라, 학생의 씨앗이 자라도록 해준다'는 말이 있습니다. 초등교육학과는 아이들의 특성을 잘 이해하여, 학습 효과와 창의력을 높여줄 수 있는 다양한 교육 방법을 배우는 곳입니다. 아이들에게 필요한 기초 지식뿐만 아니라 인성 교육을 올바르게 지도할 수 있는 초등학교 교사를 양성합니다.

관련학과

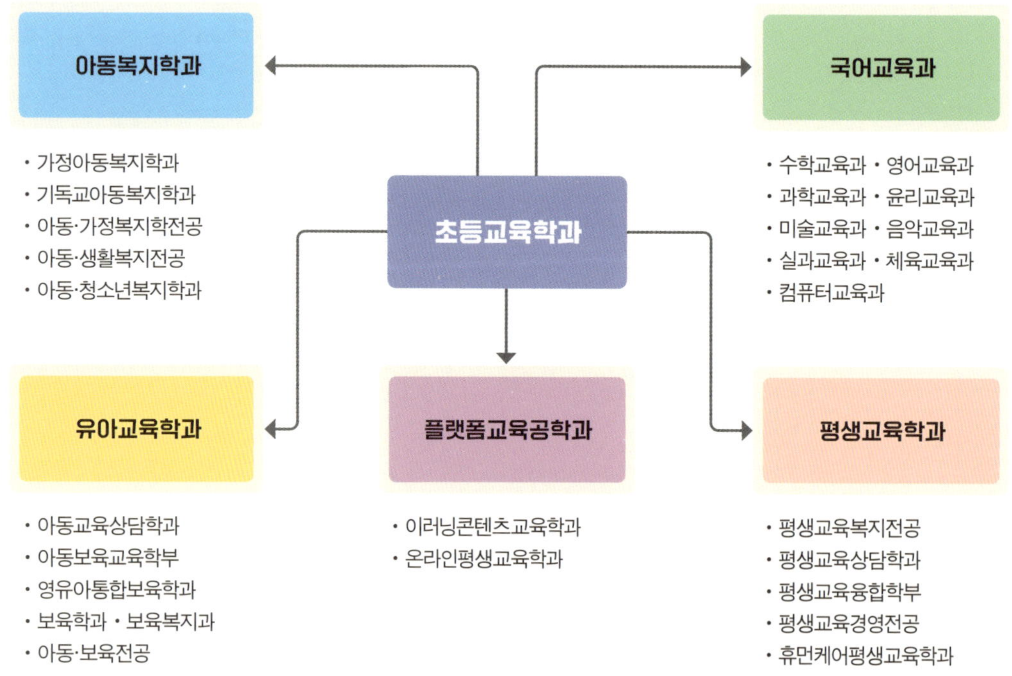

주요 교과목 아동문학, 초등교육 과정, 초등교육론, 초등학교 교육사, 학급경영 등의 교과목을 공부합니다.

진로 탐색과 준비, 이렇게 하세요	1. 아동 및 아동교육 관련 서적을 꾸준히 탐독하면 도움이 됩니다. 2. 초등교육에 관심을 가지고 전공 적합성을 알아볼 수 있는 관련 동아리 및 봉사활동을 하면 좋습니다. 3. 교육부나 교육청 등 초등교육 관련 사이트를 둘러보고 주위의 초등학교 선생님을 만나 인터뷰를 하는 활동을 해보세요.

고교학점제 준비, 이렇게 하세요	**공통** 공통국어 1·2, 공통수학 1·2, 공통영어 1·2, 통합사회 1·2, 통합과학 1·2 등
	일반 선택 **국어 교과:** 화법과 언어, 독서와 작문, 문학
	수학 교과: 대수, 미적분 I, 확률과 통계
	영어 교과: 영어 I·II, 영어 독해와 작문
	사회 교과: 세계시민과 지리, 사회와 문화, 세계사, 현대사회와 윤리
	과학 교과: 물리학, 화학, 생명과학, 지구과학
	체육 교과: 체육 1·2
	예술 교과: 음악, 미술
	기술가정 교과: 기술가정
	진로 선택 주제 탐구 독서, 기하, 심화 영어, 윤리와 사상, 인간과 심리, 교육의 이해, 음악 연주와 창작, 미술 창작, 운동과 건강
	융합 선택 독서 토론과 글쓰기, 미디어 영어, 사회문제 탐구, 윤리문제 탐구

📖 학과 특성과 졸업 후 진출 분야는 어떤가요

① 초등교육학과에서는 아이들에게 다양하고 폭넓은 교육 활동을 제공하기 위해서 국어·수학·미술 등 초등학교에서 다루고 있는 여러 교과에 대한 이론적인 기초를 쌓도록 합니다. 초등교사는 중요한 직업이었고, 앞으로도 사회에서 중요한 역할을 할 것이므로 학과의 전망은 계속 좋을 것으로 예상됩니다.

② 졸업하면 공·사립 초등학교, 대학, 교육 관련 연구기관뿐만 아니라 교육 프로그램 관련 시민·사회단체로 진출할 수 있습니다. 또 방송국, 신문사, 출판사, 사설 학원, 아동 상담실, 초등교육 관련 정부 및 공공기관, 일반 회사에서도 일할 수 있습니다.

♡ 어떤 흥미와 적성이 필요하나요

① 학교에서 다양한 교과를 가르치므로 국어·수학·미술·사회·과학 등 여러 과목에 두루두루 관심이 있으면 도움이 됩니다.

② 한창 자라나는 아이들에게 다양한 교육 방법을 적용하기 위해서는 창의력이 필요합니다. 또 돌발상황에서도 차분하게 일을 처리할 수 있는 능력이 필요합니다.

🏅 관련자격 초등학교2급정교사

👤 관련직업 교육 공무원, 초등학교 교사, 보육교사, 청소년상담사, 청소년지도사

📁 관련기관 교육청, 교육부 등

053

특수교육학과

학과 소개

시각·청각장애를 가졌던 헬렌 켈러를 바깥세상으로 이끌어준 것은 설리번 선생님의 헌신적인 교육이었습니다. 특수교육학과는 신체적·정신적으로 불편한 학생들의 개별적인 욕구를 파악하여, 적절하고 효율적으로 교육 서비스를 제공하는 방법을 가르칩니다. 특별한 학생들이 비장애인들과 더불어 살아가도록 도와주는 특수교육 전문가를 양성합니다.

관련학과

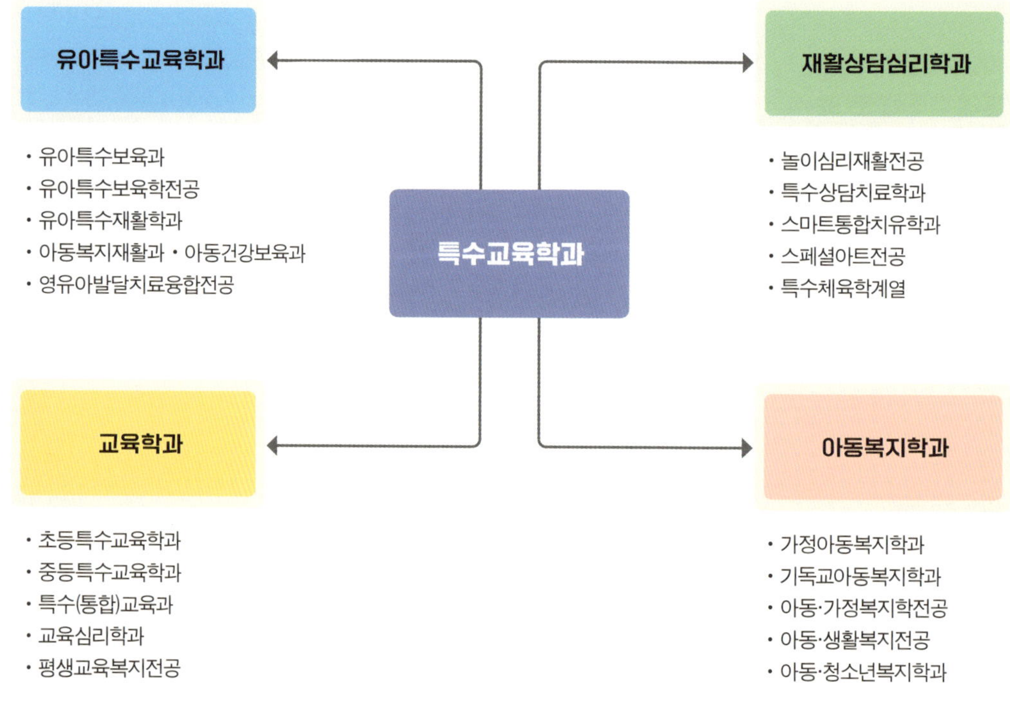

주요 교과목 특수교육학, 특수학급 운영, 특수학교교육 과정론, 장애학생통합 교육론, 특수교육 공학 등의 교과목을 공부합니다.

진로 탐색과 준비, 이렇게 하세요	1. 다양한 특수교육 관련 서적을 꾸준히 탐독하면 도움이 됩니다. 2. 특수교육 관련 박람회, 대학의 학과체험 등에 참여하면 다양한 정보와 지식을 얻을 수 있습니다. 3. 지역의 장애인센터를 찾아가 봉사활동을 해보면 좋습니다.

**고교학점제
준비,
이렇게 하세요**

공통	공통국어 1·2, 통합사회 1·2 등
일반 선택	국어 교과: 화법과 언어, 독서와 작문, 문학 사회 교과: 현대사회와 윤리, 사회와 문화
진로 선택	주제 탐구 독서, 정치, 법과 사회, 윤리와 사상, 인간과 심리, 교육의 이해, 보건
융합 선택	독서 토론과 글쓰기, 사회문제 탐구

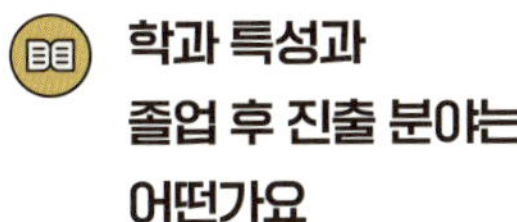

**학과 특성과
졸업 후 진출 분야는
어떤가요**

① 학생의 특수성을 고려하여 교육학뿐 아니라 의학, 심리학, 철학, 생리학, 물리치료, 언어치료 등 다양한 학문을 종합적으로 공부합니다. 한국은 복지국가를 지향하고 있고, 앞으로 장애아동에 대한 교육이 점점 확대될 것이므로 학과의 전망은 밝을 것으로 기대됩니다.

② 졸업하면 장애인복지관, 종합사회복지관, 병원 부설 치료실, 연구실 및 상담실, 아동복지종합센터, 아동발달센터, 장애아동센터, 장애인 단체, 장애인권 단체, 사회적 기업, 일반 회사, 언론사 등으로 진출할 수 있습니다. 또 공·사립 특수학교 및 일반 학교의 특수학급, 특수교육 관련 연구기관, 육아종합지원센터, 학습도움센터, 발달장애인센터 등 특수교육 관련 공공기관에서 일할 수 있습니다.

**어떤 흥미와
적성이
필요하나요**

① 신체적·정신적으로 불편함을 겪고 있는 학생들을 위한 교육 방법을 배우는 곳이므로 특수교육학을 전공하기 위해서는 책임 의식과 자신의 직업을 사랑하는 마음, 남을 위해 희생하고 봉사하는 정신이 필요합니다.

② 생각하지 못한 일이 발생하더라도 당황하지 않고 항상 침착하게 행동할 수 있는 자기 통제 능력이 있으면 좋습니다.

③ 봉사활동이나 교육 활동 등에 경험과 관심이 많은 학생에게 유리합니다.

 **관련자격**	사회복지사, 언어치료사, 청소년상담사, 특수교육사
 **관련직업**	물리치료사, 보육교사, 심리상담사, 청소년상담사, 청소년지도사, 사회복지사
관련기관	교육부, 대한장애인체육회, (재)한국장애인개발원, 국립특수교육원, 장애인평생교육센터 등

054

특수체육교육과

<table>
<tr><td>학과
소개</td><td>특수체육은 여러 가지 장애 때문에 신체 운동 능력이 저하된 장애인을 도와 운동 능력을 발달시키는 분야입니다. 자신감, 사회성 발달 등을 목적으로 현장감 있는 운동 프로그램을 개발하고 운동할 수 있는 공간 및 기회를 제공하여 장애인의 재활을 도울 뿐만 아니라, 장애인을 생리적·심리적·사회적·교육적인 면에서 균형 있게 지도해 나갈 수 있는 전문 지도자를 양성하는 학과입니다.</td></tr>
</table>

관련학과

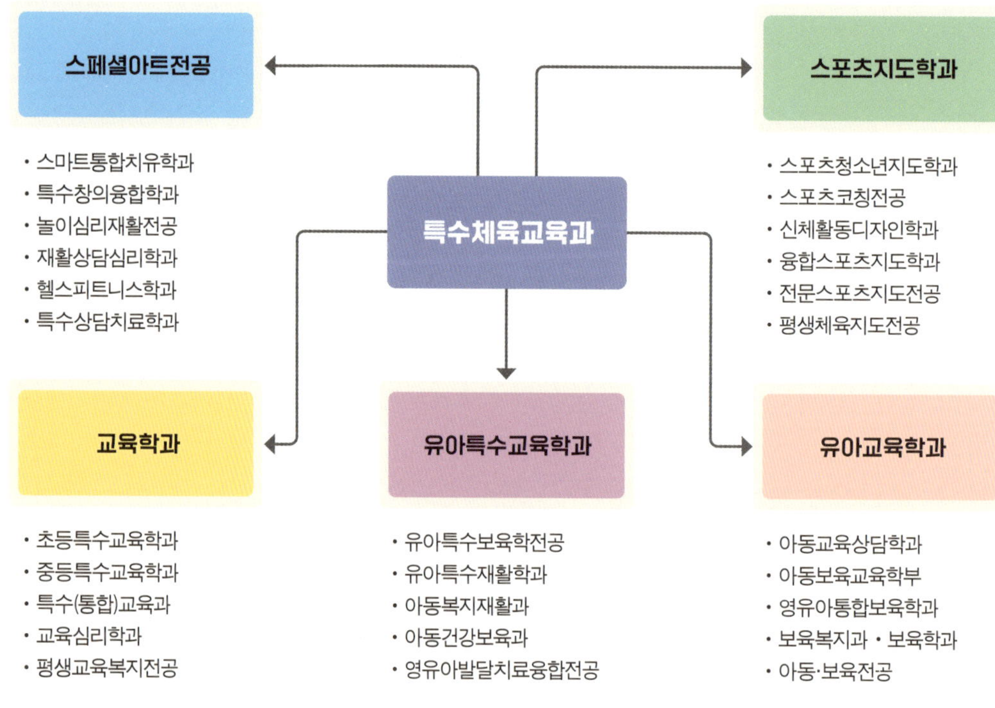

주요 교과목 특수교육론, 지적장애체육론, 특수체육평가, 청각장애체육론 등의 교과목을 공부합니다.

진로 탐색과 준비, 이렇게 하세요

1. 특수학교, 복지관, 특수치료실, 특수교육기관에서 장애청소년을 만나 체육 관련 봉사활동을 해보면 좋습니다.
2. 특수교육학, 체육학, 재활 등의 분야에서 대표적인 도서를 선정하여 친구들과 함께 읽고 심도 깊게 토의해보세요.
3. 특수체육교육 관련 박람회, 대학 학과체험 등에 참여하면 다양한 정보와 지식을 얻을 수 있습니다.

고교학점제 준비, 이렇게 하세요

공통	공통국어 1·2, 통합사회 1·2, 통합과학 1·2 등
일반 선택	국어 교과: 독서와 작문, 문학 사회 교과: 현대사회와 윤리, 사회와 문화 과학 교과: 물리학, 생명과학, 화학 체육 교과: 체육 1·2
진로 선택	윤리와 사상, 역학과 에너지, 화학 반응의 세계, 세포와 물질대사, 생물의 유전, 인간과 심리, 교육의 이해, 보건, 운동과 건강
융합 선택	매체 의사소통, 실용 통계, 스포츠 생활 1·2

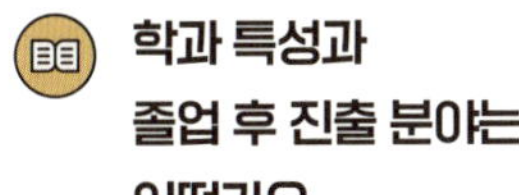

학과 특성과 졸업 후 진출 분야는 어떤가요

① 특수체육교육과 학생들은 특수교육 대상자들을 고려한 교육학뿐만 아니라 의학, 심리학, 생리학, 물리치료, 언어치료 등 다양한 학문을 종합적으로 공부합니다. 특수학교 체육교사 및 장애인 특수체육교육과 같은 특수교육 분야의 전문가 과정을 이수합니다.
② 졸업하면 특수학교뿐 아니라 기업 및 산업체 사설 특수치료실로 진출할 수 있습니다. 또 대학이나 특수교육 관련 연구기관, 지방자치단체나 교육청, 교육부 같은 정부 공공기관에서 일할 수도 있습니다.

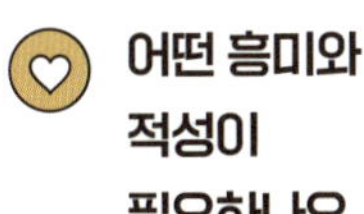

어떤 흥미와 적성이 필요하나요

① 다양한 형태의 장애를 지닌 학생들의 욕구나 흥미를 잘 이해할 수 있어야 하며 타인에 대한 봉사정신이 필요합니다.
② 여러 종류의 스포츠를 즐기며, 체육 활동에 소질이 있는 학생에게 더욱 좋습니다.
③ 생각하지 못한 일이 발생하더라도 당황하지 않고 항상 침착하게 행동할 수 있는 자기 통제 능력이 있으면 좋습니다.

관련자격 각 종목별 장애인스포츠 심판자격, 생활체육지도사, 장애인스포츠지도사, 체육지도사, 특수교사

관련직업 대한장애인체육회 및 시·도장애인체육회에서 추진하는 생활체육 사업을 담당하는 지도사, 사회복지기관 및 특수체육시설 등 장애인 관련 시설에서 일하는 생활체육 지도사, 특수학교 특수교사

관련기관 국립특수교육원, 한국보육진흥원, 특수교육지원센터, 장애인평생교육센터 등

경제·
경영계열

055

e-비즈니스학과

학과 소개

21세기 e-비즈니스 첨단기술들을 이해하고 운영할 수 있는 e-비즈니스 실무 운영자 양성을 목표로 특성화된 학과입니다. e-비즈니스학과에서는 인터넷을 통해 수행되는 상품 및 금융의 거래, 기업 홍보, 서비스 등의 모든 e-비즈니스 행위를 가장 효율적으로 수행할 수 있는 능력과 이를 효과적으로 유지하고 관리할 수 있는 역량을 키울 수 있도록 교육합니다.

관련학과

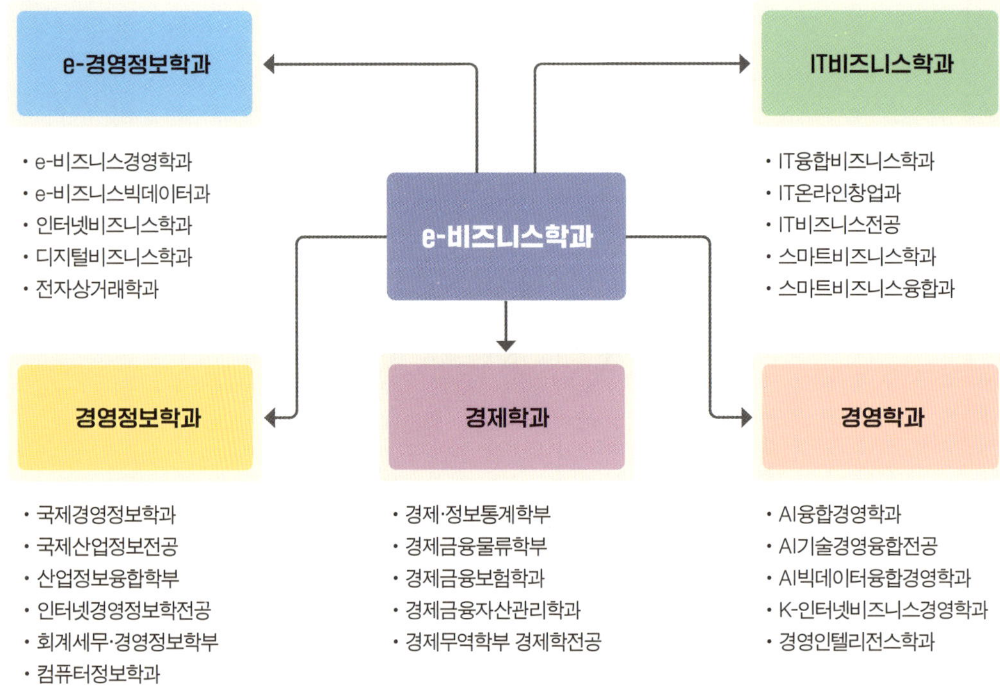

주요 교과목 경영정보시스템, e-비즈니스시스템, 데이터베이스, 전자상거래실무, 인터넷마케팅 등의 교과목을 공부합니다.

<table>
<tr><td>

**진로 탐색과
준비,
이렇게 하세요**

</td><td>

1. 경제신문이나 e-비즈니스 관련 신문을 구독하면 주요 경제 이슈를 살펴볼 수 있습니다.
2. 금융기관이 주최하는 경제캠프, 경제박람회, 청소년 경제 강좌 등에 참여하면 은행, 화폐, 시장경제 원리, 저축과 투자, 신용관리를 알아볼 수 있습니다.
3. 시도기술센터, 채용박람회, 정보경진대회 등에 참여하면 e-비즈니스 관련 지식과 필요한 기술, 미래의 e-비즈니스를 알아볼 수 있습니다.

</td></tr>
</table>

<table>
<tr><td>

**고교학점제
준비,
이렇게 하세요**

</td><td>

[공통] 공통수학 1·2, 공통영어 1·2, 통합사회 1·2 등

[일반 선택] **수학 교과:** 대수, 미적분Ⅰ, 확률과 통계

영어 교과: 영어Ⅰ·Ⅱ, 영어 독해와 작문

사회 교과: 현대사회와 윤리, 사회와 문화, 세계시민과 지리

정보 교과: 정보

[진로 선택] 기하, 미적분Ⅱ, 경제 수학, 경제, 데이터 과학, 직무 영어, 법과 사회, 윤리와 사상, 국제 관계의 이해

[융합 선택] 실용 통계, 수학과제 탐구, 실생활 영어회화, 세계 문화와 영어, 사회문제 탐구, 금융과 경제생활, 지식 재산 일반, 인간과 경제활동

</td></tr>
</table>

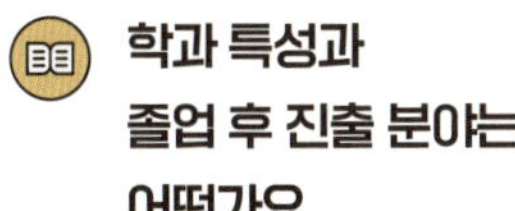

**학과 특성과
졸업 후 진출 분야는
어떤가요**

① e-비즈니스는 '인터넷을 포함한 통신망과 디지털 기술을 활용하여 기업의 비즈니스 프로세스를 수행하는 행위'로서 전자상거래뿐만 아니라, 기업의 기능인 생산·물류·마케팅·인사관리·R&D, 조직의 의사소통·조정·관리에 더불어 데이터 분석을 통한 의사결정과 향후 계획을 세우는 활동 등이 모두 망라됩니다.

② 졸업하면 정보 시스템 회사, 유통회사, 국내 및 해외 마케팅 회사, 웹 기획회사, 웹 디자인 회사 등의 기업 및 산업체로 진출할 수 있습니다. 또 관련 학계나 정부 및 공공기관에서 활약할 수도 있습니다.

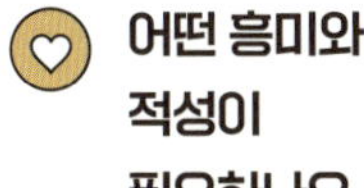

**어떤 흥미와
적성이
필요하나요**

① 평소 인터넷 상거래와 데이터에 관심을 가지고 있으며, 특히 빅데이터 활용에 흥미를 느끼는 학생에게 유리합니다.

② 컴퓨터 활용 능력, 전산 능력, 마케팅 능력, 문제 해결 능력이 필요합니다.

③ 도덕성과 책임감뿐 아니라 논리적인 사고력과 분석력을 갖추어야 합니다.

관련자격   사무자동화산업기사, 웹디자인기능사, 인터넷정보관리사, 전자상거래관리사, 정보처리산업기사

관련직업   웹마스터, 웹기획자, 웹마케터, 웹프로그래머, 전자상거래 전문가

관련기관   한국인터넷진흥원, 한국정보화진흥원, 한국산업기술진흥원 등

056

경영정보학과

학과 소개

세계화, 정보화 추세 등 기업 환경의 변화에 적극 대처할 수 있도록 여러 경영 정보를 신속, 정확하게 분석하여 경영 의사결정에 중요한 지원 역할을 하도록 만드는 학과입니다. 정보기술의 중요성을 이해하고 응용하여 기업의 경영관리와 효율적 사업 수행에 필요한 정보를 수집·저장·관리·분석할 수 있는 전문 경영정보 기술인의 양성을 교육 목표로 두고 있습니다.

📖 관련학과

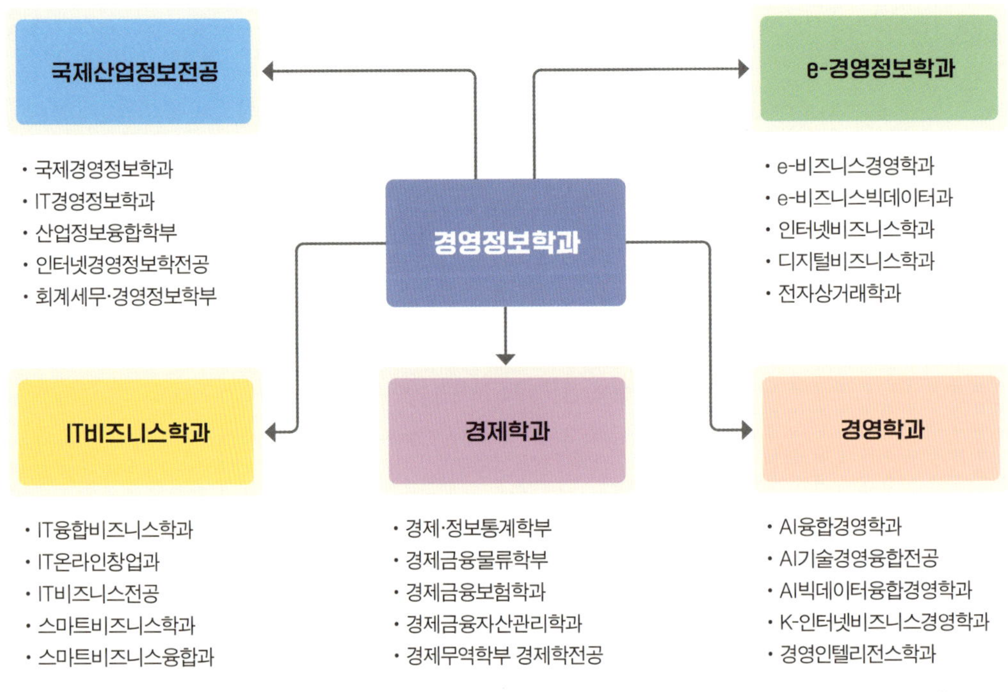

📙 **주요 교과목**　경영학 원론, 경영정보 시스템, 경제학 원론, 경영전략론, 재무관리 등의 교과목을 공부합니다.

<table>
<tr><td>

**진로 탐색과
준비,
이렇게 하세요**

</td><td>

1. 평소에 신문, 텔레비전에서 경제 뉴스 보는 것을 즐기고 경제 관련 과목을 선택해 즐겁게 공부해보세요.
2. 금융기관이 주최하는 경제캠프, 경제박람회, 청소년 경제 강좌 등에 참여하면 은행, 화폐, 시장경제원리, 저축과 투자, 신용관리를 알아볼 수 있습니다.
3. 경영캠프, 진로체험박람회, 대학 학과체험 등에 참여하면 경영정보 관련 지식과 필요한 기술, 미래의 경영정보를 알아볼 수 있습니다.

</td></tr>
</table>

<table>
<tr><td>

**고교학점제
준비,
이렇게 하세요**

</td><td>

공통	공통수학 1·2, 공통영어 1·2, 통합사회 1·2 등
일반 선택	**수학 교과:** 대수, 미적분Ⅰ, 확률과 통계 **영어 교과:** 영어Ⅰ·Ⅱ, 영어 독해와 작문 **사회 교과:** 현대사회와 윤리, 사회와 문화, 세계시민과 지리 **정보 교과:** 정보
진로선택	기하, 미적분Ⅱ, 경제 수학, 경제, 데이터 과학, 직무 영어, 법과 사회, 윤리와 사상, 국제 관계의 이해
융합 선택	실용 통계, 수학과제 탐구, 실생활 영어회화, 세계 문화와 영어, 사회문제 탐구, 금융과 경제생활, 지식 재산 일반, 인간과 경제활동

</td></tr>
</table>

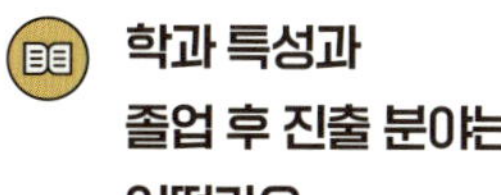

학과 특성과 졸업 후 진출 분야는 어떤가요

① 경영에 정보기술을 효과적으로 활용하는 방안을 다루기 때문에 진로 선택의 폭이 매우 넓은 편입니다. 경영이나 인터넷을 비롯해 정보기술의 활용 또는 경영과 정보기술의 융합 영역을 공부할 수 있습니다. 또 실무형 인재를 양성하고자 국제 감각을 높이기 위한 영어 강좌를 운영하며, 외국 대학과 외국 학생 간의 교류도 다양하게 이루어지고 있습니다.

② 졸업하면 일반 기업체, 정보 시스템 및 유통 분야의 기업, 국내 및 해외 기업에서 마케팅·영업·생산·물류·회계·재무·기획 등의 업무를 담당할 수 있습니다. 또 경영정보나 사회과학 관련 국가나 민간 연구소, 중앙정부 및 지방자치단체 같은 공공기관에서도 일할 수 있습니다.

어떤 흥미와 적성이 필요하나요

① 여러 그래프, 수식 및 통계를 다루므로 수리적인 능력이 있어야 하고 창의적인 문제 해결 및 응용 능력이 필요하며 빅데이터에 관심을 가져야 합니다.

② 경제 현상을 분석해야 하므로 평소에 합리적, 논리적으로 생각하는 습관을 가지고 있어야 하며 컴퓨터 활용 능력과 전산 능력이 있으면 유리합니다.

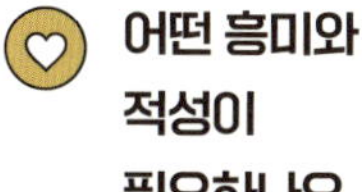

관련자격 감정평가사, 경영지도사, 물류관리사, 보험계리사, 사무자동화산업기사, 유통관리사, 전산회계운용사, 전자상거래관리사, 증권투자상담사

관련직업 IT컨설턴트, 노무사, 웹마스터, 은행출납 사무원, 증권 분석가, ERP개발·컨설팅 전문가, 공인회계사, 웹프로그래머, 전산직 공무원, 정보시스템 감리사

관련기관 한국정보화진흥원, 한국인터넷진흥원, 한국산업기술진흥원 등

057

관광경영학과

학과 소개

'굴뚝 없는 산업'이라 불리는 초부가가치 산업인 관광을 연구하는 분야로 관광산업 전반에 대한 이론 수업과 관광 사업체 방문 및 업계인사 초청 특강 등 실무 중심의 수업을 통해 관광산업에 필요한 고급 인력을 키워내는 학과입니다. 미래 문화생활 패턴을 선도하는 관광 전문 경영인, 한국의 매력을 창출하고 홍보하는 민간 외교관을 양성하는 교육 목표를 가지고 있습니다.

관련학과

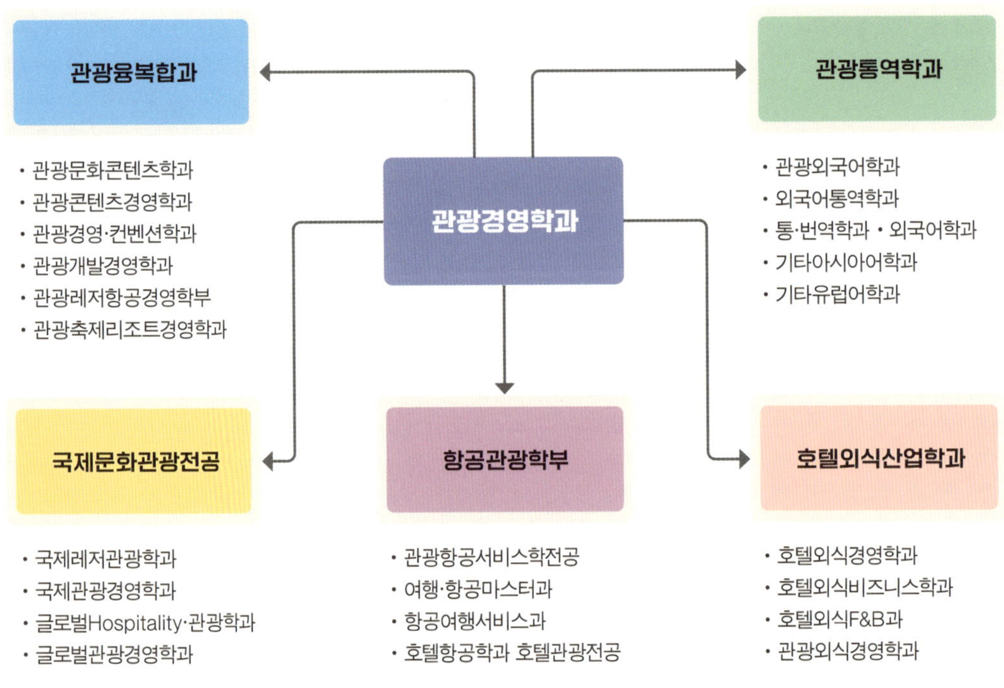

주요 교과목 관광경제론, 관광법규, 호텔회계, 여가산업론, 관광자원론 등의 교과목을 공부합니다.

<table>
<tr>
<td>

**진로 탐색과
준비,
이렇게 하세요**

</td>
<td>

1. 신문을 꾸준히 읽으며 관광 관련 주요 이슈를 살펴보면 좋습니다.
2. 금융기관이 주최하는 경제캠프, 경제박람회, 청소년 경제 강좌 등에 참여하면 은행, 화폐, 시장경제 원리, 저축과 투자, 신용관리를 알아볼 수 있습니다.
3. 관광캠프, 관광박람회, 대학 학과체험 등에 참여하면 관광 관련 지식과 필요한 기술, 미래의 관광을 알아볼 수 있습니다.

</td>
</tr>
<tr>
<td>

**고교학점제
준비,
이렇게 하세요**

</td>
<td>

공통	공통수학 1·2, 공통영어 1·2, 통합사회 1·2 등
일반 선택	수학 교과: 대수, 미적분 I, 확률과 통계 영어 교과: 영어 I·II, 영어 독해와 작문 사회 교과: 세계시민과 지리, 사회와 문화, 현대사회와 윤리 정보 교과: 정보 교양 교과: 생태와 환경
진로 선택	직무 수학, 경제 수학, 직무 영어, 법과 사회, 경제, 윤리와 사상, 국제 관계의 이해, 한국지리 탐구, 데이터 과학
융합 선택	실용 통계, 수학과제 탐구, 실생활 영어 회화, 세계 문화와 영어, 여행지리, 사회문제 탐구, 기후변화와 지속가능한 세계, 금융과 경제생활

</td>
</tr>
</table>

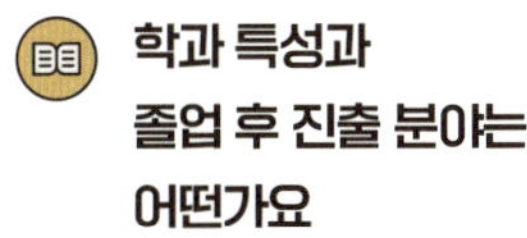 **학과 특성과 졸업 후 진출 분야는 어떤가요**

① 글로벌화와 교통시설의 발달로 이제 여행은 하나의 필수 생활문화로 자리 잡고 있으며 이에 맞추어 관광산업에 대한 관심 역시 증가하고 있습니다. 관광경영학과는 단순히 볼거리 위주의 여행 안내에서 벗어나서 호텔, 여행사, 리조트, 테마파크, 컨벤션, 카지노 등을 복합적으로 경영할 수 있도록 경영 및 개발, 관리 이론과 기술적 내용, 관광 정책, 관광 자원, 국제 관광 진흥, 관광 법규, 관광 경제학, 여가생활까지 총체적으로 교육하고 있습니다.

② 졸업하면 일반 기업체, 호텔 및 관광산업 업체, 국내 및 해외 기업의 관광산업 분야로 진출할 수 있습니다. 또 관광산업 관련 국가나 민간 연구소, 중앙정부 및 지방자치단체 같은 공공기관에서 일할 수 있습니다.

 **어떤 흥미와 적성이 필요하나요**

① 무엇보다 여행을 좋아하고 여행산업에 흥미를 가지고 있어야 합니다.
② 지속 가능한 관광의 개념과 방법을 고민하며 외국어 사용 능력 역시 향상시켜야 합니다.
③ 관광과 관련된 다양한 정보의 분석을 위해 평소에 합리적, 논리적으로 생각하는 습관을 가지고 있으며 컴퓨터와 통계 활용 능력이 있으면 좋습니다.

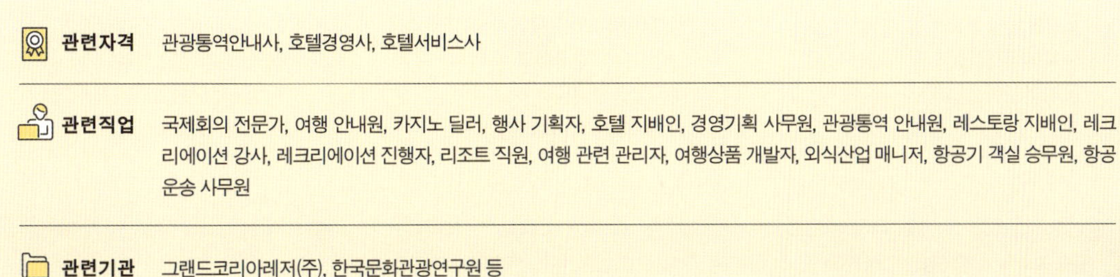

관련자격　관광통역안내사, 호텔경영사, 호텔서비스사

관련직업　국제회의 전문가, 여행 안내원, 카지노 딜러, 행사 기획자, 호텔 지배인, 경영기획 사무원, 관광통역 안내원, 레스토랑 지배인, 레크리에이션 강사, 레크리에이션 진행자, 리조트 직원, 여행 관련 관리자, 여행상품 개발자, 외식산업 매니저, 항공기 객실 승무원, 항공운송 사무원

관련기관　그랜드코리아레저(주), 한국문화관광연구원 등

058

국제통상학과

학과 소개
국가 간의 교류가 증가하고 세계가 하나의 생활권으로 변해가는 시대적 흐름에 따라 국제통상과 관련된 이론 체계를 제공해 급변하는 국제통상 환경에 대한 적응력을 높이기 위한 학과입니다. 상품 및 서비스 무역의 실무교육을 통해 상담 능력을 지닌 국제통상 전문가, 국제 환경에 적절히 대응 가능한 자질과 소양을 지닌 국제 비즈니스맨과 무역실무 전문가를 양성합니다.

관련학과

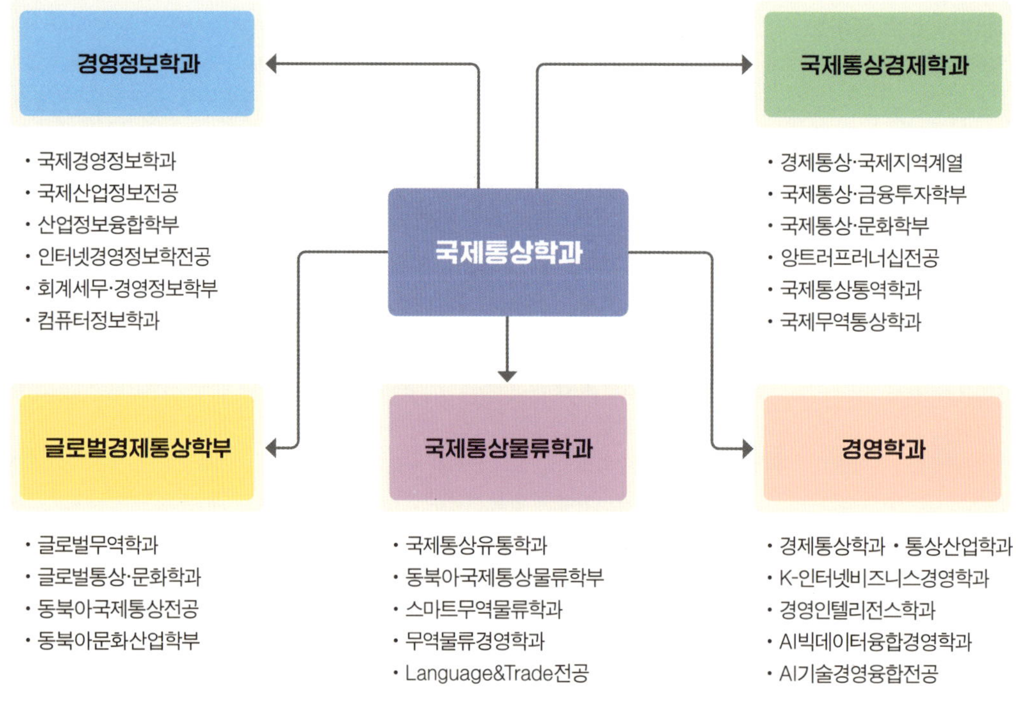

주요 교과목 국제경영학, 국제무역론, 상사중재론, 국제통상교섭론, 무역상무론 등의 교과목을 공부합니다.

진로 탐색과 준비, 이렇게 하세요	1. 경제신문이나 뉴스 등을 접할 때 나라와 나라 사이의 교류에 관심을 가지고 경제와 국제 통상 관련 주요 이슈를 살펴보면 좋습니다. 2. 국제통상 관련 캠프, 국제통상 관련 박람회, 대학 학과체험 등에 참여하면 국제통상 관련 지식과 필요한 기술, 미래의 국제통상을 알아볼 수 있습니다.

고교학점제 준비, 이렇게 하세요

공통	공통수학 1·2, 공통영어 1·2, 통합사회 1·2 등
일반 선택	**수학 교과:** 대수, 미적분 I, 확률과 통계 **영어 교과:** 영어 I·II, 영어 독해와 작문 **사회 교과:** 세계시민과 지리, 사회와 문화, 현대사회와 윤리 **정보 교과:** 정보 **제2외국어 교과:** 독일어, 프랑스어, 스페인어 등
진로 선택	미적분 II, 기하, 경제 수학, 영어 발표와 토론, 법과 사회, 윤리와 사상, 경제, 국제 관계의 이해, 제2외국어 회화, 인공지능 기초, 데이터 과학
융합 선택	실용 통계, 수학과제 탐구, 실생활 영어 회화, 세계 문화와 영어, 사회문제 탐구, 금융과 경제생활, 제2외국어권 문화, 지식 재산 일반

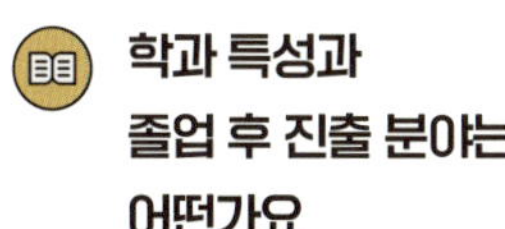

학과 특성과 졸업 후 진출 분야는 어떤가요

① 국제 경제 및 경영 현상을 올바로 파악하게 하고, 기업의 글로벌화와 시장 개방의 과정에서 필연적으로 겪게 되는 문화 갈등, 언어, 관습, 환율 및 무역 이슈를 중점적으로 교육함으로써, 글로벌 경영인의 소양과 자질을 배양하여 새로운 국제화 시대와 지역사회의 요구에 부응하는 글로벌 전문인력을 양성하고 있습니다.

② 졸업하면 일반 기업체, 은행, 증권사, 자산 운용사, 종합 금융사, 보험회사, 카드회사, 컨설팅 회사, 무역회사, 회계법인, 노무법인, 리서치 회사, 신문사, 잡지사, 방송국 등의 기업 및 산업체로 진출할 수 있습니다. 또 국제통상이나 사회과학 관련 국가나 민간 연구소, 금융·재무 관련 중앙정부 및 지방자치단체 같은 공공기관에서 활약할 수도 있습니다.

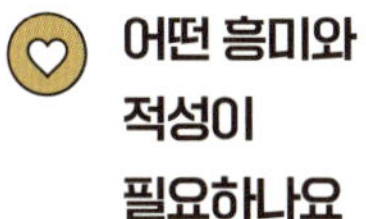

어떤 흥미와 적성이 필요하나요

① 중·고등학생 때부터 다양한 경제 활동 모습을 살펴보는 것에 흥미가 있었다면 유리합니다.

② 사회현상의 토대인 경제에 대한 관심과 흥미, 이해력이 높으며 현대 경제를 지배하는 '세계화'를 알려고 하는 노력이 필요합니다.

③ 외국어 학습에 기초적인 소양이 있는 학생에게 적합합니다. 언어 구조를 공부할 수 있는 기본적인 언어 감각과 논리적 사고력, 분석력을 갖추었다면 도움이 됩니다.

관련자격　경영지도사, 관세사, 물류관리사, 유통관리사

관련직업　경영 컨설턴트, 관세사, 외교관, 외환딜러, 투자분석가(애널리스트), M&A 전문가(기업인수합병 전문가)

관련기관　한국조폐공사, 대한무역투자진흥공사 등

059

금융보험학과

학과 소개 금융보험산업 또는 금융 현상에 대한 이해를 위해 금융거래에 있어서의 독특한 메커니즘, 금융상품이 지닌 의미, 금융상품의 가치판단, 금융거래상의 정보화를 학습하는 학과입니다. 경제적 지식을 기초로 하여 돈과 보험에 관련된 상품·서비스를 배워 최고의 금융보험 전문가를 양성하는 것을 교육목표로 삼고 있습니다.

📖 관련학과

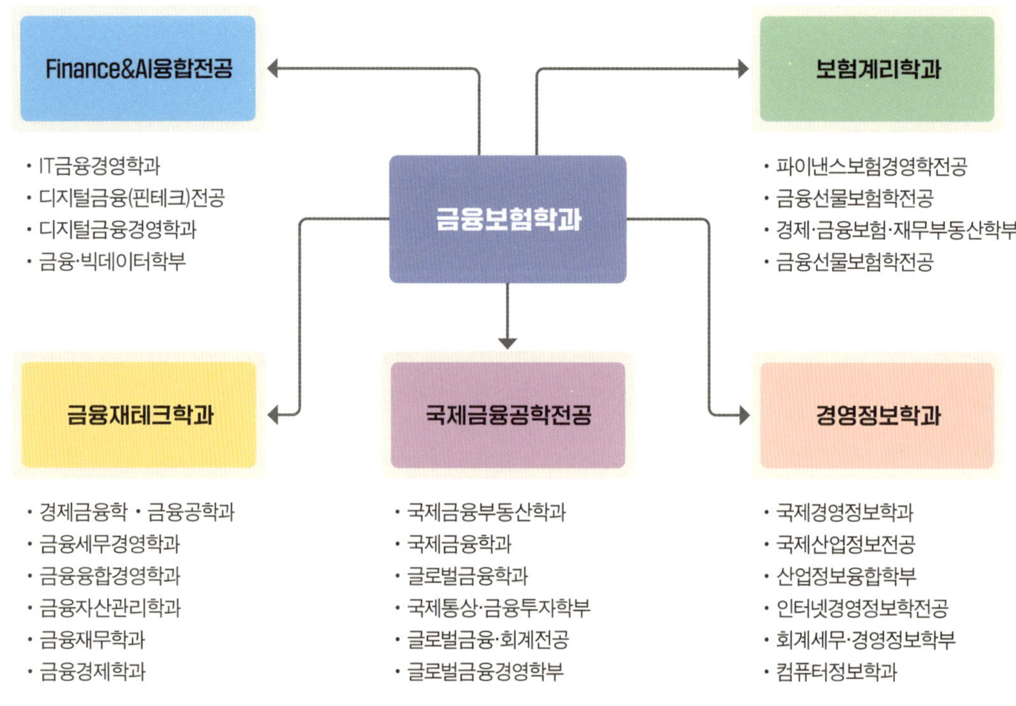

📱 **주요 교과목** 금융법규론, 금융시장론, 보험경영론, 위험관리론, 보험계약법 등의 교과목을 공부합니다.

진로 탐색과 준비, 이렇게 하세요	1. 금융보험의 주요 이슈에 관심을 가지고 경제신문이나 뉴스를 살펴보면 좋습니다. 2. 금융보험캠프, 금융보험박람회, 대학 학과체험 등에 참여하면 금융보험 관련 지식과 필요한 기술, 미래의 금융보험을 알아볼 수 있습니다.

고교학점제 준비, 이렇게 하세요	**공통** 공통수학 1·2, 공통영어 1·2, 통합사회 1·2 등
	일반 선택 수학 교과: 대수, 미적분 I, 확률과 통계
	영어 교과: 영어 I·II, 영어 독해와 작문
	사회 교과: 사회와 문화, 현대사회와 윤리
	정보 교과: 정보
	진로 선택 기하, 경제 수학, 법과 사회, 윤리와 사상, 국제 관계의 이해, 인공지능 기초, 경제, 데이터 과학
	융합 선택 실용 통계, 수학과제 탐구, 사회문제 탐구, 금융과 경제생활

학과 특성과 졸업 후 진출 분야는 어떤가요

① 금융보험학과는 경제학·경영학과 밀접한 관련이 있기에 연관된 기초 지식을 배우고, 금융보험의 세부 내용을 심화 학습하는 경우가 많습니다. 무엇보다 사회가 복잡해지고, 재테크의 수단도 늘어나면서 금융보험 관련 전문 지식의 중요성이 증대되고 있습니다. 금융·보험 관련 자격증 취득을 통해 금융기관 및 기업체에서 전문가로 활동할 수 있어 학과의 전망은 밝은 편입니다.

② 졸업하면 일반 기업체, 은행, 증권사, 자산 운용사, 종합 금융사, 보험회사, 카드회사, 컨설팅 회사, 무역회사, 회계법인, 노무법인, 리서치 회사, 신문사, 잡지사, 방송국 등으로 진출할 수 있습니다. 또 경영·경제·사회과학 관련 국가나 민간 연구소, 금융·보험 관련 중앙정부 및 지방자치단체 같은 공공기관에서 일할 수 있습니다.

어떤 흥미와 적성이 필요하나요

① 평소에 재테크에 관심이 있거나 여러 금융 상품에 대한 광고, 홍보물을 유심히 보며 호기심을 가진 경험이 있다면 이 학과에 흥미를 느낄 만합니다.

② 기본적으로 돈과 숫자를 다루기에 수치에 밝아야 하며 계산 능력도 뛰어나야 합니다.

③ 여러 수치를 정확히 처리할 수 있는 꼼꼼한 성격과 성실성을 가지고 있다면 금상첨화라고 할 수 있습니다.

관련자격 공인회계사, 국제금융역(CIFS), 보험계리사, 보험중개사, 세무사, 세무회계, 손해사정사, 신용관리사, 신용분석사, 신용위험분석사(CRA), 여신심사역, 외환전문역, 자산관리사(FP), 재경관리사, 전산세무회계, 전산회계운용사, 회계관리

관련직업 감정평가사, 경영 컨설턴트, 경제학 연구원, 부동산 중개인, 세무사, 손해사정사, 증권중개인, 회계사, 회계 사무원, 금융 관련 사무원, 금융 자산 운용가, 보험계리사, 보험 관리자, 보험 대리인 및 중개인, 보험인수 심사원, 부동산신탁 관리원, 부동산 펀드 매니저, 손해사정인, 신용분석가, 영업관리 사무원, 은행원

관련기관 한국조폐공사, 대한무역투자진흥공사 등

060

농업경제학과

학과 소개

농업과 관련하여 발생하는 여러 경제 현상을 탐구하여 농업 발전과 제조업 및 서비스업 등 여타 부분과의 연결성을 고찰하는 학과입니다. 경제학의 여러 이론을 농업 및 농촌사회 분야에 적용시켜 동 분야의 문제 해결에 필요한 전문 지식을 가르치고 학생의 역량을 길러 앞으로 우리 농업·농촌·농민의 삶의 질 향상에 기여하고자 합니다.

관련학과

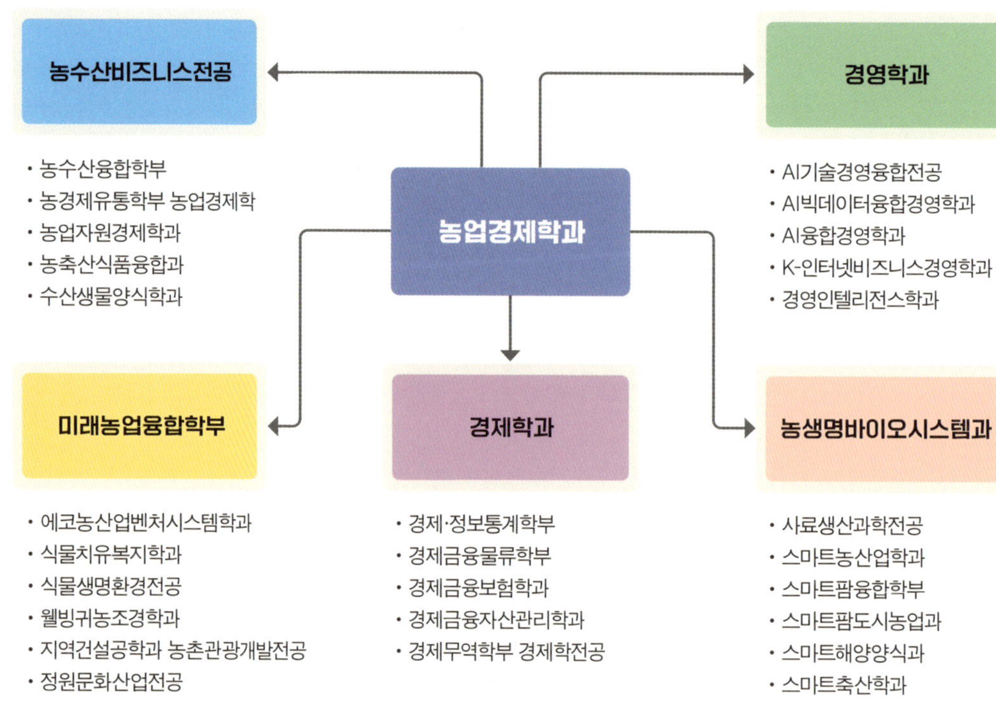

농수산비즈니스전공
- 농수산융합학부
- 농경제유통학부 농업경제학
- 농업자원경제학과
- 농축산식품융합과
- 수산생물양식학과

경영학과
- AI기술경영융합전공
- AI빅데이터융합경영학과
- AI융합경영학과
- K-인터넷비즈니스경영학과
- 경영인텔리전스학과

미래농업융합학부
- 에코농산업벤처시스템학과
- 식물치유복지학과
- 식물생명환경전공
- 웰빙귀농조경학과
- 지역건설공학과 농촌관광개발전공
- 정원문화산업전공

경제학과
- 경제·정보통계학부
- 경제금융물류학부
- 경제금융보험학과
- 경제금융자산관리학과
- 경제무역학부 경제학전공

농생명바이오시스템과
- 사료생산과학전공
- 스마트농산업학과
- 스마트팜융합학부
- 스마트팜도시농업과
- 스마트해양양식과
- 스마트축산학과

주요 교과목 농산물 유통론, 농업경영학, 농업경제학, 농업발전론, 농촌조사방법론 등의 교과목을 공부합니다.

<table>
<tr><td>

**진로 탐색과
준비,
이렇게 하세요**

</td><td>

1. 농촌이나 어촌 현장 체험을 통해 농어업 자원의 실태와 농어업 식품산업에 필요한 기술을 알아볼 수 있습니다.
2. 농업기술센터, 농업기술박람회, 농업 체험 학습 등에 참여하면 농업 관련 지식과 필요한 기술, 미래 농업을 알아볼 수 있습니다.

</td></tr>
</table>

**고교학점제
준비,
이렇게 하세요**

공통	공통수학 1·2, 통합사회 1·2, 통합과학 1·2 등
일반 선택	수학 교과: 대수, 미적분 I, 확률과 통계 사회 교과: 세계시민과 지리, 사회와 문화, 현대사회와 윤리 과학 교과: 화학, 생명과학 정보 교과: 정보 교양 교과: 생태와 환경
진로 선택	경제 수학, 한국지리 탐구, 경제, 화학 반응의 세계, 세포와 물질대사, 생물의 유전, 인공지능 기초, 데이터 과학, 인간과 심리
융합 선택	실용 통계, 수학과제 탐구, 사회문제 탐구, 융합과학 탐구, 금융과 경제생활

**학과 특성과
졸업 후 진출 분야는
어떤가요**

① 농업경제학과에서는 농업 및 농촌의 경영방식과 위험 관리, 농산물 유통 과정의 문제점 해결 및 효율성을 극대화하기 위해 노력하며, 농촌관광에도 주목하고 있습니다. 또 농민의 복지증 진과 국민의 식량 안전, 더 넓게 지구촌 에너지 절감을 위한 방안을 탐구합니다. 더불어 환경 자원 개발·관리를 경제학 원리에 근거하여 분석하고 기후변화에 능동적으로 대처할 방안을 연구합니다.

② 졸업하면 자영농이 되어 직접 농사를 지을 수 있습니다. 또 농협 등 관련 금융기관이나 한국 농촌경제연구원, 농업·사회과학 관련 국가나 민간 연구소로 진출할 수 있습니다. 농경제 관련 중앙정부 및 지방자치단체 같은 공공기관에서 일할 수도 있습니다.

**어떤 흥미와
적성이
필요하나요**

① 평소 농업, 농촌, 농민을 이해하고 자연을 좋아하며 농촌 문제나 식량 문제, 가축 및 작물, 농 업기술 등에 관심이 있으면 이 학과에 지원해볼 만합니다.

② 농작물의 상태를 정확히 지각, 판별, 인식하는 능력이 필요하고 생명 현상을 정확하게 볼 수 있는 관찰력이나 분석력을 갖춰야 합니다.

③ 수리나 기초 과학 분야에 적성이 있고, 생물이나 화학 등 생화학적 기초가 튼튼하면 학과 공 부에 도움이 됩니다.

관련자격　감정평가사, 경영지도사, 관세사, 물류관리사, 유통관리사, 회계사

관련직업　경제학 연구원, 농업 기술자, 공무원, 국내외 대학이나 전문대학의 석·박사급 연구원 및 대학교수, 농경제 학자, 중·고등학교 교사

관련기관　농업과학기술원, 농업생명공학원, 한국농어촌공사, 한국농수산식품유통공사, 각 시·도 농업기술원, 환경정책평가연구원 등

061

마케팅경영과

| 학과 소개 | 마케팅과 소비자 행동에 대한 전문 지식을 활용하여 상품의 시장성, 소비자 취향, 잠재 구매 고객 등을 조사하며 효율적인 판매 전략을 계획하고 실행할 수 있는 유능한 전문 경영인을 양성하는 학과입니다. 기업 경영에서 마케팅의 중요성이 특히 강조되고 있는 상황에서 마케팅경영과는 고객 지향적인 경영을 위해 실무 능력을 갖춘 인재 양성을 교육 목표로 합니다. |

📖 관련학과

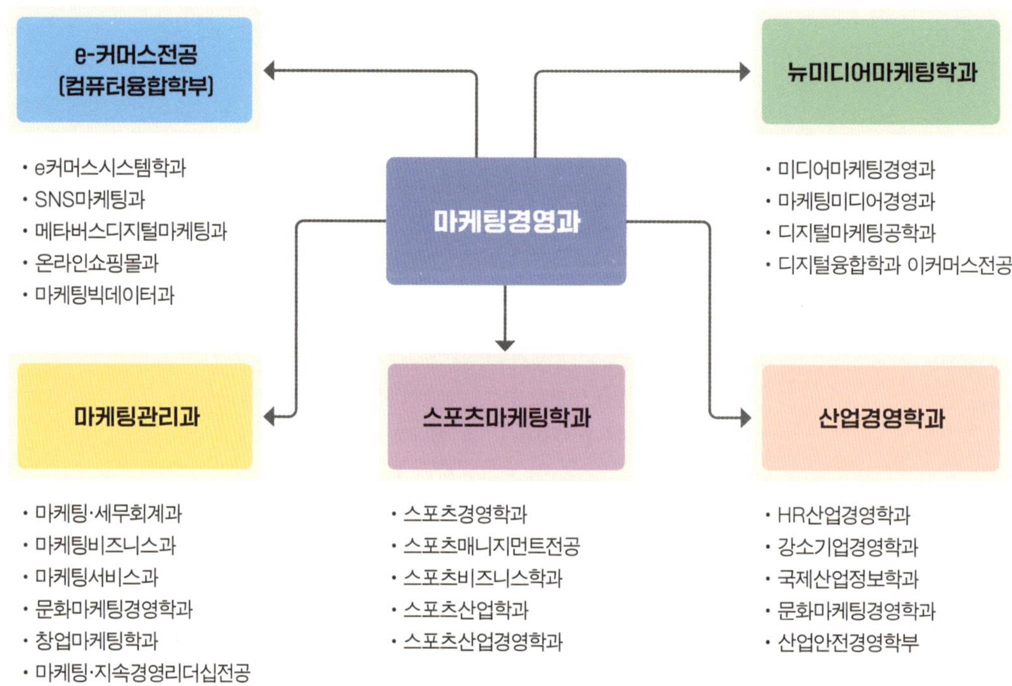

📱 **주요 교과목**　마케팅 원론, 경영학 원론, 마케팅관리, 마케팅조사, 유통관리 등의 교과목을 공부합니다.

<table>
<tr><td>

**진로 탐색과
준비,
이렇게 하세요**

</td><td>

1. 경제신문이나 뉴스 등을 접할 때마다 경제·경영의 주요 이슈에 관심을 가지고 살펴보면 좋습니다.
2. 금융기관이 주최하는 경제캠프, 경제박람회, 청소년 경제 강좌 등에 참여하면 은행, 화폐, 시장경제원리, 저축과 투자, 신용관리를 알아볼 수 있습니다.

</td></tr>
</table>

<table>
<tr><td>

**고교학점제
준비,
이렇게 하세요**

</td><td>

공통	공통수학 1·2, 공통영어 1·2, 통합사회 1·2 등
일반 선택	**수학 교과**: 대수, 미적분 I, 확률과 통계 **영어 교과**: 영어 I·II, 영어 독해와 작문 **사회 교과**: 현대사회와 윤리, 사회와 문화 **정보 교과**: 정보
진로 선택	기하, 경제 수학, 영어 발표와 토론, 법과 사회, 경제, 윤리와 사상, 국제 관계의 이해, 인공지능 기초, 데이터 과학
융합 선택	실용 통계, 수학과제 탐구, 실생활 영어 회화, 세계 문화와 영어, 사회문제 탐구, 금융과 경제생활, 인간과 경제활동, 지식 재산 일반

</td></tr>
</table>

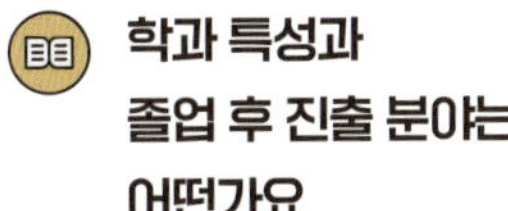 **학과 특성과
졸업 후 진출 분야는
어떤가요**

① 기업은 기본적으로 가치를 창출하는 활동을 수행하는데, 이에 요구되는 핵심 기능이 바로 마케팅이라고 할 수 있습니다. 여러 기업에서 마케팅 활동을 위해 시장 환경을 분석하고 고객 확보 전략을 수립하여 실행하는 마케팅 경영 전문가를 필요로 하고 있기에 마케팅경영과의 전망은 밝다고 할 수 있습니다.

② 졸업하면 일반 기업체, 은행, 무역회사, 증권회사, 자산 운용사, 종합 금융사, 보험회사, 컨설팅 회사, 회계법인, 노무법인, 리서치 회사 등으로 진출할 수 있습니다. 또 경제·경영 관련 국가나 민간 연구소, 중앙정부와 지방자치단체 같은 공공기관에서 일할 수도 있습니다.

**어떤 흥미와
적성이
필요하나요**

① 조직에서 팀워크를 이루어 목표를 세우고 성과를 높이는 것에 관심이 있다면 마케팅경영과에 흥미를 느낄 수 있습니다.

② 기본적으로 수치를 다루는 감각이 뛰어나고 경영 활동을 분석하는 것에 흥미가 있는 학생에게 적합합니다.

③ 조직의 목표 수립과 달성을 위해 마케팅 전략을 세워야 하므로 체계적인 분석 능력이 있어야 하며, 조직 안에서 협동할 수 있는 능력이 있으면 유리합니다.

관련자격	물류관리사, 유통관리사, 전자상거래관리사
 **관련직업**	마케팅 전문가, 바이어(구매인), 영업원, 전자상거래 전문가
 **관련기관**	산업통상자원부, 조달청, 중소벤처기업부, 대한무역투자진흥공사 등

062

무역학과

<table>
<tr><td>학과
소개</td><td>자원과 땅덩이가 부족한 우리나라가 단기간 내에 고도 성장을 이룰 수 있었던 주요 요인은 바로 무역이었습니다. 무역학과에서는 경제 발전에 중요한 무역에 대한 기본 이론과 실무를 가르칩니다. 국가 간 무역 이론과 상거래 이론을 바탕으로, 무역학과는 세계화 시대에 다양한 국가와의 대외 무역을 주도하며 국가 경제 발전에 이바지할 수 있는 인재를 배출합니다.</td></tr>
</table>

🗺 관련학과

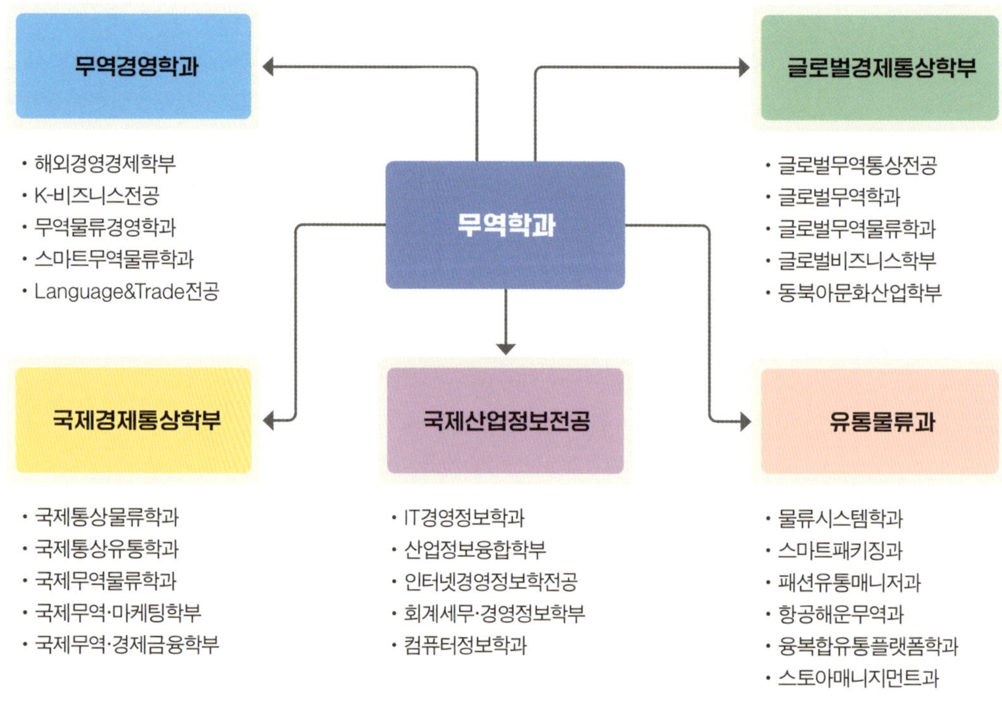

📖 **주요 교과목**　무역정책론, 무역영어, 국제마케팅, 국제금융론, 무역법규론 등의 교과목을 공부합니다.

<table>
<tr><td>진로 탐색과
준비,
이렇게 하세요</td><td>1. 경제신문이나 뉴스를 접할 때 경제·무역의 주요 이슈에 관심을 가지고 살펴보면 좋습니다.
2. 금융기관이 주최하는 경제캠프, 경제박람회, 청소년 경제 강좌 등에 참여하면 은행, 화폐, 시장경제원리, 저축과 투자, 신용관리를 알아볼 수 있습니다.</td></tr>
</table>

<table>
<tr><td rowspan="8">고교학점제
준비,
이렇게 하세요</td><td>공통</td><td>공통수학 1·2, 공통영어 1·2, 통합사회 1·2 등</td></tr>
<tr><td rowspan="5">일반 선택</td><td>수학 교과: 대수, 미적분 I, 확률과 통계</td></tr>
<tr><td>영어 교과: 영어 I·II, 영어 독해와 작문</td></tr>
<tr><td>사회 교과: 세계시민과 지리, 사회와 문화, 현대사회와 윤리</td></tr>
<tr><td>정보 교과: 정보</td></tr>
<tr><td>제2외국어 교과: 독일어, 프랑스어, 스페인어 등</td></tr>
<tr><td>진로 선택</td><td>경제 수학, 기하, 영어 발표와 토론, 한국지리 탐구, 정치, 법과 사회, 경제, 윤리와 사상, 국제 관계의 이해, 인공지능 기초, 데이터 과학, 제2외국어 회화</td></tr>
<tr><td>융합 선택</td><td>실용 통계, 수학과제 탐구, 실생활 영어 회화, 세계 문화와 영어, 사회문제 탐구, 금융과 경제생활, 인간과 경제생활, 지식 재산 일반, 제2외국어권 문화</td></tr>
</table>

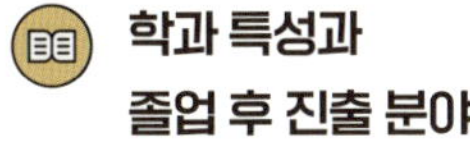 **학과 특성과 졸업 후 진출 분야는 어떤가요**

① 세계화와 정보화라는 시대적 요청에 부응하여 국제무역·국제금융·국제통상·국제경영·무역상무 및 전자무역 등에 관한 연구를 통해 국가 경쟁력 향상과 국가 경제 발전을 위한 인재를 양성하는 데 교육 목적을 두고 있습니다. 세계화·정보화 시대에 과학적으로 적응하는 능력을 갖출 수 있도록, 경제학의 기본 원리에서부터 국제경제학, 국제기업경영 및 무역실무에 이르기까지 이론과 실무에 걸쳐 다양하고 심도 있는 교과 과정을 공부합니다.

② 졸업하면 종합상사 등과 같은 무역회사, 해외 영업직, 유통회사, 물류회사, 해운회사, 해외 현지 회사 등으로 진출할 수 있습니다. 또 국제경제·무역·사회과학 관련 국가나 민간 연구소, 중앙정부 및 지방자치단체 같은 정부 및 금융·재무 관련 공공기관에서 일할 수 있습니다.

 **어떤 흥미와 적성이 필요하나요**

① 전 세계를 무대로 다양한 사업을 펼쳐보고 싶다면 관심을 가져볼 만합니다.

② 전 세계를 상대하기 위해서는 적극적이고 도전적인 성격 및 개척 정신이 필요합니다.

③ 영어, 중국어 등 기본적인 외국어 능력을 가지고 있으면 유리하고 스페인어, 포르투갈어 및 잠재적인 무역 대상 국가의 새로운 언어를 배우는 데 거부감이 없어야 합니다.

관련자격	경매사, 경영지도사, 관세사, 무역영어, 물류관리사, 보세사, 사회조사분석사, 유통관리사, 전자상거래관리사, 전자상거래운용사
관련직업	관세사, 물류관리사, 경매사, 국제무역사(한국무역협회), 국제무역 전문가, 전자상거래 전문가, 상품중개인, 해외 영업원
관련기관	한국조폐공사, 대한무역투자진흥공사 등

063

물류학과

학과 소개 생산에서 소비까지 필요한 물건이 적재적소로 빠르게 오고 가야 산업과 경제가 활력을 얻게 됩니다. 물류학과에서는 생산에서 소비까지 상품의 흐름을 경제적이고 효율적으로 관리하는 방법을 가르치며, 국내는 물론이고 해외로 이어지는 복잡한 물류 문제를 해결하여 체계적으로 설계하는 전문가를 양성하는 것을 교육 목표로 삼고 있습니다.

관련학과

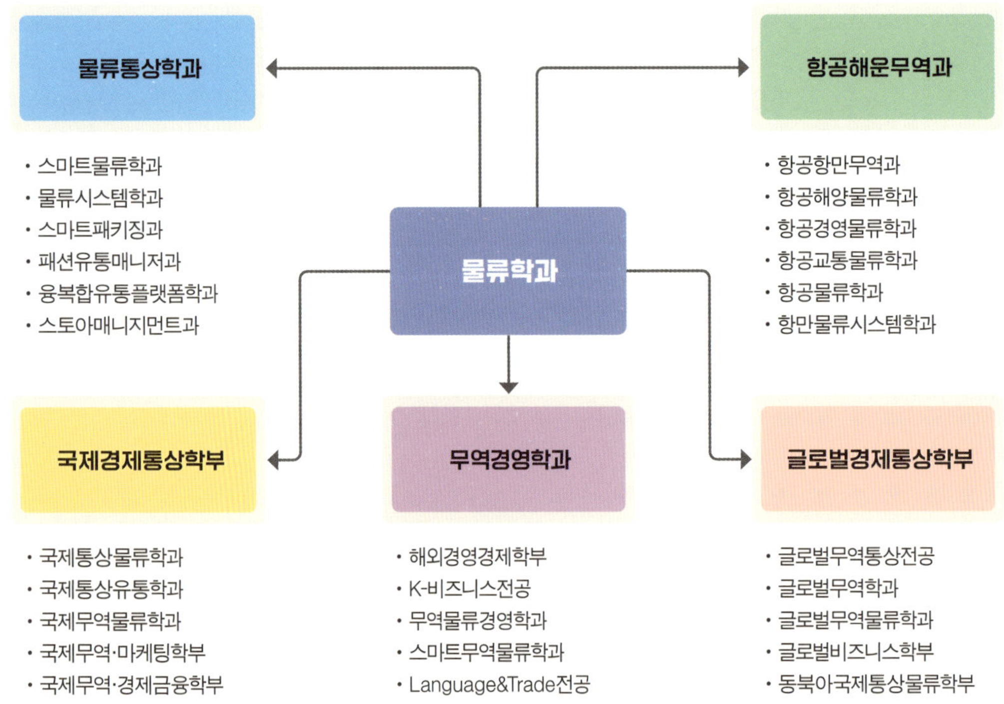

물류통상학과
- 스마트물류학과
- 물류시스템학과
- 스마트패키징과
- 패션유통매니저과
- 융복합유통플랫폼학과
- 스토아매니지먼트과

항공해운무역과
- 항공항만무역과
- 항공해양물류학과
- 항공경영물류학과
- 항공교통물류학과
- 항공물류학과
- 항만물류시스템학과

국제경제통상학부
- 국제통상물류학과
- 국제통상유통학과
- 국제무역물류학과
- 국제무역·마케팅학부
- 국제무역·경제금융학부

무역경영학과
- 해외경영경제학부
- K-비즈니스전공
- 무역물류경영학과
- 스마트무역물류학과
- Language&Trade전공

글로벌경제통상학부
- 글로벌무역통상전공
- 글로벌무역학과
- 글로벌무역물류학과
- 글로벌비즈니스학부
- 동북아국제통상물류학부

주요 교과목 물류수학, 물류정보시스템, 물류정책론, 물류영어, 국제운송론 등의 교과목을 공부합니다.

진로 탐색과 준비, 이렇게 하세요

1. 금융기관이 주최하는 경제캠프, 경제박람회, 청소년 경제 강좌 등에 참여하면 은행, 화폐, 시장경제원리, 저축과 투자, 신용관리를 알아볼 수 있습니다.
2. 물류 관련 캠프, 물류 관련 박람회, 대학 학과체험 등에 참여하면 물류 관련 지식과 필요한 기술, 미래의 물류를 알아볼 수 있습니다.

고교학점제 준비, 이렇게 하세요

| 공통 | 공통수학 1·2, 공통영어 1·2, 통합사회 1·2 등 |

| 일반 선택 | **수학 교과**: 대수, 미적분I, 확률과 통계 |

영어 교과: 영어 I·II, 영어 독해와 작문

사회 교과: 세계시민과 지리, 사회와 문화, 현대사회와 윤리

정보 교과: 정보

제2외국어 교과: 독일어, 프랑스어, 스페인어 등

| 진로 선택 | 경제 수학, 기하, 영어 발표와 토론, 한국지리 탐구, 정치, 법과 사회, 경제, 윤리와 사상, 국제 관계의 이해, 인공지능 기초, 데이터 과학, 제2외국어 회화 |

| 융합 선택 | 실용 통계, 수학과제 탐구, 실생활 영어 회화, 세계 문화와 영어, 사회문제 탐구, 금융과 경제생활, 인간과 경제생활, 지식 재산 일반, 제2외국어권 문화 |

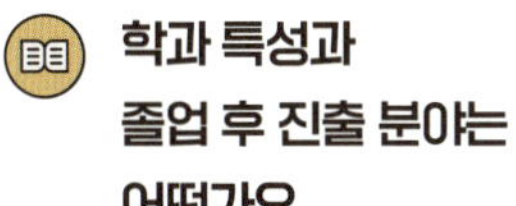

학과 특성과 졸업 후 진출 분야는 어떤가요

① 국내의 물류 기반은 어느 정도 갖추어져 있지만, 산업이 존재하는 한 꾸준히 물류시스템의 효율화가 요구됩니다. 특히 우리나라는 대외 무역의존도가 높아 해운 및 항공 물류시스템에 대한 전문인력의 수요가 지속될 것으로 여겨집니다.
② 졸업하면 물류 유통업체, 해운·항만·무역업체, 제조업체의 물류 부문, 글로벌 물류업체, 물류 컨설팅 업체 등으로 진출할 수 있습니다. 또 물류 및 유통 관련 국가나 민간 연구소, 중앙정부 및 지방자치단체 같은 물류·유통 관련 공공기관에서 일할 수도 있습니다.

어떤 흥미와 적성이 필요하나요

① 평소에 효율적인 이동 경로를 생각하는 것에 흥미가 있거나, 국내 및 해외의 곳곳을 이동하여 생활하는 것을 좋아한다면 이 학과에 관심을 가져볼 만합니다.
② 수학적 계산과 컴퓨터 조작에 필요한 기술을 갖고 있으면 학과 공부에 도움이 됩니다.
③ 국외 기업체에서 물류와 관련된 활동을 하기 위해서는 외국어 능력을 갖추는 게 유리합니다.

관련자격 국제공인생산재고관리사(CPIM), 물류관리사, 유통관리사, 판매관리사

관련직업 상품 중개인, 전자상거래 전문가, 국제 물류사, 머천다이저(MD), 물품 운반원

관련기관 대한무역투자진흥공사, 한국투자공사 등

064

벤처창업학과

학과 소개

벤처창업학은 혁신적인 기술이나 경영 기법을 기반으로 새로운 기업을 설립하여 성공적으로 성장시키는 데 초점을 맞춘 학문입니다. 대기업 중심의 기업 문화가 많은 문제점을 양산시키고 있는 현 시점에서 중소기업과 벤처창업 관련 지식을 제공해 기업 문제의 새로운 대안 체제를 모색하고 성공적으로 벤처를 창업하여 운영할 수 있는 전문가 양성에 교육 목표를 두고 있습니다.

관련학과

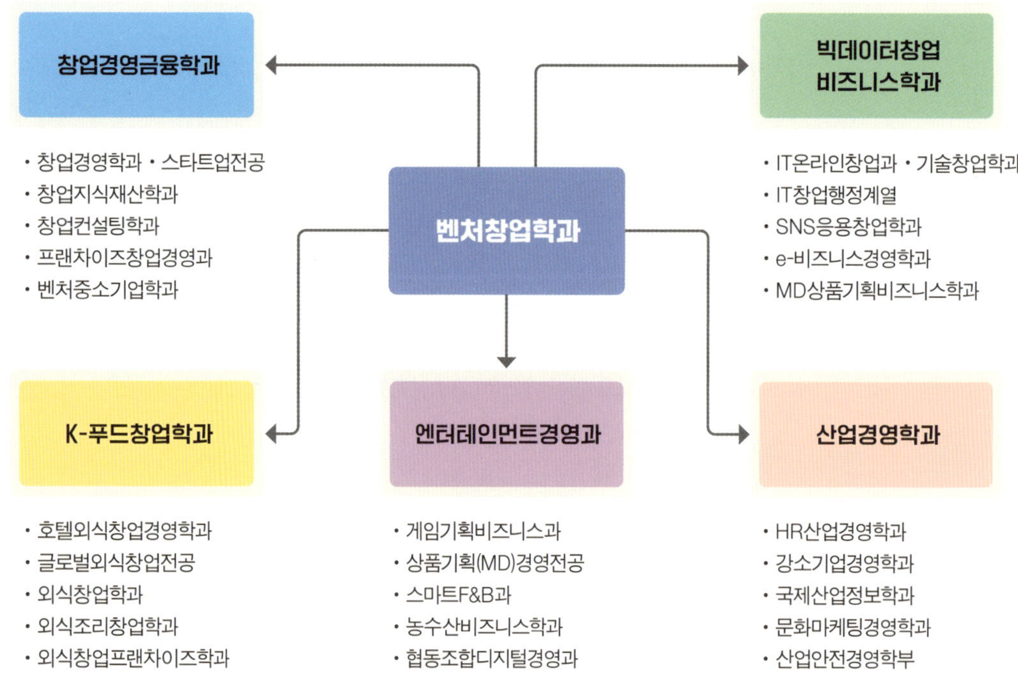

- 창업경영학과 · 스타트업전공
- 창업지식재산학과
- 창업컨설팅학과
- 프랜차이즈창업경영과
- 벤처중소기업학과

- IT온라인창업과 · 기술창업학과
- IT창업행정계열
- SNS응용창업학과
- e-비즈니스경영학과
- MD상품기획비즈니스학과

- 호텔외식창업경영학과
- 글로벌외식창업전공
- 외식창업학과
- 외식조리창업학과
- 외식창업프랜차이즈학과

- 게임기획비즈니스과
- 상품기획(MD)경영전공
- 스마트F&B과
- 농수산비즈니스학과
- 협동조합디지털경영과

- HR산업경영학과
- 강소기업경영학과
- 국제산업정보학과
- 문화마케팅경영학과
- 산업안전경영학부

주요 교과목 중소벤처경영론, 마케팅, 경제 원론, 경영학 원론, 회계원리 등의 교과목을 공부합니다.

<table>
<tr><td>진로 탐색과
준비,
이렇게 하세요</td><td>1. 경제신문을 구독하면서 주요 경제 이슈와 벤처창업 관련 내용을 살펴보면 좋습니다.
2. 글로벌 시장 탐방, 공유 멘토링, 창업 아카데미와 사업계획서 경진대회 지원, 벤처기업 인턴십 지원 등에 참여하면 벤처창업 관련 지식과 필요한 기술, 미래의 벤처창업을 알아볼 수 있습니다.</td></tr>
</table>

<table>
<tr><td rowspan="6">고교학점제
준비,
이렇게 하세요</td><td>공통</td><td>공통수학 1·2, 공통영어 1·2, 통합사회 1·2 등</td></tr>
<tr><td rowspan="4">일반 선택</td><td>수학 교과: 대수, 미적분 I, 확률과 통계</td></tr>
<tr><td>영어 교과: 영어 I·II, 영어 독해와 작문</td></tr>
<tr><td>사회 교과: 현대사회와 윤리, 사회와 문화</td></tr>
<tr><td>정보 교과: 정보</td></tr>
<tr><td>진로 선택</td><td>기하, 경제 수학, 영어 발표와 토론, 법과 사회, 경제, 윤리와 사상, 국제 관계의 이해, 인공지능 기초, 데이터 과학</td></tr>
<tr><td>융합 선택</td><td>실용 통계, 수학과제 탐구, 실생활 영어 회화, 세계 문화와 영어, 사회문제 탐구, 금융과 경제생활, 인간과 경제활동, 지식 재산 일반</td></tr>
</table>

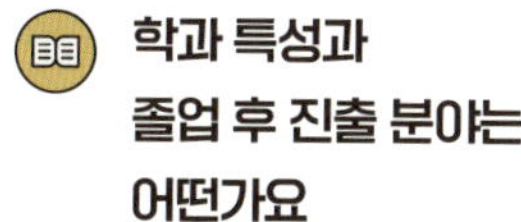

학과 특성과 졸업 후 진출 분야는 어떤가요

① 중소기업을 기반으로 한 국가 경쟁력 확보에 대한 중요성이 높아지면서 개설된 학과로 경영학, 회계학의 일반적인 이론을 토대로 벤처·중소기업 경영에 필요한 차별적인 경영 이론과 경영 현장에서 필요한 실무 지식을 학습하여 중소기업의 경영 환경 및 기술 환경을 습득할 수 있도록 합니다. 새로운 사업 기회 창출, 새 시장 개척, 상품 차별화 등에 초점을 맞추어 교육 프로그램을 제공하고 있습니다.

② 졸업하면 일반 기업체, 국내 및 해외의 벤처 및 중소기업 관련 분야로 진출할 수 있습니다. 또 벤처창업 및 중소기업·사회과학 관련 국가나 민간 연구소, 중앙정부 및 지방자치단체 같은 경영·창업 관련 공공기관에서 일할 수 있습니다.

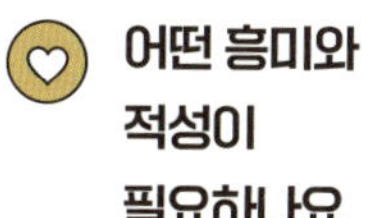

어떤 흥미와 적성이 필요하나요

① 새로운 분야에 대한 개척 정신이 강해야 합니다.

② 급변하는 경영 환경과 경영 패러다임 이해, 경영 현상에 대한 분석 능력, 경영 의사결정에 필요한 논리적이고 창의적인 사고 능력, 전략적 감각 등이 요구됩니다.

 **관련자격**　경영지도사, 유통관리사

 **관련직업**　전자상거래 전문가, 멀티미디어콘텐츠 제작 전문가, 웹마스터, 웹기획자

관련기관　기술보증기금, 중소기업진흥공단 등

065

부동산학과

학과 소개

부동산 시장의 개방, 부동산의 정보화, 실물시장과 자본시장의 통합화에 따라 부동산 전문가의 활동 영역이 세계적으로 넓어지고 있습니다. 부동산학과는 최근의 부동산 관련 시장의 변화에 발맞추어 부동산 경제·경영·개발·법·기술 등 다양한 분야를 종합적으로 연구·교육함으로써 부동산 통합 전문가들을 배출하는 데 교육 목표를 두고 있습니다.

관련학과

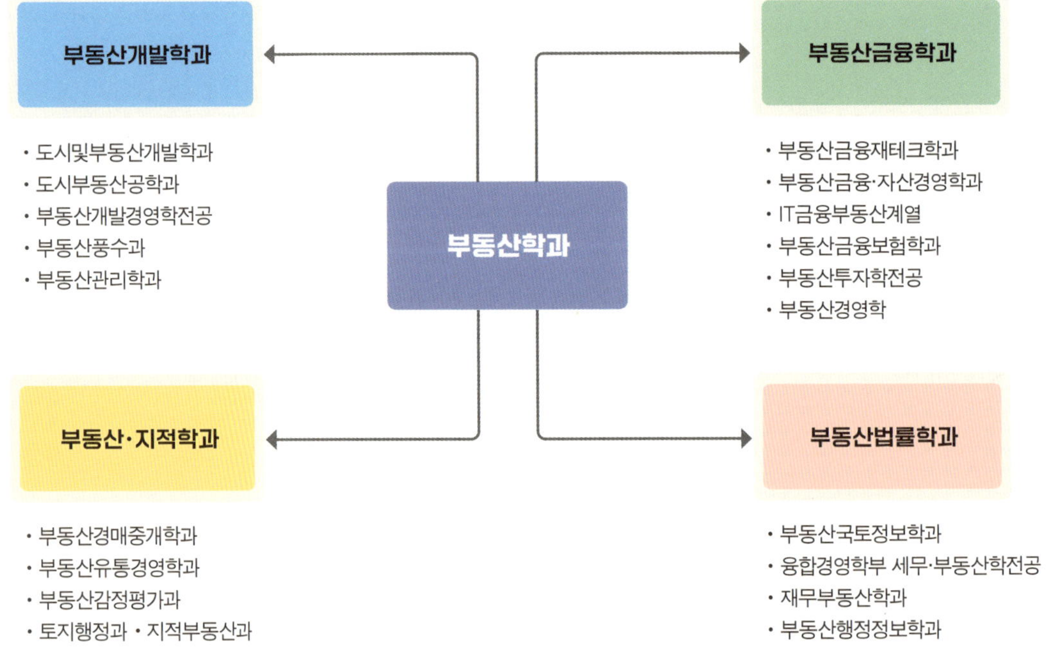

주요 교과목 입지컨설팅론, 부동산중개 및 마케팅론, 부동산금융론, 부동산세제, 토지정책론 등의 교과목을 공부합니다.

<table>
<tr>
<td>

**진로 탐색과
준비,
이렇게 하세요**

</td>
<td>

1. 경제신문을 구독하면서 주요 경제 이슈와 부동산 관련 내용을 꾸준히 살펴보면 좋습니다.
2. 금융기관이 주최하는 경제캠프, 청소년 경제 강좌에 참여하거나 경제박람회를 둘러보면 은행, 화폐, 시장경제원리, 저축과 투자, 신용관리를 알아볼 수 있습니다.
3. 부동산캠프, 부동산박람회, 대학 학과체험 등에 참여하면 부동산 관련 지식과 필요한 기술, 미래의 부동산을 알아볼 수 있습니다.

</td>
</tr>
</table>

**고교학점제
준비,
이렇게 하세요**

공통	공통수학 1·2, 통합사회 1·2 등
일반 선택	**수학 교과:** 대수, 미적분 I, 확률과 통계 **사회 교과:** 세계시민과 지리, 현대사회와 윤리 **정보 교과:** 정보 **교양 교과:** 생태와 환경
진로 선택	한국지리 탐구, 도시의 미래 탐구, 법과 사회, 경제, 경제 수학, 기하, 윤리와 사상, 데이터 과학
융합 선택	여행지리, 사회문제 탐구, 실용 통계, 수학과제 탐구, 금융과 경제생활, 인간과 경제활동

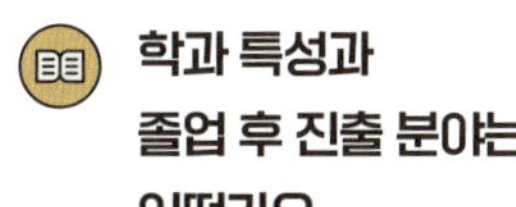

**학과 특성과
졸업 후 진출 분야는
어떤가요**

① 인간과 부동산 활동 간의 관계를 규명하고 부동산학의 이론 형성과 건전한 부동산 산업의 육성에 기여하기 위한 목적으로 설립되었습니다. 부동산 활동은 개인과 기업 및 국가 간의 경제 활동에서 중요한 역할을 합니다. 따라서 전문화된 고급 부동산 교육 과정은 토지의 이용과 개발, 투자 활동에서 경제성·안정성·형평성을 확보하기 위하여 꼭 필요합니다.

② 졸업하면 일반 기업체, 벤처, 국내 및 해외 기업 등에서 부동산 관련 분야로 진출할 수 있습니다. 또 부동산·사회과학 관련 국가나 민간 연구소, 중앙정부 및 지방자치단체의 부동산 관련 공공기관에서 일할 수 있습니다.

**어떤 흥미와
적성이
필요하나요**

① 국토의 균형적 성장과 발전뿐 아니라 지속 가능한 환경 보전에 대한 관심이 필요합니다.

② 마을과 도시재생, '마을 만들기'에 대한 관심이 필요합니다.

③ 공간에 대한 호기심 및 다양한 사회 이슈에 대해 종합적으로 사고하고 판단하는 능력이 중요합니다.

 **관련자격**   감정평가사, 경매사, 공인중개사, 주택관리사

 **관련직업**   감정평가사, 부동산 중개인, 투자분석가(애널리스트), 공무원, 교육행정 사무원, 금융 관련 사무원, 금융자산 운용가, 부동산 개발업자, 부동산 경매인, 부동산 및 임대업 관리자, 부동산 분양 사무원, 부동산 시설물 관리원, 부동산 신탁관리원, 부동산 임대 사무원, 부동산 정비사업 관리자, 부동산 컨설턴트, 부동산 펀드매니저

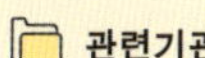 **관련기관**   한국주택금융공사, 한국국토정보공사 등

066

산업경영학과

학과 소개
기업과 관련된 경영 의사결정의 문제들을 과학적 분석 방법으로 해결하며 효율적이고 효과적인 의사결정을 내리기 위해 기술 문제와 경영 문제를 함께 검토·분석하는 학과입니다. 산업경영학과는 국제화 시대를 맞이하여 국가 산업 발전에 중추적 역할을 수행할 수 있는 이론과 실천적 지식을 겸비한 미래의 전문 관리자 양성에 교육 목표를 두고 있습니다.

관련학과

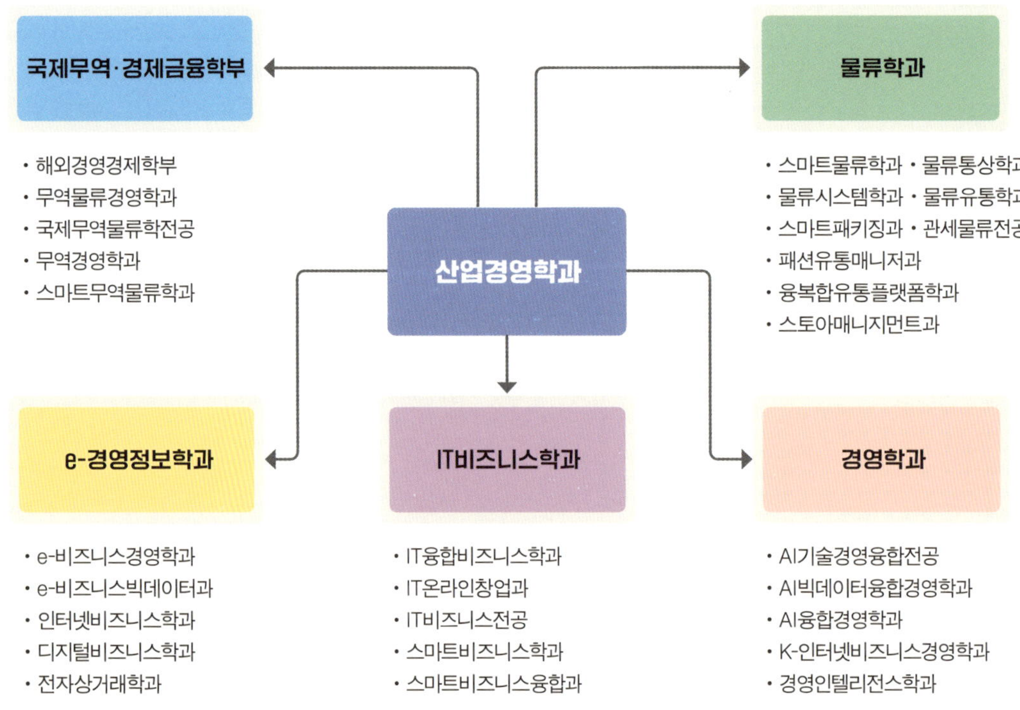

주요 교과목 산업심리학, 생산운영론, 물류관리론, 산업경영공학 개론, 산업회계 원론 등의 교과목을 공부합니다.

<table>
<tr><td>

**진로 탐색과
준비,
이렇게 하세요**

</td><td>

1. 경제신문을 구독하여 경제·산업경영 관련 주요 이슈를 꼼꼼하게 살펴보면 좋습니다.
2. 금융기관이 주최하는 경제 배우기 체험 활동인 경제캠프, 청소년 경제 강좌 등에 참여하고 경제박람회 등을 찾아가면 은행, 화폐, 시장경제원리, 저축과 투자, 신용관리를 알아볼 수 있습니다.

</td></tr>
</table>

<table>
<tr><td>

**고교학점제
준비,
이렇게 하세요**

</td><td>

| 공통 | 공통수학 1·2, 공통영어 1·2, 통합사회 1·2 등 |

일반 선택 수학 교과: 대수, 미적분 I, 확률과 통계

영어 교과: 영어 I·II, 영어 독해와 작문

사회 교과: 현대사회와 윤리, 사회와 문화

정보 교과: 정보

진로 선택 기하, 경제 수학, 법과 사회, 경제, 윤리와 사상, 국제 관계의 이해, 인공지능 기초, 데이터 과학

융합 선택 실용 통계, 수학과제 탐구, 금융과 경제생활, 사회문제 탐구, 인간과 경제활동, 지식 재산 일반

</td></tr>
</table>

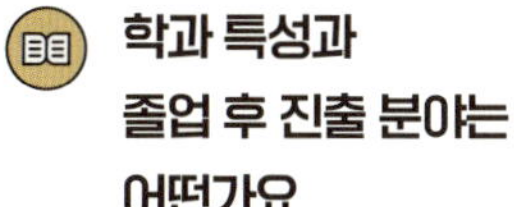

**학과 특성과
졸업 후 진출 분야는
어떤가요**

① 산업경영학과 졸업자는 세부 경영 분야에 대한 자질과 역량을 갖춤으로써 재직 기업에서는 관련 분야의 전문가로 성장할 수 있으며 다양한 공기업, 사기업의 해당 분야로 취업이 가능합니다.

② 경영 일반 분야의 경우 공인노무사, 사회조사분석사, 경영지도사 등의 자격증을 습득하여 전문가로 활동할 수 있으며, 재무 분야에서는 금융자산 관리사, 선물거래 상담사, 증권투자 상담사, 은행 및 보험사 등의 자산 관리사, 증권 분석사 등으로 일할 수 있습니다. 회계 분야에서는 공인회계사, 세무사, 감정평가사 등의 자격증 획득이 가능합니다.

**어떤 흥미와
적성이
필요하나요**

① 조직이나 단체를 조직하고 운영하는 것에 흥미를 가지면 좋습니다.

② 다양한 분야에서 일어나는 문제를 파악하고 이를 해결하기 위해 문제 분석 및 해결 능력, 창의적인 의사결정 능력이 필요합니다.

③ 다른 사람과의 커뮤니케이션 능력 및 리더십과 팀워크 능력 등이 있으면 유리합니다.

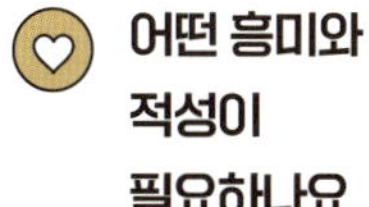

관련자격 6시그마전문가, 감정평가사, 경영지도사, 공인노무사, 공인회계사, 금융자산관리사, 물류관리사, 사회조사분석사, 산업안전기사, 생산재고관리사(CPIM), 선물거래상담사, 세무사, 인간공학기사, 자산관리사, 증권분석사, 증권투자상담사, 품질경영기사

관련직업 감정평가사, 세무사, 시스템운영 관리자, 경영지도사, 공인노무사, 공인회계사, 금융자산 관리사, 병원 관리자, 선물거래 상담사, 품질 관리원

관련기관 대한무역투자진흥공사, 한국산업단지공단 등

067

세무학과

학과 소개

회계학적 사고와 세법의 이론을 바탕으로 경제학·경영학·법학·전산학 등의 인접 학문을 연구하여 이를 세무 업무에 적용할 수 있는 세무 인력을 양성하기 위한 학과입니다. 돈과 관련된 상품·서비스에 대해 배우는 '금융', 기업 및 기관의 재무 상태 분석 및 자산 관리, 예산과 연관된 '회계', 개인이나 기업 및 기관이 내는 세금과 관련된 '세무' 등의 교육 과정이 있습니다.

관련학과

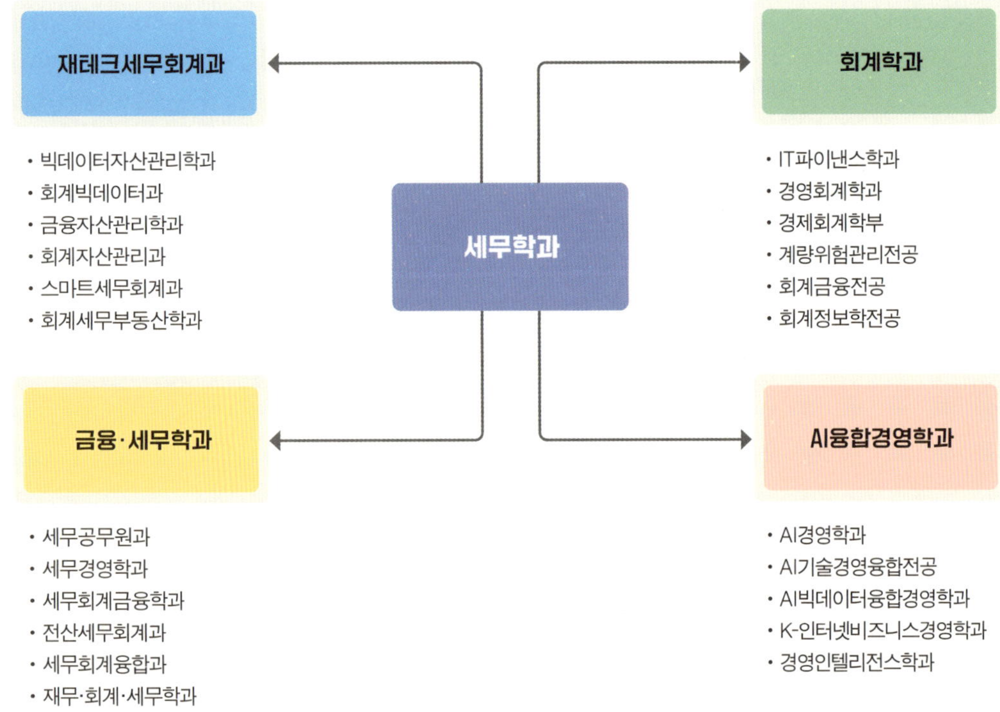

주요 교과목 비교조세법, 세무영어, 세무회계, 세법 총론, 세무학 개론 등의 교과목을 공부합니다.

<table>
<tr><td>

**진로 탐색과
준비,
이렇게 하세요**

</td><td>

1. 경제신문을 구독하여 경제·세무 관련 주요 이슈를 꼼꼼하게 살펴보면 좋습니다.
2. 금융기관이 주최하는 경제 배우기 체험 활동인 경제캠프, 청소년 경제 강좌 등에 참여하고 경제박람회 등을 찾아가면 은행, 화폐, 시장경제원리, 저축과 투자, 신용관리를 알아볼 수 있습니다.
3. 세무 관련 캠프, 세무 관련 박람회, 대학 학과체험 등에 참여하면 세무 관련 지식과 필요한 기술, 미래의 세무를 알아볼 수 있습니다.

</td></tr>
<tr><td>

**고교학점제
준비,
이렇게 하세요**

</td><td>

공통	공통수학 1·2, 공통영어 1·2, 통합사회 1·2 등
일반 선택	수학 교과: 대수, 미적분 I, 확률과 통계
	영어 교과: 영어 I·II, 영어 독해와 작문
	사회 교과: 현대사회와 윤리, 사회와 문화
	정보 교과: 정보
진로 선택	기하, 경제 수학, 법과 사회, 경제, 윤리와 사상, 국제 관계의 이해, 인공지능 기초, 데이터 과학
융합 선택	실용 통계, 수학과제 탐구, 금융과 경제생활, 사회문제 탐구, 인간과 경제활동, 지식 재산 일반

</td></tr>
</table>

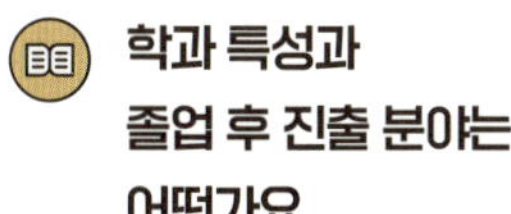 **학과 특성과
졸업 후 진출 분야는
어떤가요**

① 경제·경영학과와 밀접한 관련이 있어 관련된 기초 지식을 배우고, 세부 심화 학습으로 세무를 공부하는 경우가 많습니다. 사회가 복잡해지고, 재테크 수단도 늘어나면서 금융·회계·세무 관련 전문 지식의 중요성이 증대되고 있습니다. 따라서 학과의 전망은 밝은 편입니다.

② 졸업하면 일반 기업체, 은행, 증권사, 자산운용사, 종합 금융사, 보험회사, 카드회사, 컨설팅 회사, 무역회사, 회계법인, 노무법인, 리서치 회사, 신문사, 잡지사, 방송국 등으로 진출할 수 있습니다. 또 세무·사회과학 관련 국가나 민간 연구소, 중앙정부 및 지방자치단체의 금융·재무 관련 공공기관 등에서 일할 수 있습니다.

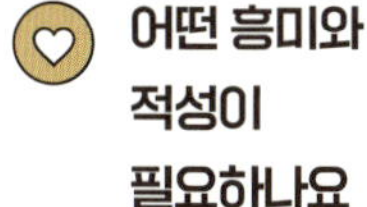 **어떤 흥미와
적성이
필요하나요**

① 평소에 재테크에 관심이 있거나 텔레비전 광고 등에서 여러 금융 상품에 대한 광고, 홍보물을 유심히 보며 호기심을 가진 경험이 있다면 이 학과에 흥미를 느낄 만합니다.

② 기본적으로 돈과 숫자를 다루기 때문에 수치에 밝아야 하며 계산 능력도 뛰어나야 합니다.

③ 여러 수치를 정확히 처리할 수 있는 꼼꼼한 성격을 가지고 있다면 금상첨화라고 할 수 있습니다.

관련자격 공인회계사, 국제금융역(CIFS), 보험계리사, 보험중개사, 세무사, 세무회계사, 손해사정사, 신용관리사, 신용분석사, 신용위험분석사(CRA), 여신심사역, 외환전문역, 자산관리사(FP), 재경관리사, 전산세무회계사, 전산회계운용사, 회계관리사

관련직업 감정평가사, 경영 컨설턴트, 세무사, 전문비서, 증권중개인, 투자분석가(애널리스트), 회계사, 회계 사무원, 경리 사무원, 공무원, 보험계리사, 신용 추심원, 은행원, 재무 관리자, 조세행정 사무원, 증권정보 제공원, 투자인수 심사원(투자언더라이터)

관련기관 국세청, 한국세무사회, 한국조폐공사, 대한무역투자진흥공사 등

068

스포츠마케팅학과

학과 소개

스포츠마케팅학은 스포츠를 이용하여 제품 판매 확대뿐 아니라 회사의 인지도를 높이고 이미지를 고양하는 효과를 얻도록 하는 기법을 공부하는 학문입니다. 스포츠마케팅학과에서는 스포츠 산업 현장에서 필요로 하는 경영 관리자와 마케팅 전문가로서의 실무 능력까지 갖춘 인재 양성에 교육 목표를 두고 있습니다.

관련학과

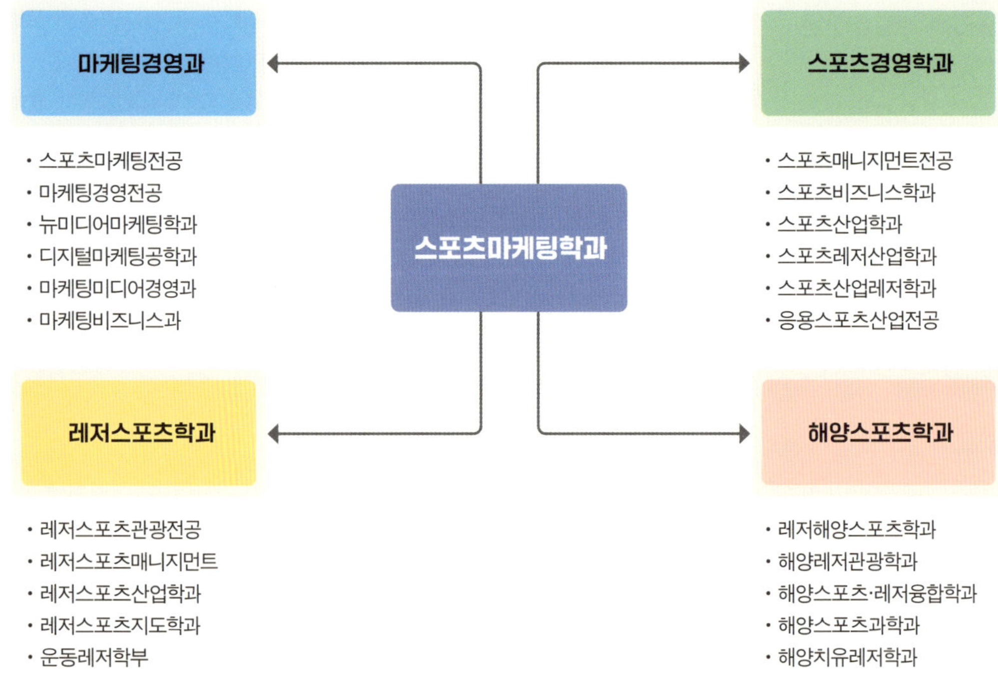

주요 교과목　스포츠마케팅, 스포츠와 법, 스포츠경영론, 스포츠산업론, 스포츠와 대중매체 등의 교과목을 공부합니다.

진로 탐색과 준비, 이렇게 하세요	
1.	경제신문을 구독하여 경제·스포츠 관련 주요 이슈를 꼼꼼하게 살펴보면 좋습니다.
2.	금융기관이 주최하는 경제캠프, 청소년 경제 강좌 등에 참여하고 경제박람회를 찾아가면 은행, 화폐, 시장경제원리, 저축과 투자, 신용관리를 알아볼 수 있습니다.
3.	스포츠마케팅 캠프, 스포츠마케팅 박람회, 대학 학과체험 등에 참여하면 스포츠마케팅 관련 지식과 필요한 기술, 미래의 스포츠마케팅을 알아볼 수 있습니다.

고교학점제 준비, 이렇게 하세요

공통	공통수학 1·2, 통합사회 1·2 등
일반 선택	수학 교과: 확률과 통계
	사회 교과: 현대사회와 윤리, 사회와 문화
	체육 교과: 체육 1·2
	정보 교과: 정보
진로 선택	경제 수학, 경제, 법과 사회, 인간과 심리, 운동과 건강, 스포츠 문화, 스포츠 과학, 데이터 과학
융합 선택	실용 통계, 수학과제 탐구, 사회문제 탐구, 금융과 경제생활, 스포츠 생활 1·2, 지식 재산 일반, 인간과 경제활동

학과 특성과 졸업 후 진출 분야는 어떤가요

① 단순한 볼거리를 제공하고 기업을 홍보하는 수단으로만 인식되었던 스포츠는 새로운 비즈니스 영역을 확보하고 독자적인 산업으로 인식되어 자체로 거대한 시장을 형성하고 있을 뿐만 아니라 발전 가능성이 매우 높은 산업으로서 지속적인 성장을 하고 있습니다. 이 학과는 기업 성장의 촉진 도구로써 스포츠가 가지는 중요성을 인식하면서 체계적인 관리를 통해 기업 이미지 제고 및 마케팅 활성화의 필요성을 부각시키고 있습니다.

② 졸업하면 스포츠 관련 기업체, 국내 및 해외 기업의 스포츠마케팅 분야로 진출할 수 있습니다. 또 스포츠마케팅·체육 관련 대학이나 국가·민간 연구소, 중앙정부 및 지방자치단체 등 스포츠마케팅 관련 공공기관에서 일할 수 있습니다.

어떤 흥미와 적성이 필요하나요

① 각종 스포츠를 즐기며 스포츠에 대한 정확한 이해 능력을 갖추어야 합니다.

② 다양한 문제 해결 능력과 글로벌 감각이 필요합니다.

③ 호기심이 많으며 적극적으로 탐구하려는 자세를 가진 사람에게 적합합니다. 또 개방적인 성향에 합리성이 요구됩니다.

관련자격 경기지도자, 래프팅자격증, 레크리에이션지도자, 생활체육지도사, 수상원동기자격증, 스킨스쿠버자격증, 스포츠경영관리사

관련직업 마케팅 전문가, 스포츠 에이전트, 스포츠 구단 프런트, 스포츠 심판, 스포츠 저널리스트 및 전문 스포츠 방송국 기자, 스포츠 컨설턴트

관련기관 태권도진흥재단, 한국체육산업개발(주) 등

069

유통학과

학과 소개

상품과 서비스가 여러 사람을 거쳐 소비자에게 전달되는 과정, 즉 생산과 소비를 이어주는 중간 기능으로, 생산품의 사회적 이동에 관계되는 모든 경제 활동을 다루는 학과입니다. 유통학과는 국제무역 질서와 유통시장의 완전 개방으로 국경 없는 경쟁이 강화되는 시대를 맞이하여 그 중요성이 더욱 확대되고 있습니다.

관련학과

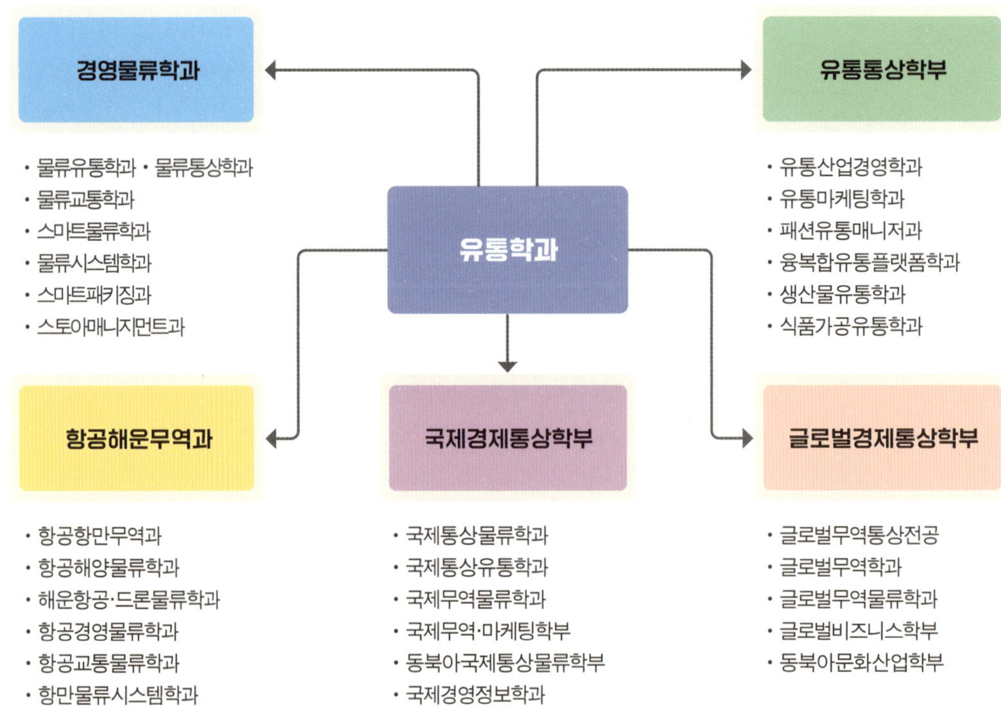

주요 교과목 국제물류산업론, 유통론, 물류법규, 유통관리론, 무역업무론 등의 교과목을 공부합니다.

<table>
<tr><td>

**진로 탐색과
준비,
이렇게 하세요**

</td><td>

1. 경제신문을 구독하여 경제·유통 관련 주요 이슈를 꼼꼼하게 살펴보면 좋습니다.
2. 유통 관련 캠프, 유통 관련 박람회, 대학 학과체험 등에 참여하면 유통 관련 지식과 필요한 기술, 미래의 유통을 알아볼 수 있습니다.

</td></tr>
</table>

<table>
<tr><td>

**고교학점제
준비,
이렇게 하세요**

</td><td>

공통	공통수학 1·2, 공통영어 1·2, 통합사회 1·2 등
일반 선택	**수학 교과:** 대수, 미적분Ⅰ, 확률과 통계
	영어 교과: 영어Ⅰ·Ⅱ, 영어 독해와 작문
	사회 교과: 세계시민과 지리, 사회와 문화, 현대사회와 윤리
	정보 교과: 정보
	제2외국어 교과: 독일어, 프랑스어, 스페인어 등
진로선택	경제 수학, 기하, 영어 발표와 토론, 한국지리 탐구, 정치, 법과 사회, 경제, 윤리와 사상, 국제 관계의 이해, 인공지능 기초, 데이터 과학, 제2외국어 회화
융합 선택	실용 통계, 수학과제 탐구, 실생활 영어 회화, 세계 문화와 영어, 사회문제 탐구, 금융과 경제생활, 인간과 경제생활, 지식 재산 일반, 제2외국어권 문화

</td></tr>
</table>

 **학과 특성과
졸업 후 진출 분야는
어떤가요**

① 국제통상의 실제와 유기적으로 관련된 이론적 체계를 제공하는 교육 과정을 통하여 급변하는 국제통상 환경에 대한 적응력 향상에 집중합니다. 유통학과는 상품 및 서비스 무역의 실무 교육을 통해 상담 능력을 지닌 국제통상 전문가를 배출합니다. 또 국제 환경에 적절히 대응할 수 있는 자질과 소양을 지닌 국제 비즈니스맨과 무역 실무 전문가를 양성합니다.

② 졸업하면 유통업체, 해운·항만·무역업체, 제조업체의 유통 부문, 글로벌 유통업체, 유통 컨설팅 업체 등으로 진출할 수 있습니다. 또 유통 관련 국가나 민간 연구소, 정부의 물류 관련 부서, 물류·유통 관련 공공기관에서 일할 수 있습니다.

**어떤 흥미와
적성이
필요하나요**

① 전 세계를 무대로 다양한 사업을 펼쳐보고 싶은 생각이 있으며 적극적이고 도전적인 성격 및 개척 정신을 가지고 있어야 합니다.

② 영어·중국어 등 기본적인 외국어 능력을 가지고 있으면 유리하고, 스페인어·포르투갈어 및 잠재적인 무역 대상 국가의 새로운 언어를 배우는 데 거부감이 없는 사람에게 좋습니다.

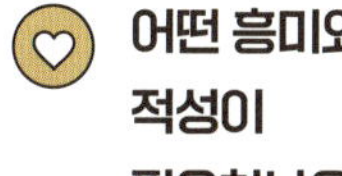

관련자격 경영지도사, 관세사, 물류관리사, 유통관리사

관련직업 관세사, 바이어(구매인), 상품 중개인, 경매사, 국제무역사(한국무역협회), 국제무역 전문가, 머천다이저(MD), 사회조사 분석사, 전자상거래 관리사, 판매 관리사, 해외 영업원

관련기관 대한무역투자진흥공사, 한국수출입은행, 한국투자공사 등

070

의료경영학과

학과 소개

의료경영학과는 보건의료 시장의 세계화·개방화에 대비하여 국내 의료산업의 경쟁력 강화에 기여할 병원 경영 관련 전문인력 양성을 목표로 효율적인 병원 경영을 지원하는 다기능 인력을 양성합니다. 또 조직의 가치를 창출하는 주인의식을 지닌 직업관의 소유자를 키워내는 것을 교육 목적으로 하고 있습니다.

관련학과

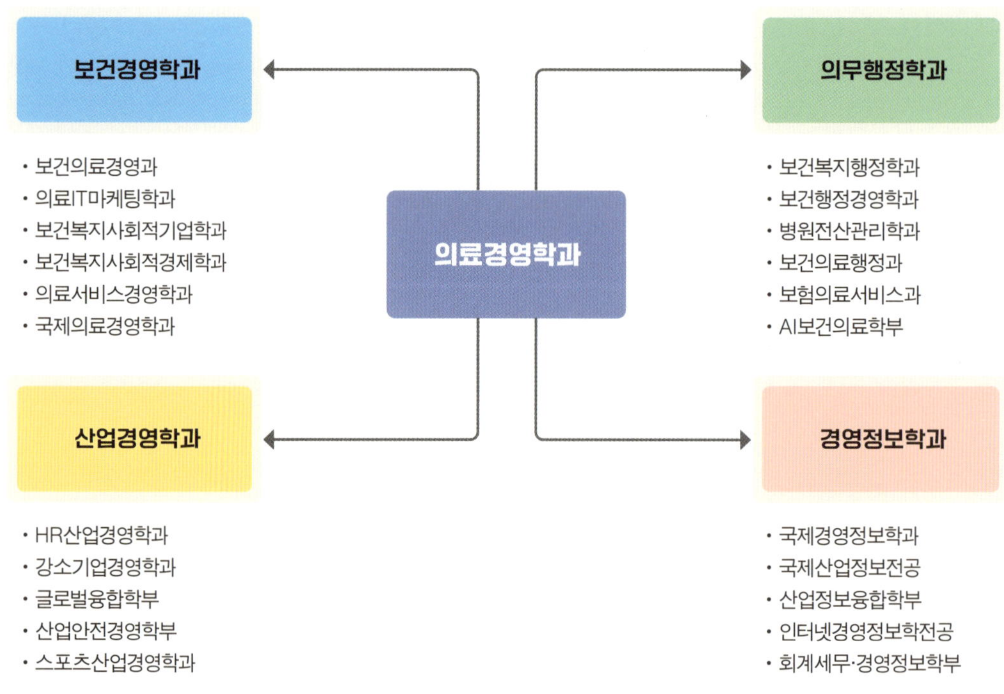

주요 교과목 의료경영학 원론, 의료경영 영어, 기초의학 용어, 공중보건학 개론, 보건산업론 등의 교과목을 공부합니다.

진로 탐색과 준비, 이렇게 하세요

1. 경제신문을 구독하여 경제·의료경영 관련 주요 이슈를 꼼꼼하게 살펴보면 좋습니다.
2. 의료경영 캠프, 의료경영 박람회, 대학 학과체험 등에 참여하면 의료경영 관련 지식과 필요한 기술, 미래의 의료경영을 알아볼 수 있습니다.

고교학점제 준비, 이렇게 하세요

공통	공통수학 1·2, 공통영어 1·2, 통합사회 1·2 등
일반 선택	수학 교과: 대수, 미적분 I, 확률과 통계 영어 교과: 영어 I·II, 영어 독해와 작문 사회 교과: 현대사회와 윤리, 사회와 문화 정보 교과: 정보
진로 선택	기하, 경제 수학, 영어 발표와 토론, 법과 사회, 경제, 윤리와 사상, 국제 관계의 이해, 인공지능 기초, 데이터 과학
융합 선택	실용 통계, 수학과제 탐구, 실생활 영어 회화, 세계 문화와 영어, 사회문제 탐구, 금융과 경제생활, 인간과 경제활동, 지식 재산 일반

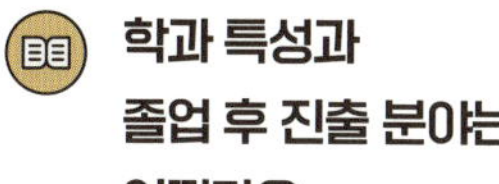

학과 특성과 졸업 후 진출 분야는 어떤가요

① 현장에 즉시 투입할 수 있는 실무형 인재 양성을 목표로 의료기관 및 산업체와 연계한 실습 프로그램을 강화하고 있습니다. 또 세미나 중심의 수업을 통해 현장의 최신 정보를 제공하며 의료산업 전반에 필요한 인력을 배출합니다. 취업 경쟁력 제고와 다양한 분야로의 진출을 도모하기 위한 자격증 취득을 강화하고 의료산업과 관련된 법률 교육도 실시하고 있습니다.

② 졸업하면 일반 기업체, 종합병원, 민간 보험회사, 손해사정법인, 보건·의료 관계 단체, 컨설팅 회사 등으로 진출할 수 있습니다. 또 의료·의료산업 관련 국가나 민간 연구소, 중앙정부 및 지방자치단체의 의료 관련 공공기관에서 일할 수 있습니다.

어떤 흥미와 적성이 필요하나요

① 배려와 책임의식을 가지고 있으며 긍정적이고 활달한 성격으로 원만한 대인관계를 유지할 수 있어야 합니다.

② 상황 판단력과 순발력이 필요하며 상담, 심리 등에도 관심을 가져야 합니다.

③ 보건 향상, 영양 개선, 식품 위생, 환경 위생, 산업 보건, 구강 위생, 보건 실험·검사, 전염병 예방과 진료 등에 관심과 역량을 필요로 합니다.

 **관련자격** 건강보험사, 정보처리기사, 산업기사(국제의료관광코디네이터), 손해사정인, 의무기록사, 병원행정사, 조사분석사

 **관련직업** 손해사정사, 공기업(국민건강보험공단 등) 종사자, 민간 보험회사 직원, 보건직 공무원, 보험 심사원, 종합병원(원무과, 보험과, 기획실, 총무과, 관리과, 인사과, 의무기록과, 영상의학과, 핵의학과, 병리과, 의료정보과) 종사자

관련기관 의료기관평가인증원, 한국보건의료연구원 등

071

호텔경영학과

학과 소개
여행을 갔을 때 호텔 이용이 필수인 시대가 되었습니다. 여행 중 쉬고, 먹고, 잘 수 있는 공간인 '호텔'은 복합 휴식공간으로서 여행에서 중요한 부분을 차지합니다. 호텔경영학과에서는 호텔 등 숙박 시설의 고객과 관광객들의 다양한 수요를 만족시키는 것은 물론, 서비스의 질을 높이기 위한 호텔경영 전반을 공부합니다.

관련학과

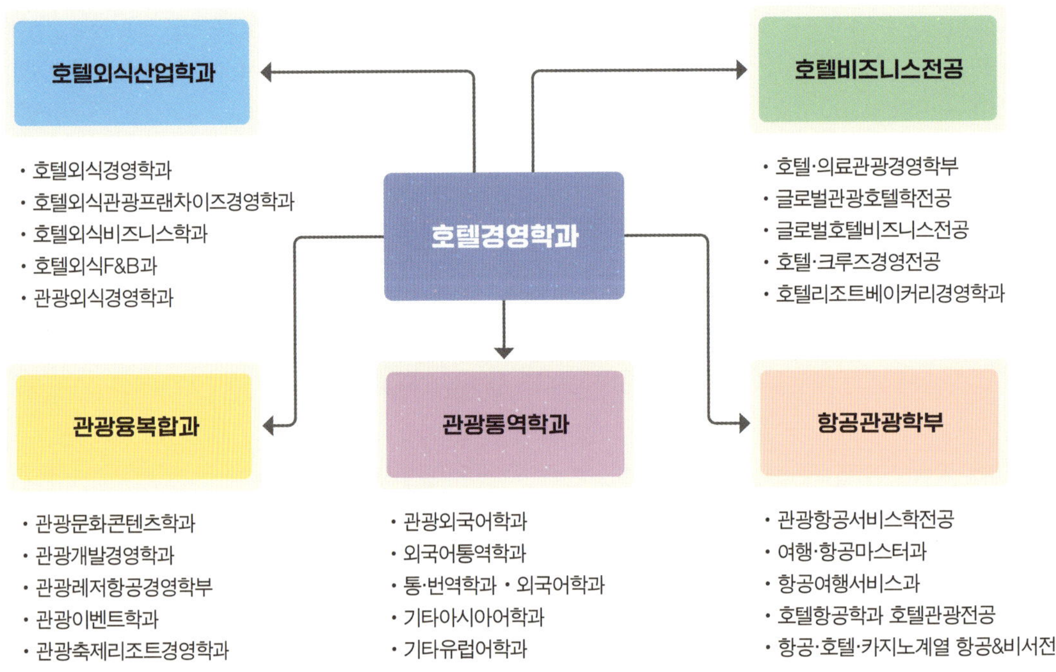

주요 교과목 관광법규, 여행사경영론, 호텔경영론, 재무관리, 경영과학 등의 교과목을 공부합니다.

진로 탐색과 준비, 이렇게 하세요	1. 경제신문을 구독하여 경제·호텔경영 관련 주요 이슈를 꼼꼼하게 살펴보면 좋습니다. 2. 경제박람회 등을 찾아가면 은행, 화폐, 시장경제원리 등을 알아볼 수 있습니다. 3. 호텔경영 캠프, 호텔경영 박람회, 대학 학과체험 등에 참여하면 호텔경영 관련 지식과 필요한 기술, 미래의 호텔경영을 알아볼 수 있습니다.

고교학점제 준비, 이렇게 하세요	**공통** 공통수학 1·2, 공통영어 1·2, 통합사회 1·2 등 **일반 선택** 수학 교과: 대수, 미적분 I, 확률과 통계 영어 교과: 영어 I·II, 영어 독해와 작문 사회 교과: 세계시민과 지리, 사회와 문화, 현대사회와 윤리 제2외국어 교과: 독일어, 프랑스어, 스페인어 등 정보 교과: 정보 **진로 선택** 경제 수학, 영어 발표와 토론, 법과 사회, 윤리와 사상, 한국지리 탐구, 경제, 국제 관계의 이해, 인공지능 기초, 데이터 과학, 제2외국어 회화 **융합 선택** 실용 통계, 수학과제 탐구, 실생활 영어 회화, 세계 문화와 영어, 여행지리, 사회문제 탐구, 금융과 경제생활, 제2외국어권 문화

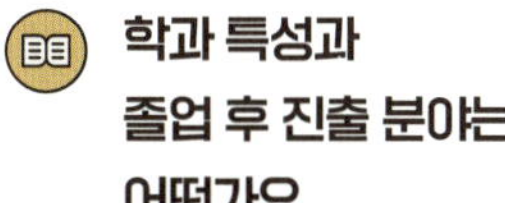

학과 특성과 졸업 후 진출 분야는 어떤가요

① 졸업 후 호텔 종사자·전문가 및 호텔 지배인이 되기 위해서는 실무적인 경험이 중요합니다. 많은 호텔경영학과에서는 지역의 호텔과 연계하여 현장 밀착형 체험 수업을 진행하기도 합니다. 향후 여가의 중요성이 커짐에 따라 각종 관광산업이 늘어날 것이고, 그에 따라 호텔산업도 발전할 것이라 예상되므로 학과의 전망은 좋은 편입니다. 이 학과를 나오면 관광산업 및 호텔산업을 성장시킬 전문 호텔리어가 될 수 있습니다.

② 졸업하면 호텔업체, 여행사, 테마파크, 항공사, 이벤트 기획업체, 기업체 일반 사무직 및 해외 영업직, 해외 현지 호텔 및 기업, 언론사, 신문사, 잡지사, 방송국 등으로 진출할 수 있습니다. 또 관광·문화·사회과학 관련 국가나 민간 연구소, 중앙정부 및 지방자치단체의 문화·관광 관련 공공기관에서 일할 수 있습니다.

어떤 흥미와 적성이 필요하나요

① 여행과 관광에 흥미를 느끼고, 다양한 삶과 문화에 호기심이 있으며, 사람들을 직접 대하며 서비스하는 것에 관심이 있다면 호텔경영학과가 좋은 선택이 될 것입니다.

② 영어, 중국어, 일본어 등 다양한 외국어를 습득하는 능력이 있으며 객실, 연회실 등에서 원활한 서비스를 적절히 조정할 수 있는 꼼꼼함을 겸비했다면 호텔경영학과가 적성에 맞을 것입니다.

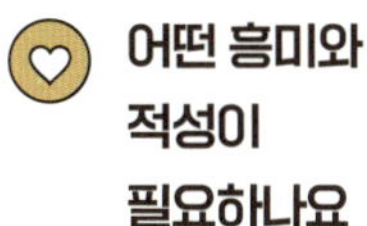

관련자격 관광통역안내사, 국내여행안내사, 호텔경영사, 호텔관리사

관련직업 여행 안내원, 관광상품 개발자, 관광·문화 관련 연구원, 선박 및 열차 객실 승무원, 외식업체 종사자, 이벤트 기획자

관련기관 그랜드코리아레저(주), 한국문화관광연구원 등

072

회계학과

기업이 합리적으로 의사결정을 하려면 회계 정보를 제대로 산출해내는 것이 중요합니다. 그래야 자원 배분이 효율적으로 이루어질 수 있기 때문입니다. 회계학과는 과학적이고 체계적인 방법으로 회계 정보를 산출, 해석하도록 교과 과정이 짜여 있습니다. 미래의 경영 및 회계 변화도 예측할 수 있는 자질을 함양함으로써 유능한 회계 실무자를 양성하는 것에 교육 목표를 두고 있습니다.

📖 관련학과

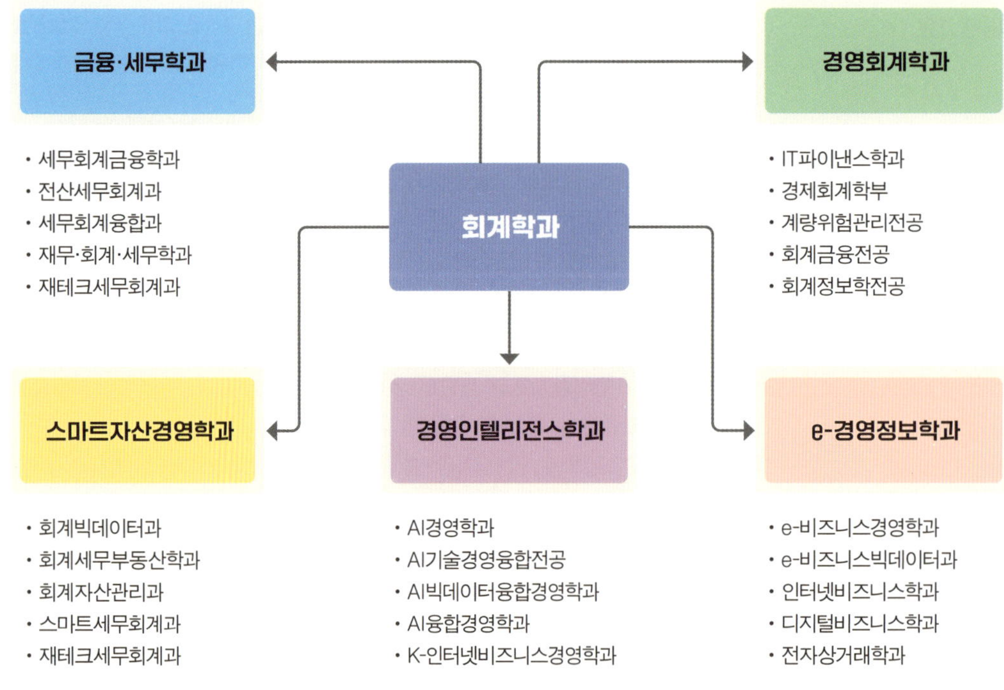

📙 **주요 교과목**   재무회계, 중급회계, 관리회계, 원가회계, 회계감사 등의 교과목을 공부합니다.

<table>
<tr><td>진로 탐색과
준비,
이렇게 하세요</td><td>

1. 경제신문을 구독하여 경제·회계 관련 주요 이슈를 꼼꼼하게 살펴보면 좋습니다.
2. 금융기관이 주최하는 경제 배우기 체험 활동인 경제캠프, 청소년 경제 강좌 등에 참여하고 경제박람회 등을 찾아가면 은행, 화폐, 시장경제원리, 저축과 투자, 신용관리를 알아볼 수 있습니다.
3. 회계 관련 캠프, 회계 관련 박람회, 대학 학과체험 등에 참여하면 회계 관련 지식과 필요한 기술, 미래의 회계를 알아볼 수 있습니다.

</td></tr>
</table>

<table>
<tr><td>고교학점제
준비,
이렇게 하세요</td><td>

공통	공통수학 1·2, 공통영어 1·2, 통합사회 1·2 등
일반 선택	**수학 교과**: 대수, 미적분Ⅰ, 확률과 통계 **영어 교과**: 영어Ⅰ·Ⅱ, 영어 독해와 작문 **사회 교과**: 현대사회와 윤리, 사회와 문화 **정보 교과**: 정보
진로 선택	기하, 경제 수학, 법과 사회, 경제, 윤리와 사상, 국제 관계의 이해, 인공지능 기초, 데이터 과학
융합 선택	실용 통계, 수학과제 탐구, 금융과 경제생활, 사회문제 탐구, 인간과 경제활동, 지식 재산 일반

</td></tr>
</table>

📖 학과 특성과 졸업 후 진출 분야는 어떤가요

① 급변하는 기업 환경과 글로벌한 자본시장에서 요구하는 전략적 사고와 실무 능력을 겸비한 회계 전문가를 양성합니다. 회계 관련 전문 지식 습득과 회계 관련 각종 자격증을 취득할 수 있도록 교과 과정이 설계되어 있으며 각 대학에 따라 학생이 실무를 직·간접적으로 경험할 수 있도록 다양한 국내·외 산학연계 및 인턴십, 자격증 지원 프로그램, 국제교류 프로그램 등을 운영하고 있습니다.

② 졸업하면 일반 기업체, 은행, 증권사, 자산운용사, 종합 금융사, 보험회사, 카드회사, 컨설팅 회사, 무역회사, 회계법인, 노무법인, 리서치 회사, 신문사, 잡지사, 방송국 등으로 진출할 수 있습니다. 또 경영·경제·회계 관련 국가나 민간 연구소, 중앙정부 및 지방자치단체의 금융·재무·회계 관련 부서에서 일할 수 있습니다.

♡ 어떤 흥미와 적성이 필요하나요

① 평소 용돈을 지출할 때 기록하는 습관이 있으면 이 분야에 흥미가 있다고 볼 수 있습니다.
② 여러 가지 이해관계를 논리적으로 분석하고 예측하는 능력이 필요하며 경제와 기업, 정보기술에 대한 관심이 필요합니다.

관련자격 공인회계사, 국제금융역(CIFS), 보험계리사, 보험중개사, 세무사, 세무회계, 손해사정사, 신용관리사, 신용분석사, 신용위험분석사(CRA), 여신심사역, 외환전문역, 자산관리사(FP), 재경관리사, 전산세무회계, 전산회계운용사, 회계관리

관련직업 손해사정사, 외환딜러, 증권중개인, 금융자산 운용가, 보험계리사, 은행원, 투자 분석가

관련기관 한국조폐공사, 대한무역투자진흥공사 등

PART 07

건강·스포츠계열

073

경호학과

학과 소개

범죄는 국민의 안전과 직결되는데 최근 우리나라에서도 각종 범죄가 늘면서 국가 공권력만으로는 범죄에 대응하는 것에 한계를 보이고 있습니다. 이러한 기류 속에서 산업시설 및 공공건물의 안전관리와 국민의 생명뿐 아니라 재산을 보호하기 위한 안전 및 경호와 관련된 학문이 각광을 받고 있습니다. 경호학과는 경호 산업 분야에서 이론과 실무를 겸비한 전문 경호 인력을 양성하는 학과입니다.

관련학과

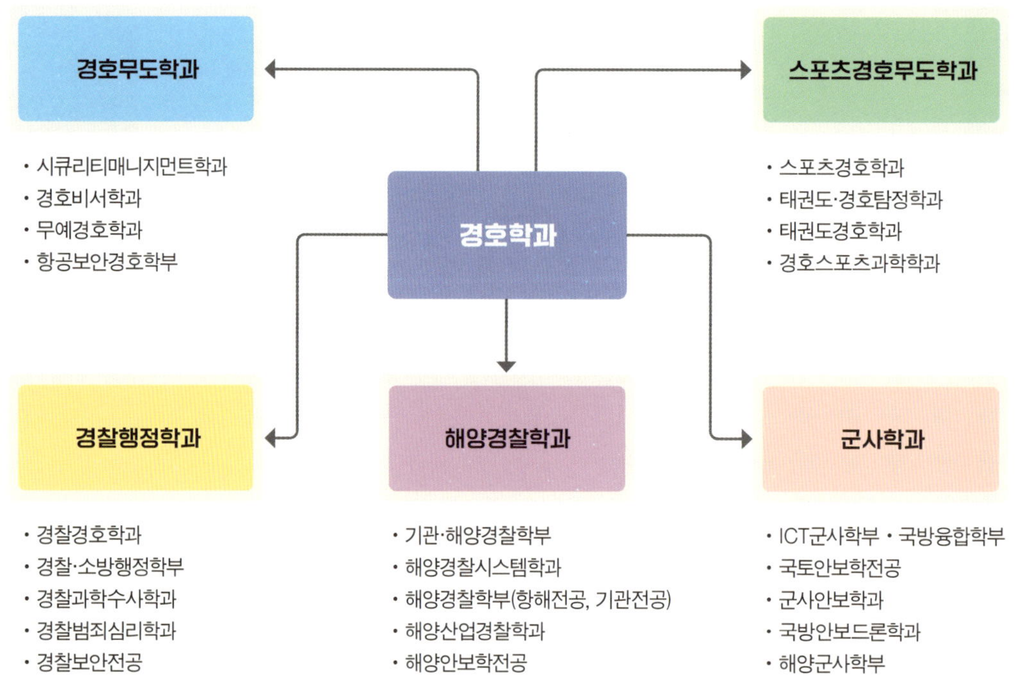

주요 교과목 호신술, 경호방법론, 경호심리학, 경호구급 및 응급처치, 경호실무, 경호무도론 등의 교과목을 공부합니다.

<table>
<tr><td>

**진로 탐색과
준비,
이렇게 하세요**

</td><td>

1. 태권도, 합기도, 검도, 유도, 특공무술, 복싱 등 다양한 무술 가운데 한 가지는 지속적으로 연마해보세요.
2. 〈사선에서〉, 〈보디가드〉, 〈백악관 최후의 날〉, 〈화이트 하우스 다운〉 등 경호와 관련된 영화를 찾아서 관람하면 경호원이라는 직업을 이해하는 데 도움이 됩니다.
3. 응급조치(심폐소생술) 강습을 듣고 응급조치 자격증 취득에 도전해보세요.

</td></tr>
</table>

<table>
<tr><td>

**고교학점제
준비,
이렇게 하세요**

</td><td>

공통	통합사회 1·2 등
일반 선택	**사회 교과:** 사회와 문화, 현대사회와 윤리 **체육 교과:** 체육 1·2
진로 선택	운동과 건강, 스포츠 문화, 기초 체육 전공 실기, 윤리와 사상, 인간과 철학, 인간과 심리, 교육의 이해, 보건
융합 선택	스포츠 교육, 스포츠 생활 1·2

</td></tr>
</table>

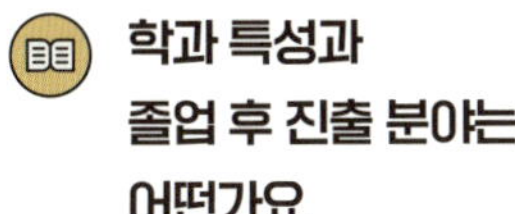

**학과 특성과
졸업 후 진출 분야는
어떤가요**

① 사회가 개방화, 도시화, 과학화되고 정보통신이 발달하면서 과거 어느 때보다 복잡해지고 있으며, 이로 인해 각종 범죄가 증가하고 있습니다. 또 전 세계적으로 경호의 영역이 첨단기계 경비 및 인텔리전트 빌딩 등의 관리와 각종 재해 방지로 확대되면서 경호학과의 중요성이 날로 커지고 있습니다.

② 졸업하면 전문 경호·경비업체, 스포츠센터, 대기업 및 일반 기업의 경호·경비 부서, 항공사 보안 승무원, 해외 무도 사범 등으로 진출할 수 있습니다. 또 정부기관의 경호·경비 부서, 검찰 및 경찰 특공대, 육·해·공군 등의 경호 관련 공공 부서에서 일할 수 있습니다.

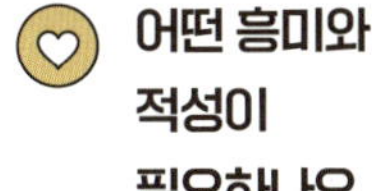

**어떤 흥미와
적성이
필요하나요**

① 신체가 건강하고 의협심이 강한 사람에게 적합합니다. 운동신경이 좋아야 하며, 정확한 판단력과 순발력이 있어야 합니다.

② 남에 대한 배려심, 리더십, 분석적 사고 등도 중요합니다.

③ 무도 중심의 과목들만 배우는 게 아니라 이론 과목도 공부하므로 사회과학 분야에 대한 학습도 할 수 있어야 합니다.

 **관련자격**　경비지도사, 기계경비지도사, 생활스포츠지도사

관련직업　경찰관, 교도관, 스포츠 강사, 경비업체 요원, 소방공무원, 안전순찰원, 직업군인(장교, 부사관)

관련기관　서울경찰청 경찰특공대, 해양경찰특공대(SSAT), 경호안전교육원 등

074

건강관리학과

의학기술이 고도로 발달할수록 운동의 건강 효과가 점점 더 중요시되고 있습니다. 건강관리학과에서는 성인질환의 예방과 치료, 건강과 체력 증진, 재활 등 건강관리에 대한 과학적 지식을 학습해 운동 프로그램 처방 능력을 키우고 스트레스 관리와 합리적인 영양섭취, 신체 활동과 관련된 부상 등에 관해 상담 및 교육할 수 있는 지도자 양성에 교육 목표를 두고 있습니다.

관련학과

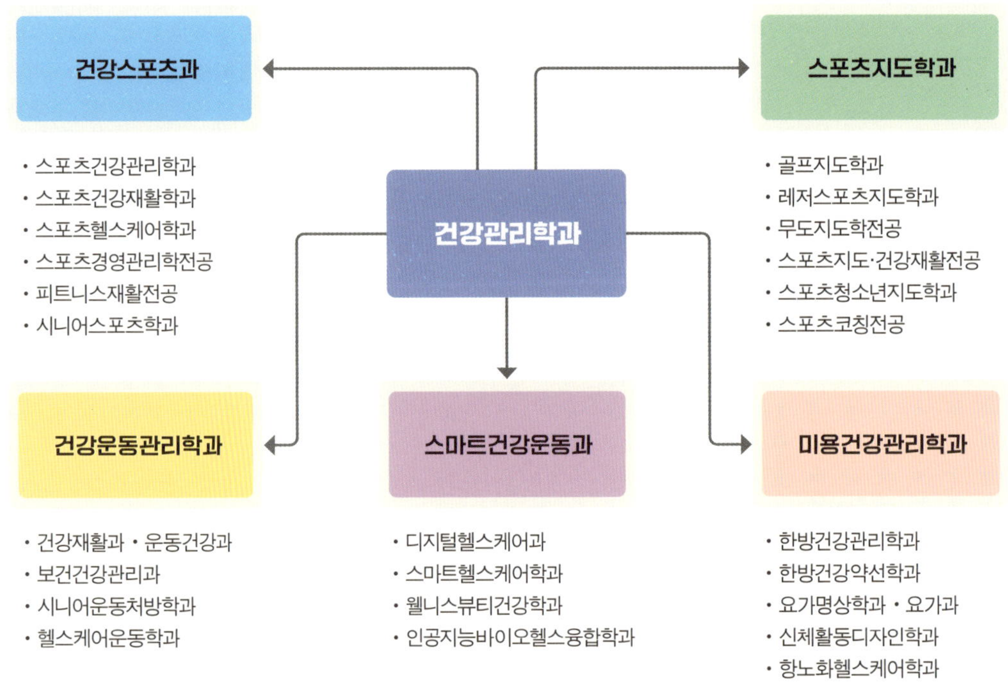

📖 **주요 교과목** 　스포츠의학, 재활의학, 운동생화학, 운동생리학, 건강교육 등의 교과목을 공부합니다.

<table>
<tr>
<td>

**진로 탐색과
준비,
이렇게 하세요**

</td>
<td>

1. 관심 있는 스포츠 종목을 골라서 동아리 활동을 해보세요. 운동과 건강에 대한 이해를 높일 수 있습니다.
2. 본인의 건강 기록 일지를 작성해보세요. 운동, 심리 상황 등 자신의 건강 상태를 직접 기록하면 체계적인 몸 관리를 할 수 있습니다.
3. 우리가 섭취하는 음식은 건강과 직결됩니다. 체질이나 질병에 따라 몸에 좋은 음식이 무엇인지 검색해보고 기록해보세요.

</td>
</tr>
<tr>
<td>

**고교학점제
준비,
이렇게 하세요**

</td>
<td>

공통	통합사회 1·2 등
일반 선택	사회 교과: 사회와 문화, 현대사회와 윤리 체육 교과: 체육 1·2 정보 교과: 정보
진로 선택	운동과 건강, 스포츠 문화, 데이터 과학, 윤리와 사상, 인간과 철학, 인간과 심리, 교육의 이해, 보건
융합 선택	스포츠 생활 1·2

</td>
</tr>
</table>

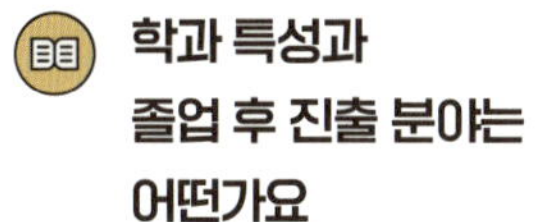

학과 특성과 졸업 후 진출 분야는 어떤가요

① 지역사회는 물론 국가 차원에서도 건강 증진을 위한 과학적인 운동방법(운동처방)에 대한 요구와 수요가 점점 많아지고 있습니다. 과도한 운동이나 잘못된 방식의 운동은 오히려 우리 몸에 해가 될 수 있습니다. 올바른 자세로 적정한 운동을 하도록 지도하는 일은 건강관리학을 전공한 전문가의 몫입니다.

② 졸업하면 프로 및 아마추어 스포츠 재활 클리닉, 스포츠 의학 센터, 스포츠용품 제조업체 및 유통업체, 건강증진 센터, 피트니트 센터, 스포츠과학회사 등으로 진출할 수 있습니다. 또 스포츠 관련 연구기관이나 대학교, 시·군·구 보건소나 스포츠·건강 관련 공공기관에서 일할 수도 있습니다.

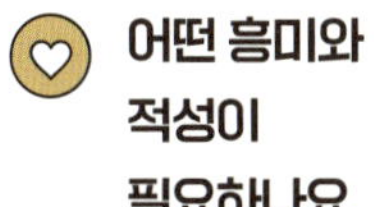

어떤 흥미와 적성이 필요하나요

① 기본적으로 스포츠를 좋아하고 체육 교과목에 관심이 있어야 합니다.

② 다양한 스포츠 종목에 대한 지식과 운동법 등을 알고 있어야 적절한 판단과 상담, 처방을 할 수 있습니다.

③ 고객의 상태나 특성을 빠르게 분석하고 올바른 판단을 할 수 있는 능력, 원활한 커뮤니케이션 능력이 요구됩니다.

관련자격   건강운동관리사, 노인스포츠지도사, 생활스포츠지도사, 수상구조사, 스포츠경영지도사, 유소년스포츠지도사, 장애인스포츠지도사

관련직업   레크리에이션 지도자, 스포츠 강사, 스포츠 트레이너, 운동 처방사, 의무 트레이너, 헬스케어 컨설턴트

관련기관   대한체육회, 한국마사회, 국민체육진흥공단, 한국스포츠정책과학원 등

075

레저스포츠학과

학과 소개
인간은 운동을 하면서 재미도 함께 느끼고 싶어 하기에 정신적, 신체적 한계를 극복하는 모험적 요소가 많은 새로운 레저 활동을 추구하게 되었고, 이에 따라 레저스포츠가 점점 다양화·전문화되고 있습니다. 레저스포츠학과는 이와 같은 시대적 요청에 부응하기 위해 전문 레저스포츠 지도자 양성에 교육 목표를 두고 있습니다.

관련학과

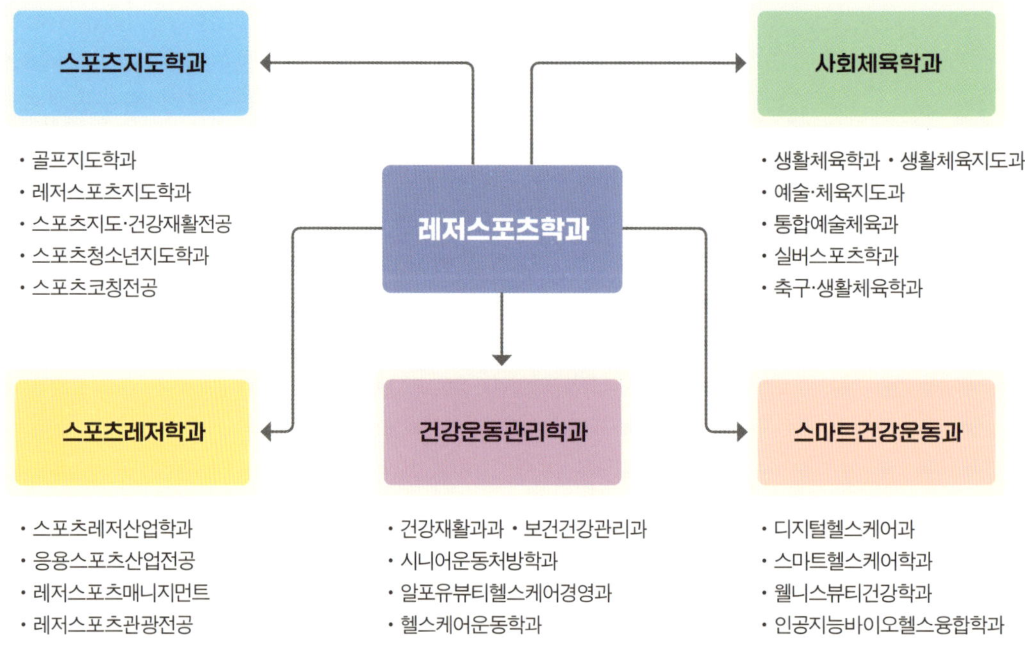

주요 교과목 레저스포츠 생리학, 레저스포츠학 원론, 레저스포츠 사회학, 레저스포츠 영양학, 레저스포츠 마케팅 등의 교과목을 공부합니다.

<table>
<tr><td>

**진로 탐색과
준비,
이렇게 하세요**

</td><td>

1. 좋아하는 스포츠를 한 가지 선택하여 지속적으로 동아리 활동을 해보세요.

2. 서핑, 스키, 스케이팅, 산악자전거, 보드 등 다양한 레저 활동에 도전해보세요. 모두 다 잘 할 수는 없으나 도전을 통하여 다양한 레포츠가 가진 장점을 알아볼 수 있어요.

3. 레포츠 페스티벌에 참여해 다양한 레포츠의 종류와 사용 장비들에 대하여 배워보세요.

</td></tr>
<tr><td>

**고교학점제
준비,
이렇게 하세요**

</td><td>

공통	통합사회 1·2 등
일반 선택	**사회 교과:** 사회와 문화, 현대사회와 윤리 **체육 교과:** 체육 1·2
진로 선택	운동과 건강, 스포츠 문화, 기초 체육 전공 실기, 윤리와 사상, 인간과 철학, 인간과 심리, 교육의 이해, 보건
융합 선택	스포츠 교육, 스포츠 생활 1·2

</td></tr>
</table>

📖 학과 특성과 졸업 후 진출 분야는 어떤가요

① 본격적인 여가사회가 되면서 어떻게 여가를 즐길지가 삶의 질을 결정하는 데 중요한 영향을 미치고 있습니다. 더불어 경제 성장과 의료 기술의 발달로 건강과 삶의 질에 대한 관심이 더욱 증가함에 따라서 각 개인의 맞춤식 스포츠 활동은 개인의 문제를 넘어 국가적인 이슈로 대두되고 있습니다. 레저스포츠학과에서는 레저스포츠를 총괄적으로 살펴볼 수 있는 기초 이론과 산악, 해양, 항공레저스포츠 등 다양한 레저스포츠 종목을 배울 수 있습니다.

② 졸업하면 재활 스포츠센터, 유아 교육 시설, 각종 스포츠 시설, 민간 스포츠 산업체, 스포츠레저 시설, 스포츠 레저용품 제조업체, 스포츠 레저용품 유통업체, 스포츠 에이전트 회사, 스포츠 이벤트 회사, 스포츠 마케팅 회사 등으로 진출할 수 있습니다. 또 스포츠 관련 연구기관, 대학교뿐 아니라 시·군·구 생활체육회 같은 스포츠·건강 관련 공공기관에서 일할 수 있습니다.

♡ 어떤 흥미와 적성이 필요하나요

① 평소 다양한 운동을 즐기고, 모험에 도전하는 것을 좋아하는 학생에게 유리합니다.

② 다른 사람들에게 레포츠 활동을 지도하기 위해서는 상대방의 이야기를 잘 이해하고 자신의 생각을 잘 전달할 수 있는 능력이 필요합니다.

③ 각종 운동기구 및 안전관리에 대한 지식을 습득해야 하며, 활동적인 분야이므로 적극적인 성격과 강인한 체력이 요구됩니다.

🏅 **관련자격**　생활건강관리사, 생활체육지도사, 응급구조사

👤 **관련직업**　생활스포츠 지도자, 스포츠 레저시설 관리 전문가, 스포츠센터 운동 프로그램 개발 담당 전문가, 스포츠 시설 안전요원, 여가 및 레크리에이션 전문 지도자, 운동 건강 관리사, 해양레저 전문가

📁 **관련기관**　한국스포츠정책과학원, 국민체육진흥공단, 한국체육산업개발 등

건강/스포츠

076

사회체육학과

사회체육이란 '일반 사회인을 대상으로 하는 공공 체육'을 의미합니다. 경기를 위한 스포츠가 아닌 유아·청소년·성인·노인 등이 생활에서 자발적으로 참여해 건강을 증진시키는 것이 목적입니다. 이에 따라 사회체육학과는 현대인이 풍요롭고 건강한 삶을 누릴 수 있도록 일반 스포츠를 비롯한 여가 및 사회체육, 레저스포츠 등을 교육하여 새로운 체육 문화를 이끌어 가는 인재를 양성하고자 합니다.

📖 관련학과

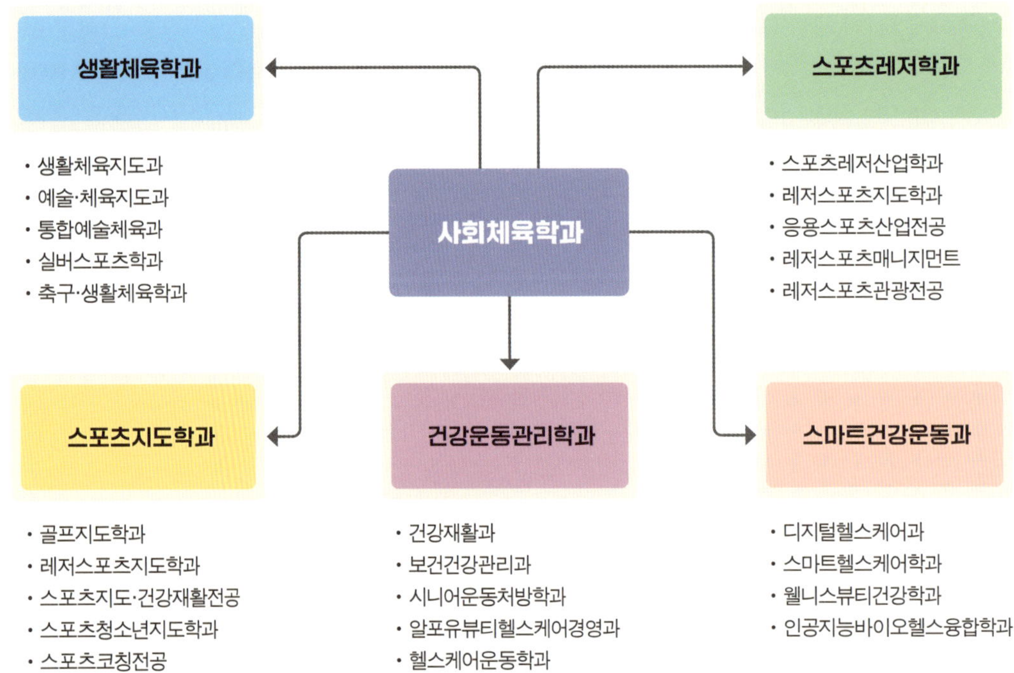

📗 **주요 교과목**　사회체육 지도론, 스포츠의학, 운동생리학, 스포츠심리학 등의 교과목을 공부합니다.

<table>
<tr><td>진로 탐색과
준비,
이렇게 하세요</td><td>

1. 최소 한 가지 이상의 스포츠를 꾸준히 해 실력을 연마해야 합니다. 일반인들에게 교육을 시키려면 해당 스포츠의 고수가 되는 것이 유리합니다.
2. 매일 하는 운동량을 기록하고 관리하세요. 운동 기록 앱을 이용하면 하루의 운동량을 쉽게 기록하고 관리할 수 있습니다.
3. 일상생활에서 운동 습관을 기록하고 관리하다 보면 본인의 부족한 부분을 알 수 있고 이에 따라 운동 종류와 강도를 조정하여 체력도 기를 수 있습니다.

</td></tr>
</table>

<table>
<tr><td>고교학점제
준비,
이렇게 하세요</td><td>

공통	통합사회 1·2 등
일반 선택	사회 교과: 사회와 문화, 현대사회와 윤리 체육 교과: 체육 1·2
진로 선택	운동과 건강, 스포츠 문화, 기초 체육 전공 실기, 윤리와 사상, 인간과 철학, 인간과 심리, 교육의 이해, 보건
융합 선택	스포츠 교육, 스포츠 생활 1·2

</td></tr>
</table>

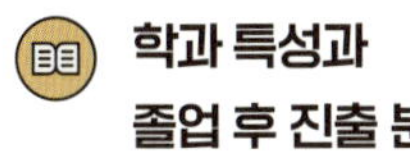

학과 특성과 졸업 후 진출 분야는 어떤가요

① 현대인의 여가 증가에 따른 건강 및 스포츠 활동에 대한 욕구가 증가하였습니다. 최근 생활체육 관련 시설이 크게 확충되었고 다양한 프로그램 또한 개발되었습니다. 노인 인구가 늘어나면서 노인들이 참여하는 체육 활동도 많아지고 있습니다. 사회체육이 중요한 국가 정책의 일환으로도 활성화되고 있기에 향후 전망은 좋을 것으로 보입니다.

② 졸업하면 스포츠 클럽, 스포츠 시설, 스포츠 관련 용구 및 기구 제작업체, 신문사, 출판사 등으로 진출할 수 있습니다. 또 스포츠 관련 연구기관, 대학교뿐 아니라 체육 관련 정부 및 공공 기관, 중등학교 등에서 일할 수 있습니다.

어떤 흥미와 적성이 필요하나요

① 운동이나 스포츠 자체를 즐기는 사람들에게 유리한 전공입니다.
② 사회체육 지도자로 활동하기 위해서는 사람들의 이야기를 잘 듣고 자신의 이야기를 잘 전달할 수 있어야 합니다.
③ 몸을 쓰는 활동을 해야 하기 때문에 기본적인 체력과 운동신경이 있어야 합니다.

 **관련자격**　생활체육지도사, 응급구조사, 청소년지도사

 **관련직업**　경호원, 레크리에이션 지도자, 생활스포츠 지도자, 스포츠 강사, 스포츠 시설 관리자, 스포츠 에이전트, 스포츠 트레이너, 운동경기 심판, 운동선수, 운동 처방사, 운동코치·감독, 체형 관리사

관련기관　한국스포츠정책과학원, 국민체육진흥공단, 체육과학연구원 등

077

스포츠건강관리학과

**학과
소개**

현대 사회는 신체 활동 기회의 감소, 과다한 영양섭취, 불건전한 생활습관, 여러 가지 유형의 스트레스 증가로 인해 만성적인 질병과 건강상의 문제점들이 크게 대두되고 있습니다. 스포츠건강관리학과에서는 건강관리에 대한 과학적이고 체계적인 지식을 연구하여 개개인에게 맞는 운동 프로그램을 처방하는 방법을 공부합니다.

관련학과

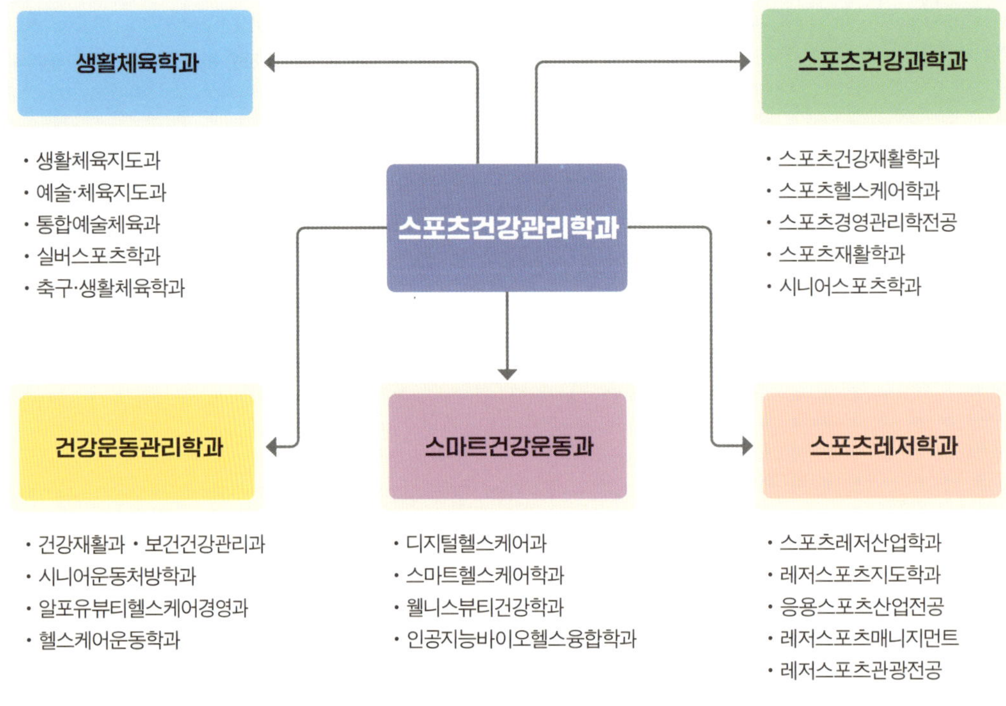

주요 교과목　스포츠의학, 재활의학, 운동생화학, 운동생리학, 보건교육학, 건강교육 등의 교과목을 공부합니다.

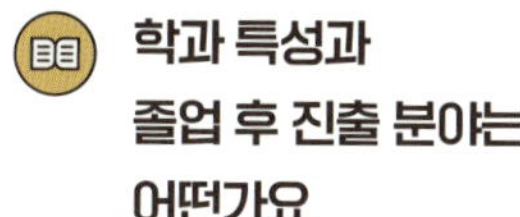

진로 탐색과 준비, 이렇게 하세요	1. 최소 한 가지 이상의 스포츠를 꾸준히 해 실력을 연마해야 합니다. 일반인들에게 교육을 시키려면 해당 스포츠의 고수가 되는 것이 유리합니다. 2. 매일 하는 운동량을 기록하고 관리하세요. 운동 기록 앱을 이용하면 하루의 운동량을 쉽게 기록하고 관리할 수 있습니다.

고교학점제 준비, 이렇게 하세요

- **공통** 통합사회 1·2 등
- **일반 선택** 사회 교과: 사회와 문화, 현대사회와 윤리
  - 체육 교과: 체육 1·2
  - 정보 교과: 정보
- **진로 선택** 운동과 건강, 스포츠 문화, 데이터 과학, 윤리와 사상, 인간과 철학, 인간과 심리, 교육의 이해, 보건
- **융합 선택** 스포츠 생활 1·2

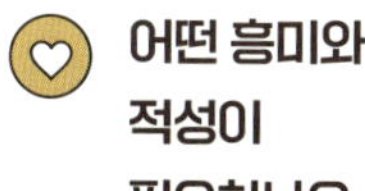

학과 특성과 졸업 후 진출 분야는 어떤가요

① 엘리트 운동선수 경력이 있거나 현재 선수로 활동하고 있는 사람, 스포츠나 건강 분야에서 진로를 찾는 사람들이라면 스포츠건강관리학과로 진학할 만합니다. 또 지역의 체육 관련 단체, 스포츠 동호회에서 활동하며 평생 스포츠와 함께하고 싶은 사람들에게도 도전할 만한 전공입니다.

② 졸업하면 운동 처방 및 건강 증진센터, 스포츠 의학 센터, 스포츠 재활 클리닉, 스포츠 신문사, 피트니스 센터 등으로 진출할 수 있습니다. 또 스포츠 관련 연구기관, 국가대표 운동팀이나 시·군·구 보건소 및 스포츠센터, 노인복지 시설, 유아교육 시설, 장애인 재활 시설 같은 공공기관에서도 일할 수 있습니다.

어떤 흥미와 적성이 필요하나요

① 기본적으로 스포츠를 좋아하고 체육학과 관련 있는 여러 교과목에 관심이 있는 학생에게 유리합니다.

② 몸을 쓰는 활동을 해야 하기 때문에 기본적인 체력과 운동신경이 있어야 합니다.

③ 사람들의 이야기를 잘 듣고 자신의 이야기를 잘 전달할 수 있는 원활한 의사소통 능력이 요구됩니다.

④ 맡은 일에 책임감이 강하며 세심함과 꼼꼼함이 필요합니다.

관련자격 경기지도자, 레크리에이션지도자, 생활체육지도자

관련직업 레크리에이션 지도자, 생활스포츠 지도자, 운동처방사, 의무 트레이너, 헬스 케어 컨설턴트

관련기관 한국스포츠정책개발원, 국민체육진흥공단, 한국스포츠정책과학원 등

078

스포츠지도학과

학과 소개

신체를 통한 교육으로, 인간 활동의 예술성을 추구하는 과학적인 학문이라고 할 수 있는 체육학의 하위 학문 영역입니다. 스포츠지도학과는 체육 관련 운동 프로그램의 작성 및 운영 등 다양한 영역에서 활동할 수 있는 능력을 갖추도록 교육합니다. 또 생활 스포츠, 평생 스포츠를 위해 다양한 현장체험과 실전 경험을 중심으로 이론 및 실무 능력을 갖춘 전문 지도자 양성을 교육 목표로 두고 있습니다.

관련학과

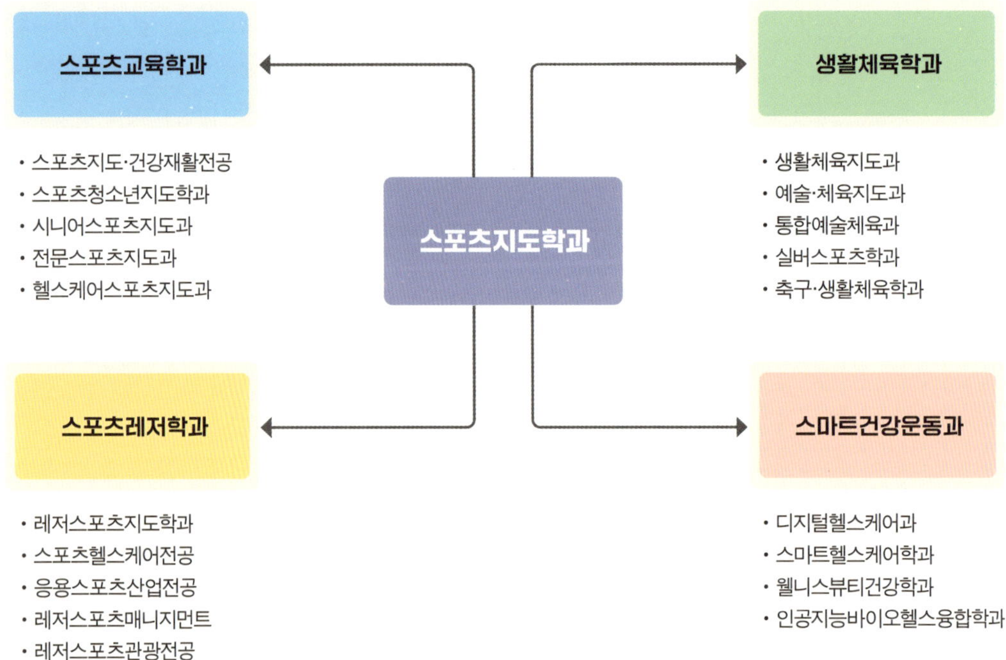

주요 교과목　스포츠심리학, 스포츠사회학, 스포츠지도론, 스포츠마케팅, 스포츠 행정관리 등의 교과목을 공부합니다.

<table>
<tr><td>

**진로 탐색과
준비,
이렇게 하세요**

</td><td>

1. 관심 있는 스포츠를 정하여 정기적으로 동아리 활동을 하면 스포츠에 대한 이해력을 높일 수 있습니다.
2. 세계적으로 스포츠 분야에서 뛰어난 업적을 남긴 운동 감독을 찾아보세요. 그리고 이들의 성공 요인이 무엇이었는지 분석하고 기록해보세요.
3. 매일 하는 운동량을 기록하고 관리하세요. 운동 기록 앱을 이용하면 하루의 운동량을 쉽게 기록하고 관리할 수 있습니다.

</td></tr>
<tr><td>

**고교학점제
준비,
이렇게 하세요**

</td><td>

공통	통합사회 1·2 등
일반 선택	사회 교과: 사회와 문화, 현대사회와 윤리 체육 교과: 체육 1·2
진로 선택	운동과 건강, 스포츠 문화, 기초 체육 전공 실기, 윤리와 사상, 인간과 철학, 인간과 심리, 교육의 이해, 보건
융합 선택	스포츠 교육, 스포츠 생활 1·2

</td></tr>
</table>

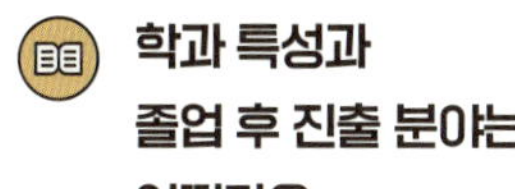

학과 특성과 졸업 후 진출 분야는 어떤가요

① 여가생활에 대한 관심이 높아지면서 스포츠를 즐기려는 사람들의 욕구가 다양해지고 있습니다. 유소년, 장애인, 성인, 노인 등이 단순히 스포츠를 관람하는 것을 넘어서서 스포츠를 즐기는 주인공이 되고 있습니다. 따라서 다양한 대상의 스포츠 지도사의 수요는 앞으로도 늘어날 것으로 전망됩니다.

② 졸업하면 스포츠센터, 종합병원의 스포츠 의학 센터(운동처방 클리닉) 등으로 진출할 수 있습니다. 또 스포츠 관련 연구기관이나 대학교뿐 아니라 시청이나 구청, 군청 등에서 만든 공공체육시설, 종합체육시설, 국민체력센터, 중·고등학교 등에서 일할 수 있습니다.

어떤 흥미와 적성이 필요하나요

① 스포츠 자체를 즐기는 사람들에게 유리합니다. 적어도 한 가지 운동은 선수 못지않은 실력을 갖추고 있어야 합니다.

② 여러 사람과 두루두루 어울릴 수 있어야 합니다. 상대방의 이야기를 잘 이해하고 자신의 이야기를 잘 전달할 수 있어야 합니다.

③ 맡은 일에 책임감이 강하며 세심함과 꼼꼼함이 필요합니다.

관련자격   경기지도자, 생활체육지도자, 응급구조사

관련직업   사회체육 지도자, 스포츠 기자, 스포츠 아나운서 및 리포터, 안전요원, 운동처방사, 인명 구조원 및 수상 구조사, 특수체육 교사

관련기관   국민체육진흥공단, 한국스포츠정책개발원, 한국스포츠정책과학원 등

079

해양스포츠학과

해양스포츠는 해양에서 상대적으로 복잡한 여러 육체적 기능을 활용한 조직화·비조직화된 활동(스포츠형·레저형 해양스포츠)을 포함하는 물에서 이뤄지는 총체적 운동을 의미합니다. 해양스포츠학과는 해양스포츠에 대한 이론과 실기를 체계적이고 집중적으로 교육해 해양스포츠와 관련 산업을 선도할 수 있는 유능한 전문가를 양성합니다.

관련학과

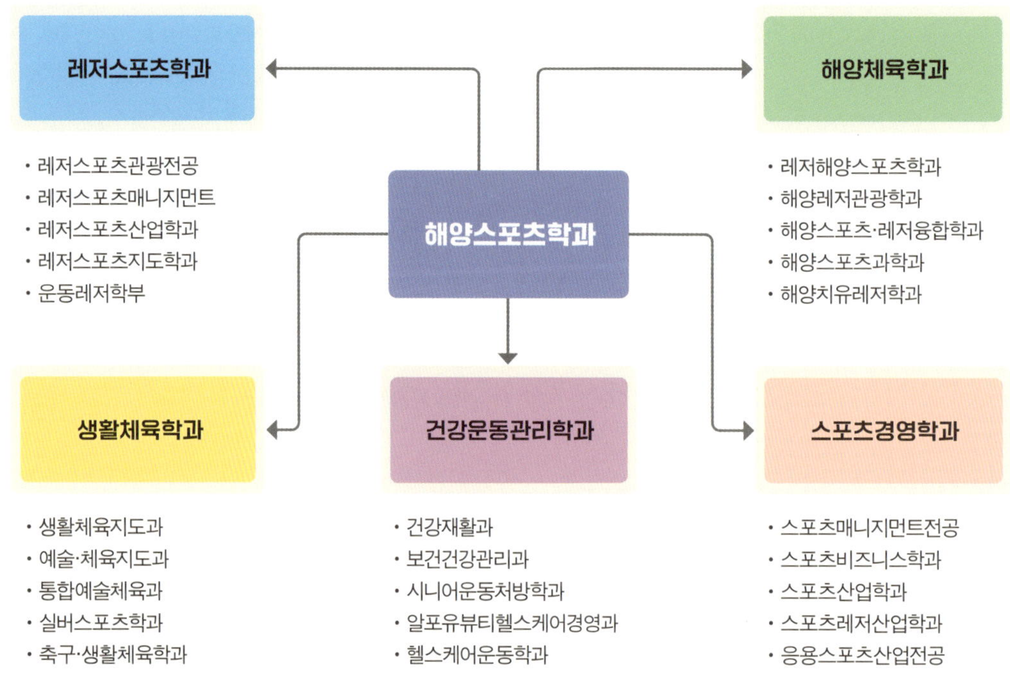

- 레저스포츠관광전공
- 레저스포츠매니지먼트
- 레저스포츠산업학과
- 레저스포츠지도학과
- 운동레저학부

- 레저해양스포츠학과
- 해양레저관광학과
- 해양스포츠·레저융합학과
- 해양스포츠과학과
- 해양치유레저학과

- 생활체육지도과
- 예술·체육지도과
- 통합예술체육과
- 실버스포츠학과
- 축구·생활체육학과

- 건강재활과
- 보건건강관리과
- 시니어운동처방학과
- 알포유뷰티헬스케어경영과
- 헬스케어운동학과

- 스포츠매니지먼트전공
- 스포츠비즈니스학과
- 스포츠산업학과
- 스포츠레저산업학과
- 응용스포츠산업전공

주요 교과목 수영, 해양훈련, 세일링요트, 해양스포츠 안전교육론, 윈드서핑, 조정 등의 교과목을 공부합니다.

<table>
<tr><td>진로 탐색과
준비,
이렇게 하세요</td><td>

1. 전문 강사로 수영의 기초와 응용을 배우고 몸으로 체득하면 해양스포츠에 대한 자신감을 얻을 수 있습니다.
2. 관심 있는 스포츠를 정하여 정기적으로 동아리 활동을 하면 스포츠에 대한 이해력을 높일 수 있습니다.
3. 매일 하는 운동량을 기록하고 관리하세요. 운동 기록 앱을 이용하면 하루의 운동량을 쉽게 기록하고 관리할 수 있습니다.

</td></tr>
<tr><td>고교학점제
준비,
이렇게 하세요</td><td>

공통 통합사회 1·2 등

일반선택 사회 교과: 사회와 문화, 현대사회와 윤리

체육 교과: 체육 1·2

진로선택 운동과 건강, 스포츠 문화, 기초 체육 전공 실기, 윤리와 사상, 인간과 철학, 인간과 심리, 교육의 이해, 보건

융합선택 스포츠 교육, 스포츠 생활 1·2

</td></tr>
</table>

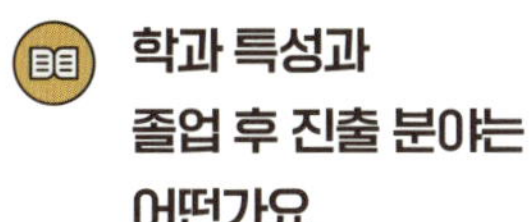 **학과 특성과 졸업 후 진출 분야는 어떤가요**

① 해양스포츠학과에는 크게 세 가지 진로 트랙이 있습니다. 첫째, 수영을 비롯한 해양스포츠를 일반인들에게 강습하는 분야로 생활체육지도사 자격을 취득해야 합니다. 둘째, 운동 처방이나 스포츠 재활 분야를 전문으로 하는 길로 건강운동관리사 자격을 취득하고 재활 관련 공부를 해야 합니다. 셋째, 스포츠 경영 분야에서 일하는 길로 스포츠경영관리사 자격을 취득하고 스포츠마케팅 분야의 공부를 해야 합니다.

② 졸업하면 해양레저 스포츠 관련 기업, 해양스포츠 전문 시설, 스포츠센터, 운동 처방 센터 등으로 진출할 수 있습니다. 또 스포츠 관련 연구기관이나 시·도 생활체육회 등 스포츠 관련 정부 및 공공기관, 중·고등학교에서 일할 수 있습니다.

어떤 흥미와 적성이 필요하나요

① 해양스포츠는 물과 함께하기에 오랫동안 물을 접하는 게 즐거운 사람들에게 알맞습니다.
② 여러 사람과 두루두루 어울릴 수 있어야 합니다. 상대방의 이야기를 잘 이해하고 자신의 이야기를 잘 전달할 수 있어야 합니다.
③ 맡은 일에 책임감이 강하며 세심함과 꼼꼼함이 필요합니다.

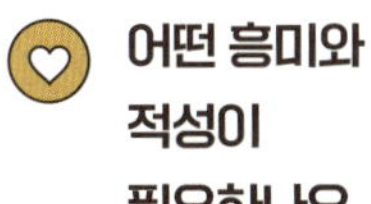 **관련자격** 건강운동관리사, 경기지도자, 생활체육지도사, 수상인명구조강사, 수상인명구조원, 스쿠버다이빙강사, 스포츠경영관리사

관련직업 산업잠수사, 수상안전 지도자 및 인명구조원, 수영 지도자, 스킨스쿠버 강사, 요트 항해사, 잠수요원, 해군 특수요원, 해양경찰, 해양레저 전문가, 해양스포츠 마케팅 전문가

관련기관 국민체육진흥공단, 한국스포츠정책과학원 등

PART 08

예술·
방송계열

080

공업디자인학과

학과 소개
같은 기능을 가진 제품이라도 디자인이 좋으면 사람들에게 더 많은 인기를 얻게 됩니다. 공업디자인학과는 가전제품, 정보통신기기, 자동차, 사무용품, 주방기기, 로봇 등 사람들에게 필요한 제품과 서비스를 디자인하기 위한 이론을 배우고 실습을 합니다. 산업제품의 디자인 질을 높이고 산업의 경쟁력을 높이는 기술과 전략을 학습합니다.

관련학과

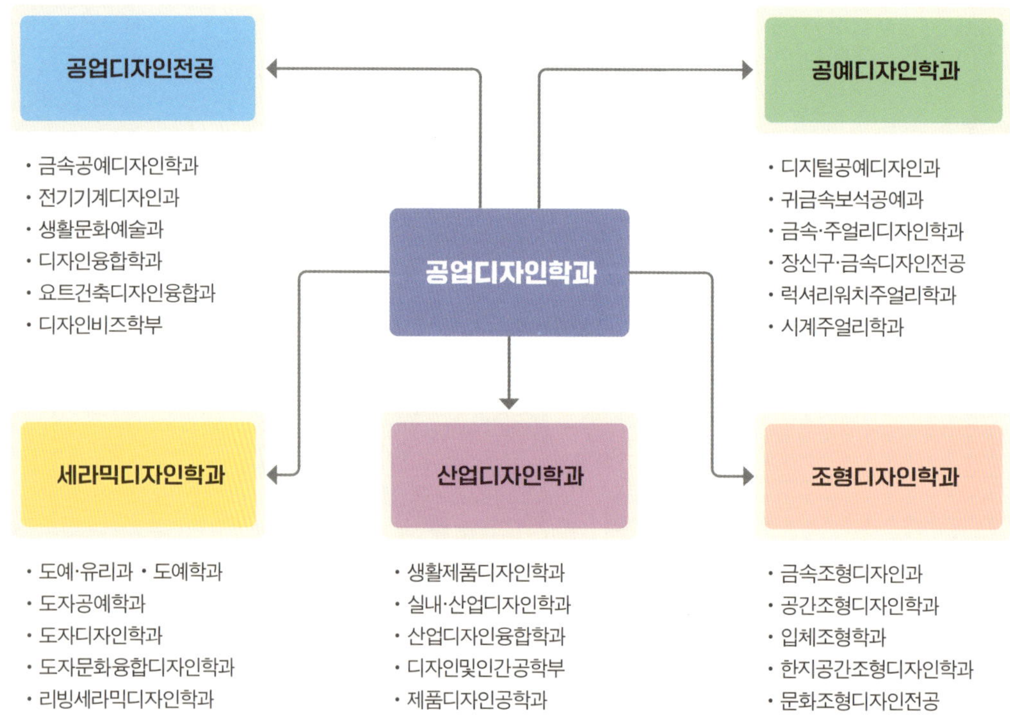

주요 교과목 디지털 드로잉, 산업디자인사, 디지털 모델링, 산업기기디자인, 산업디자인 프로세스 등의 교과목을 공부합니다.

진로 탐색과 준비, 이렇게 하세요	1. 반드시 입시용이 아니어도 디자인 포트폴리오를 만들어두면 자신의 실력 향상에 도움이 됩니다.
	2. 디자인 공모전에 참여해보세요. 자신의 실력을 객관적으로 평가받을 수 있고 디자인 공모전 준비 자체가 도움이 됩니다.
	3. 디자인 관련 잡지 가운데 하나를 도서관을 통하여 구독해서 정기적으로 새로운 디자인 흐름과 추세를 파악해보세요.
	4. 국가에서 매년 우수한 디자인 상품을 선정하는데 이를 한국디자인진흥원 홈페이지를 통하여 살펴보며 디자인 감각을 키우세요.

고교학점제 준비, 이렇게 하세요	공통	통합사회 1·2 등
	일반 선택	사회 교과: 사회와 문화, 현대사회와 윤리 예술 교과: 미술
	진로 선택	미술 창작, 미술 감상과 비평, 미술 이론, 미술사, 윤리와 사상, 인간과 철학, 인간과 심리
	융합 선택	사회문제 탐구, 미술과 매체, 미술과 사회, 지식 재산 일반

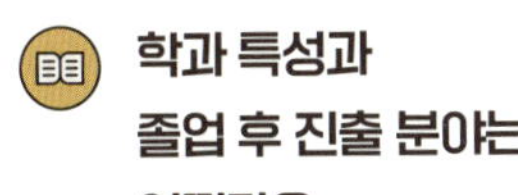

학과 특성과 졸업 후 진출 분야는 어떤가요

① 우수한 공업디자인 결과물은 사용자 개인에게는 만족감을 주고 사회적으로도 보다 편리한 사용으로 큰 이점을 가져옵니다. 기업 차원에서는 이익과 이미지를 높이는 효과를 가져오고, 국가 차원으로도 국가 경쟁력과 문화 수준을 높여줍니다.

② 졸업하면 전자제품 디자인 전문업체, 생활용품 디자인 업체, 로봇/우주 항공 분야의 디자인 업체, 그 밖에 각종 산업체 전자제품이나 기기 디자인 업체, 다양한 제품을 생산하는 기업의 디자인 부서로 진출할 수 있습니다. 또 디자인 관련 학계나 학과, 연구기관에서 일할 수 있고 정부 혹은 공공기관에서 활약할 수도 있습니다.

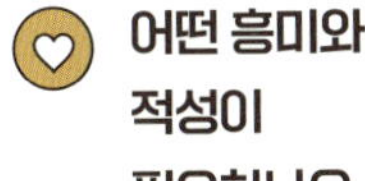

어떤 흥미와 적성이 필요하나요

① 예술적 안목이 있고 미적 감각과 감수성이 좋으며 그것을 드러내 표현할 수 있는 학생들에게 적합합니다.

② 새로운 아이디어를 이끌어낼 수 있도록 늘 호기심을 가지고 주변과 사물을 주의 깊게 살펴보는 관찰력이 중요합니다.

③ 쉴새없이 변화하는 산업계의 트렌드를 읽을 수 있어야 하고 디자인을 산업 기기에 실제적으로 적용할 실용적인 능력을 가져야 합니다.

 **관련자격** 시각디자인기사, 웹디자인기능사, 제품디자인기사, 컴퓨터그래픽스운용기능사

 **관련직업** 가구 디자이너, 공공 디자이너, 산업 디자이너, 시각 디자이너, 인테리어 디자이너, 제품 디자이너, 조명 디자이너, 캐릭터 디자이너, 컬러리스트, 컴퓨터그래픽 디자이너, 환경 디자이너

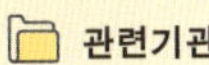 **관련기관** 한국디자인진흥원, 한국문화예술교육진흥원, 한국문화예술위원회 등

081

공예디자인학과

공예디자인학과에서는 학생들이 다양한 교과 과정의 학습을 통하여 복합적인 공업디자인의 세계를 올바르게 이해하고 더 나은 작품을 만들 수 있는 기량을 길러 자신만의 작품 활동을 해나갈 능력을 키우도록 합니다. 산업 현장에서 요구하는 창의력과 조형 능력, 관리 능력을 갖춤으로써 미래 첨단 제품의 디자인을 이끌어 갈 전문 디자이너를 육성하는 것을 교육 목표로 합니다.

관련학과

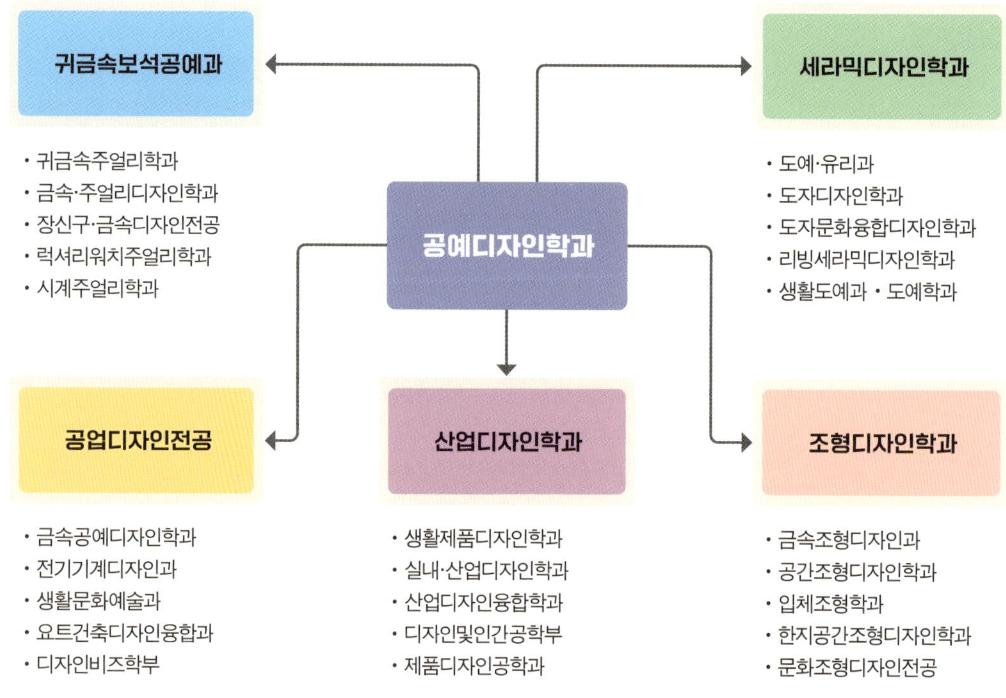

주요 교과목 공예제도와 CAD, 금속공예의 이해, 예술장신구, 공예디자인 등의 교과목을 공부합니다.

<table>
<tr><td>

**진로 탐색과
준비,
이렇게 하세요**

</td><td>

1. 평상시 생활 속에서 만나는 공예품을 유심히 살피고 자신만의 제품을 디자인하는 연습을 하면 공예디자인에 대한 이해력을 높일 수 있습니다.
2. 디자인 공모전에 참여하면 준비 과정에서 공예 디자인에 대한 이해력과 실력을 크게 높일 수 있습니다.
3. 디자인 관련 동아리 활동을 해보세요. 팀 작업을 경험할 수 있고 디자인 실력을 높일 수 있습니다.
4. 디자인 관련 잡지를 꾸준히 보면서 새로운 흐름과 추세를 파악해보세요.

</td></tr>
<tr><td>

**고교학점제
준비,
이렇게 하세요**

</td><td>

공통 통합사회 1·2 등
일반 선택 사회 교과: 사회와 문화, 현대사회와 윤리
예술 교과: 미술
진로 선택 미술 창작, 미술 감상과 비평, 미술 이론, 미술사, 윤리와 사상, 인간과 철학, 인간과 심리
융합 선택 사회문제 탐구, 미술과 매체, 미술과 사회, 지식 재산 일반

</td></tr>
</table>

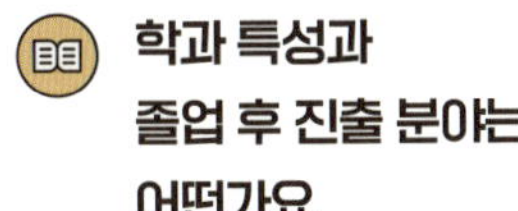 **학과 특성과
졸업 후 진출 분야는
어떤가요**

① 자신이 주도하여 작품을 만들어나가며 평생 공예 디자이너로 살 수 있도록 만드는 전공입니다. 공예를 전공해 익힌 노하우와 능력을 발휘해 기업과 같은 조직에서 디자이너로서 일할 수 있을 뿐만 아니라 언제든 혼자서도 공예가로서 활약할 수 있어서 평생 직업을 가질 수 있다는 점에서 매력이 큽니다.

② 졸업하면 미술 및 디자인 계열 회사의 전문 디자이너, 갤러리·숍(shop) 등의 문화 공간 운영자로 활동할 수 있습니다. 또 도자 및 유리 제품 생산업체, 주얼리 매장 등으로도 진출할 수 있습니다. 개인 창업으로 액세서리 숍을 운영하거나 대학의 디자인 관련 학과의 교수, 연구기관의 연구원뿐 아니라 디자인 관련 정부 및 공공기관에서 활동할 수도 있습니다.

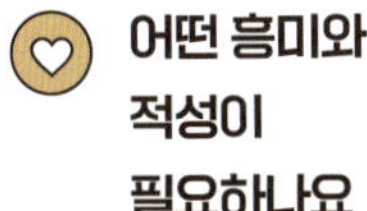 **어떤 흥미와
적성이
필요하나요**

① 예술적 안목이 있고 미적 감각과 감수성이 좋은 학생들에게 적합합니다.
② 다양한 환경 속에서 기능하는 생활도구나 조형물을 새로운 시각에서 디자인하려면 창의력과 상상력이 풍부해야 합니다.
③ 최근에는 컴퓨터를 활용하여 디자인하는 것이 일반적 추세이므로 디자인 관련 컴퓨터 프로그램을 잘 다룰 수 있어야 합니다.

 **관련자격** AdobeACE(Adobe제품군그래픽), AdobeACS(Adobe제품군그래픽), AutoCAD자격증, GIA(국제보석감정사), 귀금속가공산업기사, 웹디자인기능사, 제품디자인산업기사, 컴퓨터그래픽스운용기능사, 포장산업기사

 **관련직업** 산업 디자이너, 시각 디자이너, 제품 디자이너, 캐릭터 디자이너, 컬러리스트

관련기관 한국디자인진흥원, 한국문화예술교육진흥원, 한국문화예술위원회 등

082

금속공예학과

<table>
<tr><td>학과
소개</td><td>귀금속뿐만 아니라 인간의 생활 주변을 예술적으로 승화시켜줄 수 있는 인테리어 소품에서 생활용품, 조각 작품에 이르기까지 다양한 영역을 아우릅니다. 금속공예학과는 귀금속, 비금속 소재의 금속공예 전 분야에 걸쳐 과학적 분석과 기법 탐구를 통해 창조적인 조형 능력을 가진 유능한 금속 공예가와 전문 디자이너 및 우수 연구인력 양성에 교육 목표를 두고 있습니다.</td></tr>
</table>

관련학과

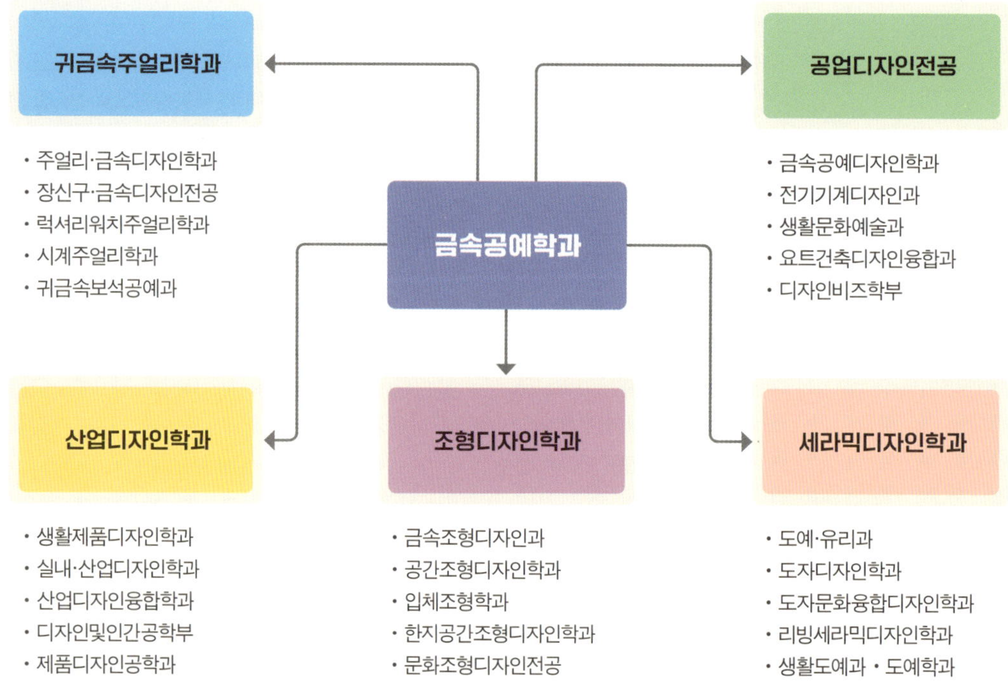

주요 교과목　공예조형, 금속공예의 이해, 금속공예사, 랜더링, 유리공예, 공예경영 등의 교과목을 공부합니다.

<table>
<tr><td>

**진로 탐색과
준비,
이렇게 하세요**

</td><td>

1. 집이나 학교에서 일상생활을 하면서 만나는 다양한 금속공예품을 사진으로 찍어 모아보세요. 관찰력을 기를 수 있고 새로운 아이디어 제품을 생각해낼 수도 있습니다.
2. 다양한 금속공예품을 드로잉하고 자신만의 포토폴리오를 만들어보세요. 포토폴리오를 만드는 과정에서 공예에 대한 이해를 높일 수 있습니다.
3. 금속공예 관련 잡지를 꾸준히 읽으며 새로운 흐름과 추세를 파악해보세요.

</td></tr>
</table>

<table>
<tr><td>

**고교학점제
준비,
이렇게 하세요**

</td><td>

| 공통 | 통합사회 1·2 등 |

| 일반 선택 | 사회 교과: 사회와 문화, 현대사회와 윤리
예술 교과: 미술 |

| 진로 선택 | 미술 창작, 미술 감상과 비평, 미술 이론, 미술사, 윤리와 사상, 인간과 철학, 인간과 심리 |

| 융합 선택 | 사회문제 탐구, 미술과 매체, 미술과 사회, 지식 재산 일반 |

</td></tr>
</table>

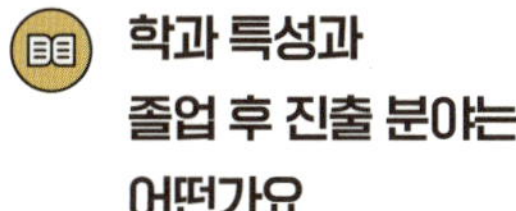

**학과 특성과
졸업 후 진출 분야는
어떤가요**

① 다른 공예 분야와 달리 금속 재료를 사용하는 특성이 있고, 수공 방식으로 생산된다는 점에서 대량생산에 의존하는 산업디자인과 구분되며, 일상생활과 밀접한 공예품을 제작한다는 점에서 조각과는 일정 정도 차이가 있습니다.

② 금속공예학과 전공자가 진출할 수 있는 분야는 다양합니다. 금속 공예가, 장신구 작가, 귀금속 디자이너, 생활용품과 문화상품 디자이너, 상품 기획과 유통 전문가, 화랑 운영자, 큐레이터, 교육자 등으로 많은 졸업생이 국내·외에서 활발하게 활동하고 있습니다. 일반적으로 졸업하면 요업 회사, 생활 도자기 공방, 공예 화랑, 팬시 상품 회사, 주얼리 회사, 인테리어 회사, 아트숍뿐 아니라 대학의 디자인 관련 학과의 교수, 연구기관의 연구원, 금속공예 관련 정부 및 공공기관에서 활동할 수 있습니다.

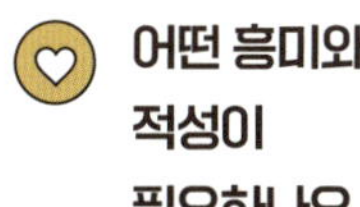

**어떤 흥미와
적성이
필요하나요**

① 예술적 안목이 있고 미적 감각과 감수성이 좋으며 그것을 드러내 표현할 수 있는 학생들에게 적합합니다.

② 금속공예를 전공하려면 정교한 손동작 능력과 섬세함이 필요합니다.

③ 새로운 아이디어가 풍부해 기존에는 보지 못했던 독창적인 공예품을 만들 수 있는 창의적인 사람에게 유리합니다.

④ 하나의 금속 공예품을 만들려면 긴 시간이 필요하기에 인내력과 성실성이 요구됩니다. 또 금속공예에 관한 지식과 이론을 충분히 습득해 자신의 것으로 만들 수 있어야 합니다.

관련자격　귀금속가공산업기사, 금속기사, 보석가공기능사, 보석감정사

관련직업　가구제품 디자이너, 공예원, 귀금속 및 보석 세공원, 금속 인테리어 및 디스플레이어, 도예가, 보석감정사, 상품 기획자, 장신구 가공원, 제품 디자이너

관련기관　한국공예디자인문화진흥원, 한국예술인복지재단, 한국문화예술교육진흥원, 한국문화예술위원회 등

083

디지털디자인학과

학과 소개
포토샵, 일러스트, 플래시, 3D Max 등 컴퓨터 툴이나 인공지능 장비를 이용하는 디자인을 디지털디자인이라고 합니다. 디지털디자인학과는 과학기술을 이용하여 예술의 표현력을 한층 풍성하게 할 수 있는 디지털콘텐츠 분야의 전문인력을 양성합니다. 예술과 과학기술의 융합을 시도하면서 '디지털디자인' 영역을 연구하는 학과입니다.

관련학과

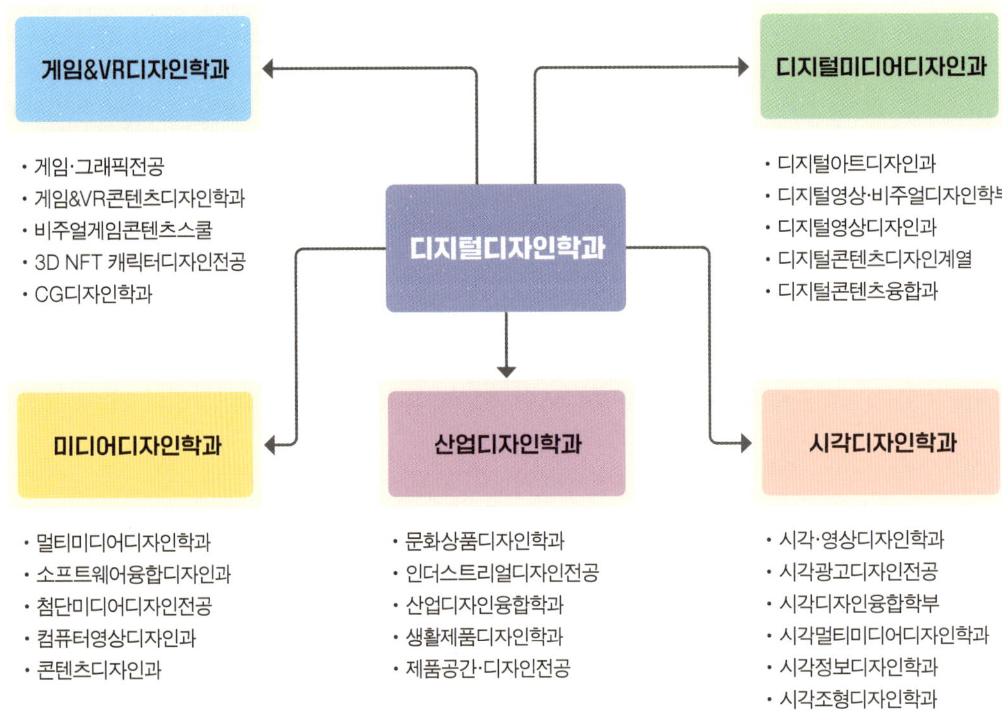

주요 교과목 컴퓨터그래픽스, 모바일 디자인, 웹콘텐츠 디자인, 포트폴리오 디자인 등의 교과목을 공부합니다.

<table>
<tr><td>

**진로 탐색과
준비,
이렇게 하세요**

</td><td>

1. 디자인을 위한 기초적인 컴퓨터 툴(포토샵, 일러스트레이터, 프로토파이 등)을 배워보면 디자인에 대한 흥미도 높일 수 있습니다.
2. 포토샵과 같은 디자인 툴을 이용하여 관심 있는 주제의 포스터를 만들어보세요. 학교 축제나 학급의 이벤트를 소개하는 포스터도 좋습니다.

</td></tr>
</table>

<table>
<tr><td>

**고교학점제
준비,
이렇게 하세요**

</td><td>

| 공통 | 공통국어 1·2, 공통수학 1·2, 통합사회 1·2 등 |

| 일반 선택 | 국어 교과: 독서와 작문, 문학 |

수학 교과: 대수, 확률과 통계

사회 교과: 사회와 문화, 현대사회와 윤리

예술 교과: 미술

정보 교과: 정보

| 진로 선택 | 주제 탐구 독서, 문학과 영상, 직무 수학, 경제, 미술 창작, 미술 감상과 비평, 미술 이론, 미술사, 인간과 심리 |

| 융합 선택 | 매체 의사소통, 사회문제 탐구, 미술과 매체, 지식 재산 일반 |

</td></tr>
</table>

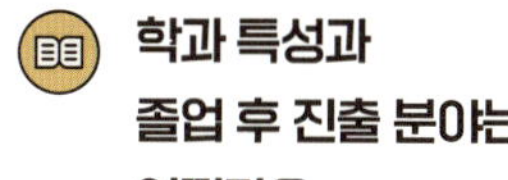 학과 특성과 졸업 후 진출 분야는 어떤가요

① 모션그래픽, 영상편집, CG 등 영상 관련 디자인이 디지털디자인의 대표적인 분야로 과학기술의 발전에 따라 범위가 더욱 광범위해지고 있습니다. 디지털디자인은 표현방식과 방법이 다른 예술 장르에 비해 폭넓고, 다른 예술 분야와 융합이 가능한 장점을 가지고 있습니다.

② 졸업하면 광고 대행사, 광고 기획실, 인쇄/편집 회사, 언론·출판사, CI/BI 개발 전문회사, 기업체 홍보실, 인터넷 방송국, 케이블 TV/포스트 프로덕션, UCC 멀티미디어 전문회사, 웹디자인 기업, 웹에이전시, 모바일 디지털 콘텐츠 개발회사, UI/UX 디자인 회사 등으로 진출할 수 있습니다. 또 대학의 디자인 관련 학과의 교수, 연구기관의 연구원, 중앙정부 및 지방자치단체 등 공공기관에서 일할 수 있습니다.

어떤 흥미와 적성이 필요하나요

① 첨단기술에 관심이 많고 예술적으로 표현하기를 좋아하는 사람에게 적합합니다.
② 예술적 안목, 미적 감각, 감수성이 좋아야 하며 창의적 사고, 융합적 사고가 요구됩니다.
③ 도구나 기계를 잘 다루며 꾸준히 작업을 해낼 수 있는 성실함이 필요합니다.

 **관련자격** 게임그래픽전문가, 게임기획전문가, 멀티미디어콘텐츠제작전문가, 시각디자인기사

 **관련직업** 애니메이터, 디자이너, 디지털비디오 아티스트, 디지털 스토리텔러, 미디어 아티스트, 사운드 디자이너, 오디오 엔지니어

 **관련기관** 한국디자인진흥원, 한국문화예술교육진흥원, 한국문화예술위원회 등

084

만화애니메이션학과

학과 소개

만화·애니메이션·웹툰·캐릭터·게임·영상 등의 문화콘텐츠는 일상생활을 풍요롭게 합니다. 출판만화는 물론, 첨단 테크놀로지의 컴퓨터애니메이션을 기획·연출·제작하기 위한 실습과 학습을 하는 만화애니메이션학과는 21세기에 필요한 고부가가치의 멀티미디어 영상산업에 필요한 창조적이고 효율적인 운영 능력을 갖춘 전문 영상인 양성을 교육 목표로 두고 있습니다.

관련학과

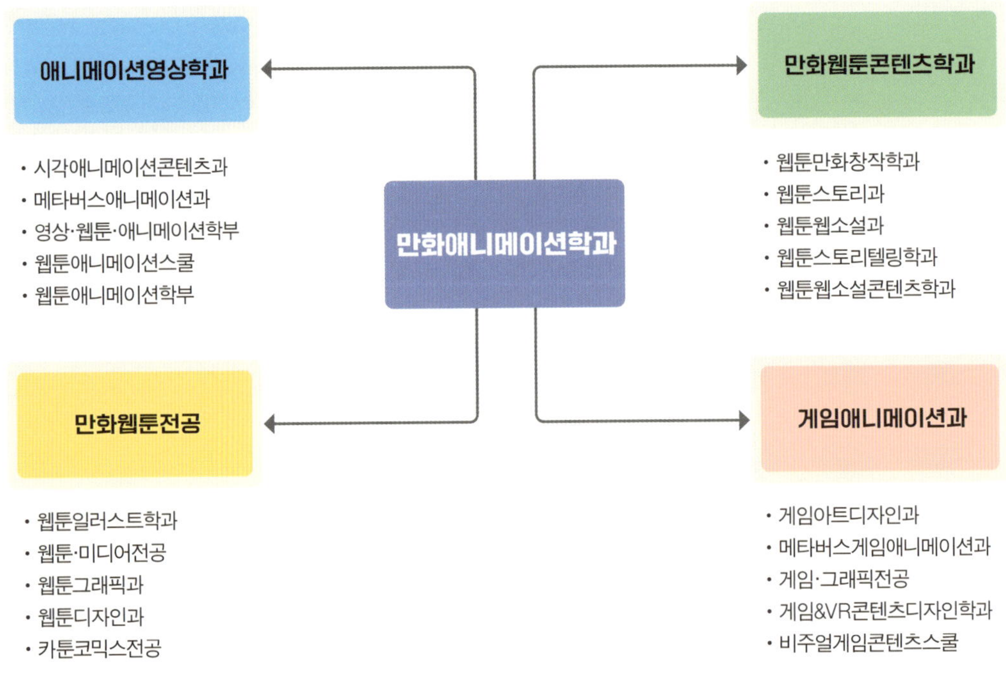

주요 교과목 만화 기초, 애니메이션 기초, 애니메이션 제작기법, 3D컴퓨터모델링, 만화스토리텔링 등의 교과목을 공부합니다.

<table>
<tr>
<td>

**진로 탐색과
준비,
이렇게 하세요**

</td>
<td>

1. 부천국제만화축제를 비롯한 만화축제에 참여해보세요. 현대적 흐름을 이해할 수 있고, 다양한 종류의 만화를 만나볼 수 있습니다.
2. 관심 있는 주제의 만화나 애니메이션을 상상해보고 자신만의 만화나 애니메이션 스토리보드를 작성해보세요.
3. 새로운 나만의 캐릭터를 창조해보세요. 처음에는 남의 것을 흉내 낼 수 있지만 자기 색깔의 캐릭터를 만드는 것이 중요합니다.

</td>
</tr>
</table>

<table>
<tr>
<td>

**고교학점제
준비,
이렇게 하세요**

</td>
<td>

공통	통합사회 1·2 등
일반 선택	사회 교과: 사회와 문화, 현대사회와 윤리 예술 교과: 미술
진로 선택	미술 창작, 미술 감상과 비평, 미술 이론, 미술사, 윤리와 사상, 인간과 철학, 인간과 심리
융합 선택	사회문제 탐구, 미술과 매체, 미술과 사회, 지식 재산 일반

</td>
</tr>
</table>

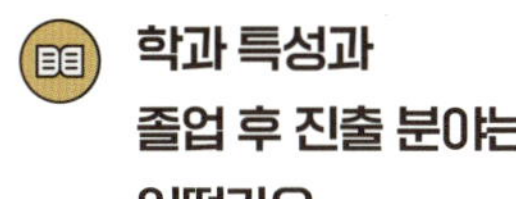

**학과 특성과
졸업 후 진출 분야는
어떤가요**

① 디지털 시대의 만화와 애니메이션은 인터넷, 모바일 등 새로운 미디어와 결합하여 보다 강력한 문화산업으로 발전하고 있습니다. 최근 우리나라의 웹툰은 만화 종주국 일본을 넘어 세계적으로 호평받고 있으면 산업적으로도 크게 성장하고 있습니다. 성공한 웹툰은 드라마나 영화 등으로 새롭게 제작되어 사람들의 사랑을 받고 있기에 전망이 밝습니다.

② 졸업하면 영화사, 방송국, 홍보 및 광고 기획회사, 신문사, 영상물 제작회사, 애니메이션 제작회사, 게임 제작회사 등으로 진출할 수 있습니다. 또 문화·예술·만화 관련 정부 및 공공기관에서 일할 수 있습니다.

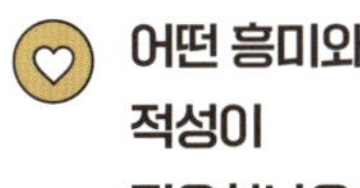

**어떤 흥미와
적성이
필요하나요**

① 상상력과 자기만의 아이디어가 있는 사람들에게 적합한 전공입니다. 인문학적 상상력이 풍부해 새로운 스토리의 만화나 애니메이션을 머릿속에서 만들 수 있는 사람에게 유리합니다.

② 삶의 철학을 가지고 만화 작품 속에 그것을 표현하기를 좋아하는 사람에게 적합하기에 그림 그리기에 소질이 있으면 좋습니다.

③ 평소 사람이나 동물 관찰을 좋아하며 이를 스케치하는 것을 즐기는 사람이라면 흥미롭게 공부할 수 있습니다.

 **관련자격**   게임그래픽전문가, 멀티미디어콘텐츠전문가, 시각디자인기사, 웹디자인기능사, 컬러리스트기사

 **관련직업**   만화가, 만화 콘티작가, 애니메이션 기획자, 애니메이션 작가, 애니메이터

관련기관   한국콘텐츠진흥원, 한국문화정보원, 한국문화예술교육진흥원, 한국문화예술위원회 등

085

반려동물학과

학과 소개
최근 세계적으로 반려동물 시장이 폭풍 성장을 하고 있습니다. 우리나라도 선진국에 들어서면서 반려동물에 대한 사람들의 관심이 높아지고 있습니다. 반려동물학과는 집에서 키우는 동물의 간호·미용·관리 등 전반적인 케어를 위한 실무적인 내용을 배우는 곳입니다. 반려동물과 관련한 직업 및 산업 분야에 종사할 현장 실무 인력을 기릅니다.

관련학과

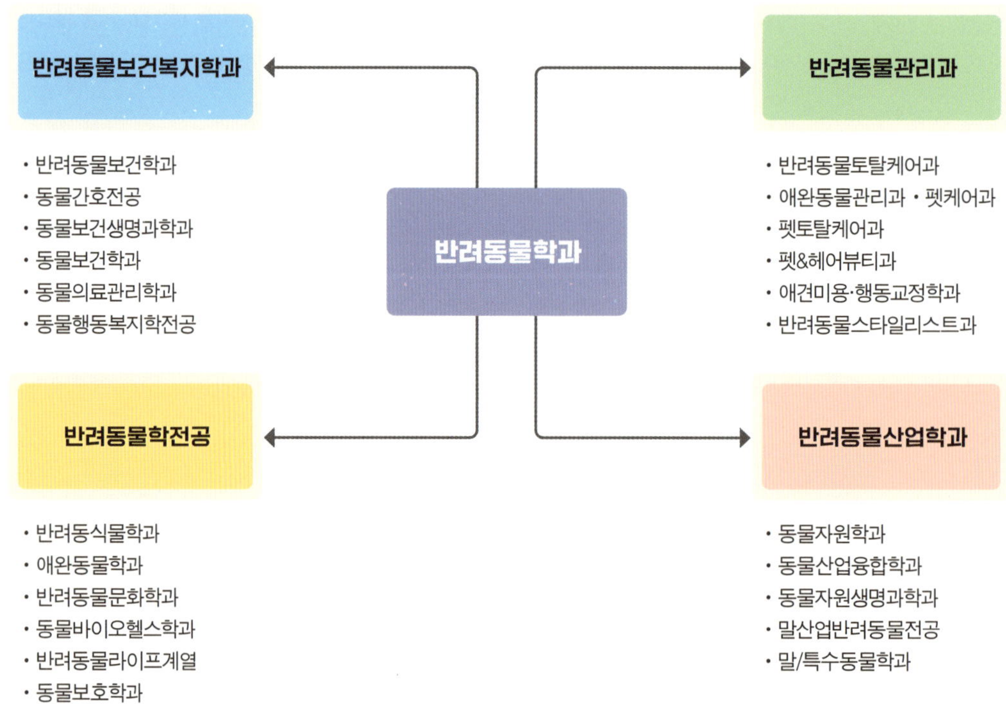

주요 교과목 동물해부생리학, 애완동물영양학, 동물간호학, 애완동물훈련, 동물질병학 등의 교과목을 공부합니다.

<table>
<tr><td>진로 탐색과
준비,
이렇게 하세요</td><td>1. 반려동물을 키우면서 동물들의 행동을 관찰하고 동물들에게 필요한 것이 무엇인지 생각해볼 수 있습니다.
2. 반려동물 박람회에 참가하면 반려동물과 관련한 정보를 탐색해볼 수 있습니다.
3. 생물과 관련한 동아리 활동을 통해 자신의 흥미와 적성을 알아볼 수 있습니다.</td></tr>
</table>

<table>
<tr><td rowspan="6">고교학점제
준비,
이렇게 하세요</td><td>공통</td><td>통합사회 1·2, 통합과학 1·2 등</td></tr>
<tr><td rowspan="3">일반 선택</td><td>사회 교과: 사회와 문화, 현대사회와 윤리</td></tr>
<tr><td>과학 교과: 생명과학, 화학</td></tr>
<tr><td>교양 교과: 생태와 환경</td></tr>
<tr><td>진로 선택</td><td>세포와 물질대사, 생물의 유전, 화학 반응의 세계, 윤리와 사상, 생활과학 탐구, 인간과 철학, 교육의 이해, 보건</td></tr>
<tr><td>융합 선택</td><td>융합과학 탐구, 사회문제 탐구</td></tr>
</table>

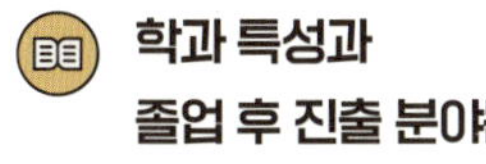

학과 특성과 졸업 후 진출 분야는 어떤가요

① 인간 생활의 도시화, 핵가족화, 노령화 등으로 초래되는 인간의 소외감이나 우울증으로 인해 반려동물의 중요성이 강조되고 있습니다. 특히 선진국으로 갈수록 반려동물 수요가 증가합니다. 앞으로 반려동물과 관련된 현장의 일자리가 늘어나면서, 반려동물학과에서 담당해야 할 역할도 많아질 전망입니다.

② 졸업하면 동물병원, 반려견센터, 반려동물 훈련센터, 사료회사, 동물 약품회사, 동물원 등으로 진출할 수 있습니다. 또 개인적으로 숍을 운영하거나 생물 자원 관련 정부 및 공공기관에서 일할 수도 있습니다.

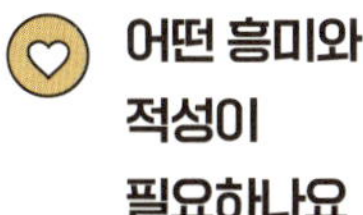

어떤 흥미와 적성이 필요하나요

① 평소에 동물을 키우거나 돌보는 것에 관심이 많았다면 이 학과에 관심을 가져볼 만합니다. 특히 자연이나 동물과 더불어 사는 것에 친숙하다면 학과 공부에 도움이 됩니다.

② 동물 케어와 관련하여 간호, 미용, 사육, 훈련, 관리 등 다양한 분야에 능력이 있으면 더욱 좋습니다.

③ 반려동물과 함께하면서 생길 수 있는 돌발상황에 대비해 신속한 판단력과 대처 능력이 요구되며 책임감을 가지고 끝까지 반려동물을 돌보려는 자세가 필요합니다.

 **관련자격** 반려동물관리사, 애견미용사, 축산기능사

 **관련직업** 반려동물 미용사, 수의 간호사, 반려동물 훈련사

📁 **관련기관** 한국애견협회, 한국애견연맹 등

086

방송제작과

학과 소개

방송, 문화예술 시대에 다양한 형태의 공연과 방송매체에 이르기까지 수준 높은 문화예술을 발전시키기 위한 학과입니다. 이를 위해 방송 프로그램 제작에 필요한 카메라 촬영, 영상 편집, 조명 등의 이론과 실기 교육을 실시하고, 스튜디오 및 야외 제작 등 다양한 환경에서의 제작 기법을 습득할 수 있도록 합니다.

관련학과

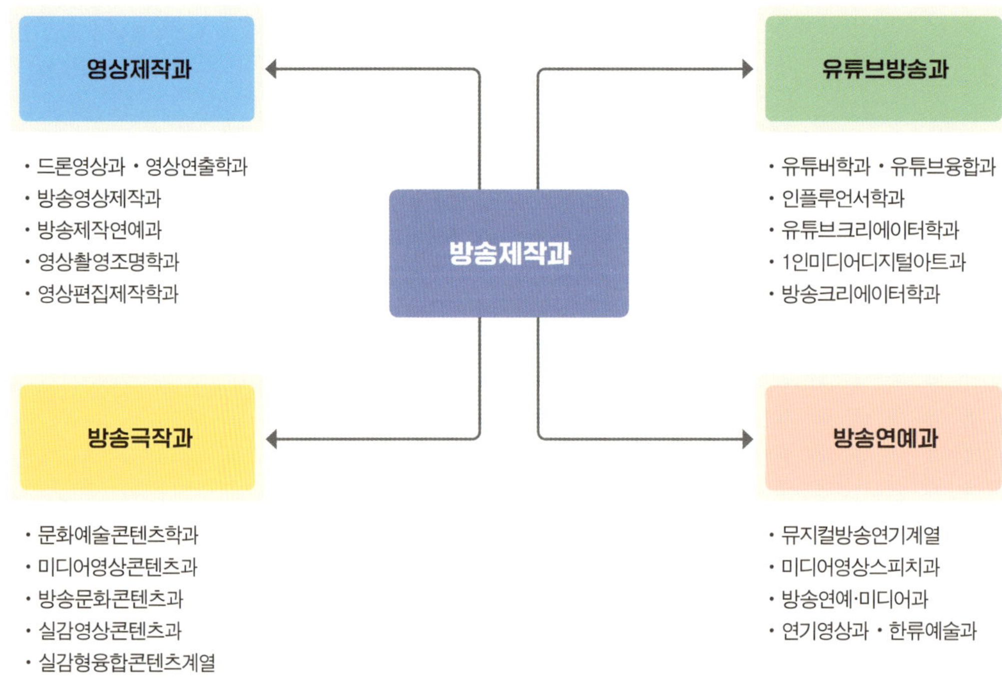

주요 교과목 방송기획, 방송영상학 개론, 스튜디오 촬영실습, 영상디자인, 작품분석 등의 교과목을 공부합니다.

<table>
<tr><td>진로 탐색과
준비,
이렇게 하세요</td><td>

1. 방송 동아리에서 친구들과 방송 촬영, 기획, 편집 등 역할 분담을 하여 제작을 해보면 전반적인 방송 업무를 알 수 있고, 자신이 관심 있는 방송의 세부 분야도 파악할 수 있습니다.
2. 영상의 콘셉트를 정해 제작해서 개인 미디어에 올려보세요. 다른 사람들과의 소통을 통해 부족한 부분을 채울 수 있고, 전반적인 영상 제작 능력을 키울 수 있습니다.
3. 영상 제작과 관련된 아이디어 노트를 만들어보세요.

</td></tr>
</table>

<table>
<tr><td>고교학점제
준비,
이렇게 하세요</td><td>

공통	공통국어 1·2, 통합사회 1·2 등
일반 선택	국어 교과: 화법과 언어, 독서와 작문, 문학 사회 교과: 세계사, 사회와 문화, 현대사회와 윤리 정보 교과: 정보
진로 선택	주제 탐구 독서, 문학과 영상, 직무 의사소통, 법과 사회, 윤리와 사상, 데이터 과학, 인간과 철학, 논리와 사고, 인간과 심리
융합 선택	독서 토론과 글쓰기, 매체 의사소통, 언어생활 탐구, 사회문제 탐구, 윤리문제 탐구, 소프트웨어 생활, 지식 재산 일반, 논술

</td></tr>
</table>

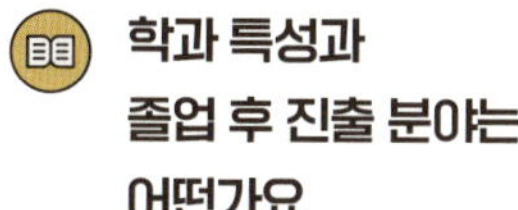 **학과 특성과 졸업 후 진출 분야는 어떤가요**

① 연출 분야, 편집 분야, 촬영 분야 등 세 분야로 나누어 방송 현장 감각을 익히고 제작 실무에 바로 참여할 수 있도록 실습과 현장을 연결하는 프로그램을 통해 변화하는 방송 환경을 이끌어 나갈 기술인을 양성하는 학과입니다. 매체가 지상파 방송 중심을 넘어서 케이블 TV, 인터넷 방송 등 다양하게 확대됨에 따라 향후 전망은 더욱 밝아질 것으로 예측됩니다.

② 졸업하면 위성 및 지상파 방송국, 각 기업체 사내 방송국, 신문사, 잡지사, 멀티미디어 콘텐츠 제작회사, 인터넷 콘텐츠 기획 및 제작회사, 영화 제작사, 극장 및 극단, 회사 홍보실, 이벤트 회사, 오락 및 연예 기획사 등으로 진출할 수 있습니다. 또 문화·콘텐츠 관련 정부 및 공공기관에서 일할 수도 있습니다.

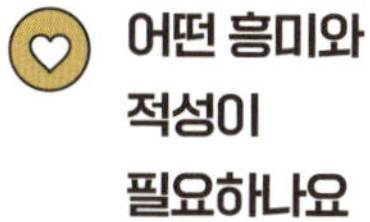 **어떤 흥미와 적성이 필요하나요**

① 자유롭게 생각하고 자신의 생각이나 감정을 비교적 잘 표현하며 사물을 섬세하게 관찰하는 일에 흥미를 느끼는 사람에게 잘 맞습니다.

② 창의적 사고와 독창적인 감각이 요구됩니다. 특히 공학적 성격과 예술적 성격의 양 특성을 고루 갖추는 것이 필요합니다.

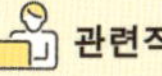 **관련자격** 무대예술전문인(무대기계, 조명, 음향), 방송통신산업기사

관련직업 개인 미디어 콘텐츠 제작자(크리에이터), 녹음기사, 방송연출가, 비디오 저널리스트(VJ), 음반녹음 기술자, 조명기사, 촬영기사, 편집기사, 프로듀서(PD)

관련기관 한국콘텐츠진흥원, 시청자미디어재단, 영화진흥위원회, 한국영상자료원 등

087

미디어영상학과

학과 소개
미디어와 영상은 최근 가장 각광을 받는 분야입니다. 미디어영상학과에는 변화하는 미디어에 대한 이해를 바탕으로 영화, 방송, 영상 그래픽, 촬영 및 편집과 같이 미디어영상과 관련된 각종 이론 및 실무를 공부할 수 있도록 교과 과정이 준비되어 있습니다. 영상매체의 이론 및 실기를 두루 학습해 다양한 영상콘텐츠를 개발·제작할 현장성 높은 전문인을 양성합니다.

관련학과

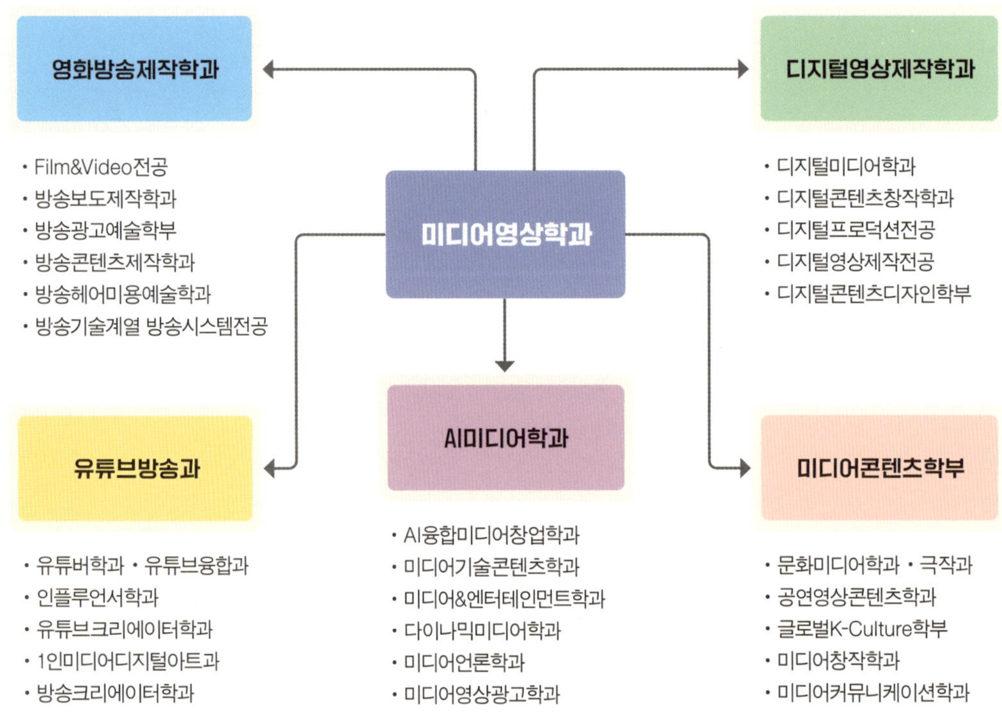

주요 교과목 디지털애니메이션, 애니메이션스튜디오, 영상편집, 컴퓨터커뮤니케이션 기법, 평면조형 등의 교과목을 공부합니다.

| **진로 탐색과 준비, 이렇게 하세요** | 1. 영상물을 제작하고 편집하는 동아리 활동을 해보세요. 영상물 제작에 관한 이해를 크게 높일 수 있습니다.
2. 좋아하는 영화나 드라마를 만든 스태프들이 하는 일을 정리해보세요. 무대 뒤쪽에서 수고하는 수많은 스태프의 존재를 알 수 있습니다.
3. 미디어 축제에 참가하여 좋은 작품을 감상하고 영상물을 만드는 전문 직업인들의 이야기를 들어보세요. |

| **고교학점제 준비, 이렇게 하세요** | 공통 통합사회 1·2 등
일반 선택 사회 교과: 사회와 문화, 현대사회와 윤리
예술 교과: 미술
정보 교과: 정보
진로 선택 문학과 영상, 미술 창작, 미술 감상과 비평, 윤리와 사상, 인공지능 기초, 인간과 철학, 인간과 심리
융합 선택 매체 의사소통, 소프트웨어와 생활, 지식 재산 일반, 미술과 매체 |

학과 특성과 졸업 후 진출 분야는 어떤가요

① 최근 첨단 영상 분야의 발달이 영화, 방송 등에 긴밀한 영향을 미치고 있어 영상 콘텐츠 표현 방법이 다양화되고 있습니다. 이러한 콘텐츠를 창의적으로 기획하는 인재를 육성하기 위해 현대 미학, 비평, 스토리텔링, 연출, 촬영, 편집, 디지털 효과 등을 교육 과정으로 두고 있습니다. 영상매체에 대한 대중의 관심은 앞으로도 지속될 것이므로 영상 분야는 향후 전망이 좋을 것으로 판단됩니다.

② 졸업하면 방송국, 위성 및 지상파 방송국, 각 기업체 사내 방송국, 신문사, 잡지사, 멀티미디어 콘텐츠 제작업체, 인터넷 콘텐츠 기획 및 제작업체, 영화 제작사, 극장 및 극단, 기업체의 홍보실, 이벤트 사업체, 오락 및 연예 기획사 등으로 진출할 수 있습니다. 또 문화·예술 관련 정부 및 공공기관에서 일할 수 있습니다.

어떤 흥미와 적성이 필요하나요

① 공연 및 영상 예술에 관심이 많으며 자유롭게 생각하고 자신의 생각이나 감정을 잘 표현할 줄 알 뿐 아니라 신기술에 관심이 많은 학생에게 적합합니다.

② 영상매체를 잘 다룰 수 있어야 하며 개성뿐만이 아니라 섬세함, 미적 감각, 예술적 감수성이 요구됩니다.

③ 폭넓은 시각을 갖기 위해 다양한 체험을 해보는 적극적인 성향이 도움이 됩니다.

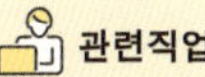

관련자격 멀티미디어콘텐츠제작전문가, 웹디자인기능사, 컴퓨터그래픽스운용기능사

관련직업 사진기자, 영화감독, 영화 기획자, CF감독, 개인 미디어 콘텐츠 제작자, 공연 기획자, 무인항공 촬영감독, 연극연출자, 제작PD

관련기관 한국콘텐츠진흥원, 한국문화정보원, 한국영상자료원, 한국문화예술위원회 등

088

뷰티미용학과

학과 소개

건강과 아름다움은 현대인의 가장 큰 관심사입니다. 건강과 아름다움을 더 잘 유지하기 위해 헤어·피부·메이크업·네일 및 화장품 등에 관한 체계적인 학습이 필요한 이유입니다. 뷰티미용학과는 헤어·피부미용·특수분장 및 메이크업·네일 아티스트 등 다양한 직무 분야에서 활약할 수 있는 뷰티 전문가 양성을 교육 목표로 두고 있습니다.

관련학과

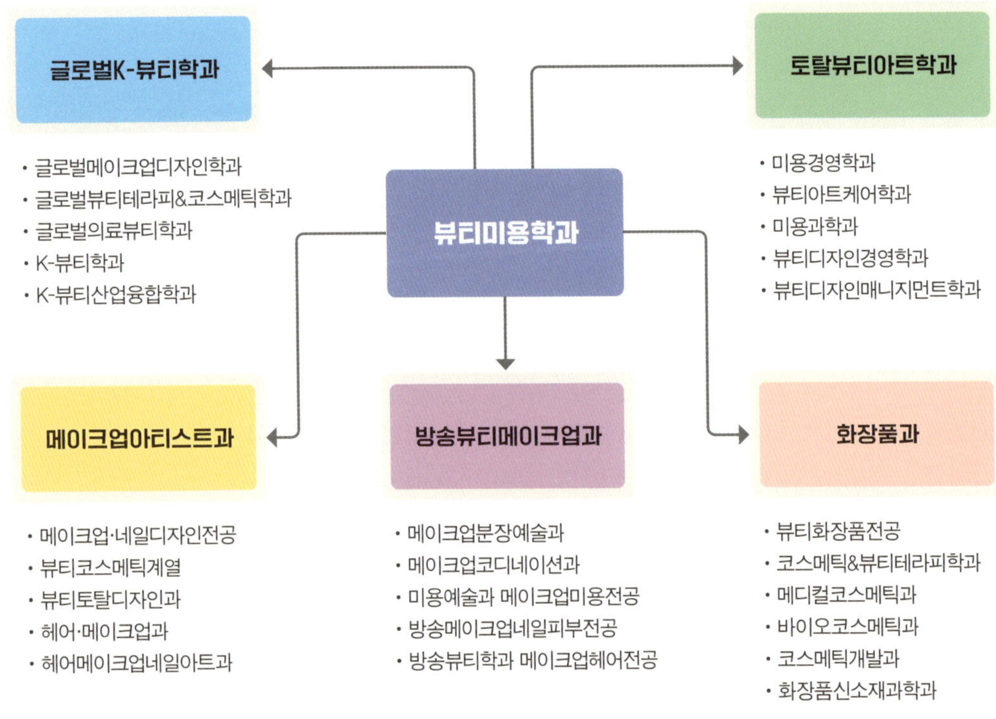

주요 교과목 미용영양학, 네일미용, 미용경영학, 미용색채학, 피부과학, 조형헤어디자인 등의 교과목을 공부합니다.

<table>
<tr><td>

**진로 탐색과
준비,
이렇게 하세요**

</td><td>

1. 미용박람회, 미용전시회 등에 참여하여 최근의 미용 흐름을 알아보세요.
2. 인터넷 등을 통하여 다양한 형태의 헤어스타일 이미지를 모으고 유사한 분야별로 나눠보세요. 여러 헤어스타일을 이해하는 데 도움이 됩니다.
3. 피부미용 동아리에서 활동해보세요. 관심 있어 하는 친구들과 이야기를 나누면 정보 교류를 하는 데 도움이 됩니다.
4. 유튜브의 메이크업 동영상을 보며 전문가가 제시하는 메이크업 기법을 익혀보세요.

</td></tr>
<tr><td>

**고교학점제
준비,
이렇게 하세요**

</td><td>

공통	통합사회 1·2 등
일반 선택	사회 교과: 사회와 문화, 현대사회와 윤리 예술 교과: 미술
진로 선택	미술 창작, 미술 감상과 비평, 윤리와 사상, 인간과 철학, 인간과 심리, 교육의 이해
융합 선택	사회문제 탐구, 미술과 매체

</td></tr>
</table>

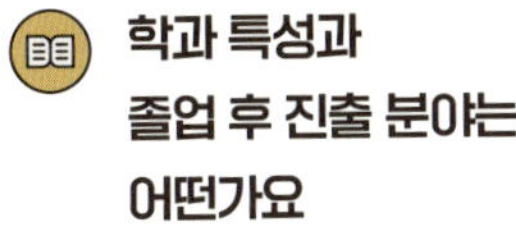 **학과 특성과
졸업 후 진출 분야는
어떤가요**

① 뷰티산업의 발전에 따라 시장이 확대되고 다양한 형태의 교육기관이 증가하고 있습니다. 뷰티산업에서 취업하는 분야가 갈수록 세분화, 전문화되고 있는데 미용전문가라고 하더라도 전문 분야에 따라서 헤어디자이너·피부관리사·체형관리사·두피관리사·메이크업아티스트·스타일리스트·네일 테크니션·특수머리 전문가·특수 분장사 등 다양한 진로 분야가 있습니다.

② 졸업하면 미용실, 화장품회사, 향수회사, 피부관리실, 화장품전문점, 메이크업 전문숍, 네일숍, 웨딩숍, 뷰티아케데미 등으로 진출할 수 있습니다. 또 중·고등학교 등 미용 관련 공공기관에서 일할 수 있습니다.

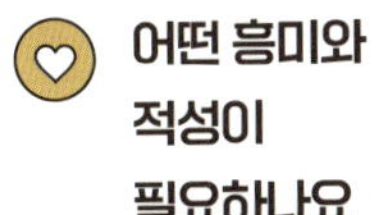 **어떤 흥미와
적성이
필요하나요**

① 미용은 대상 고객을 직접 대면해서 하는 일이라 사람들과 원활하게 커뮤니케이션을 할 수 있는 사람에게 적합합니다.

② 평소 다른 사람의 헤어스타일이나 화장법 등에 관심을 가지고 이를 직접 해보는 성향을 가졌다면 유리합니다.

③ 커트·파마·염색·피부미용 등 고객의 스타일을 연출하는 데 필요한 지식과 기술을 충분히 익힐 수 있어야 합니다.

 **관련자격** 미용사(네일), 미용사(메이크업), 미용사(일반), 미용사(피부), 컬러리스트기사, 피부관리사

 **관련직업** 메이크업 아티스트, 미용사, 분장사, 중·고등학교 교사, 피부관리사

 **관련기관** (사)대한미용사회 등

089

사진영상학과

학과
소개

'사진 한 장이 역사를 바꾼다'는 말이 있습니다. 한 장의 사진이 국민의 여론을 바꿀 수 있고, 역사적 현장을 찍은 사진은 그 자체로 역사가 됩니다. 사진영상학과는 학생들이 시각적 이미지에 대해 체계적으로 공부하고 보다 효과적이며 창조적인 시각적 표현 방법을 개발할 수 있도록 교과 과정이 짜여 있습니다. 이를 통해 다양한 시각매체 분야에서 활동할 전문 사진사와 촬영기사를 양성합니다.

관련학과

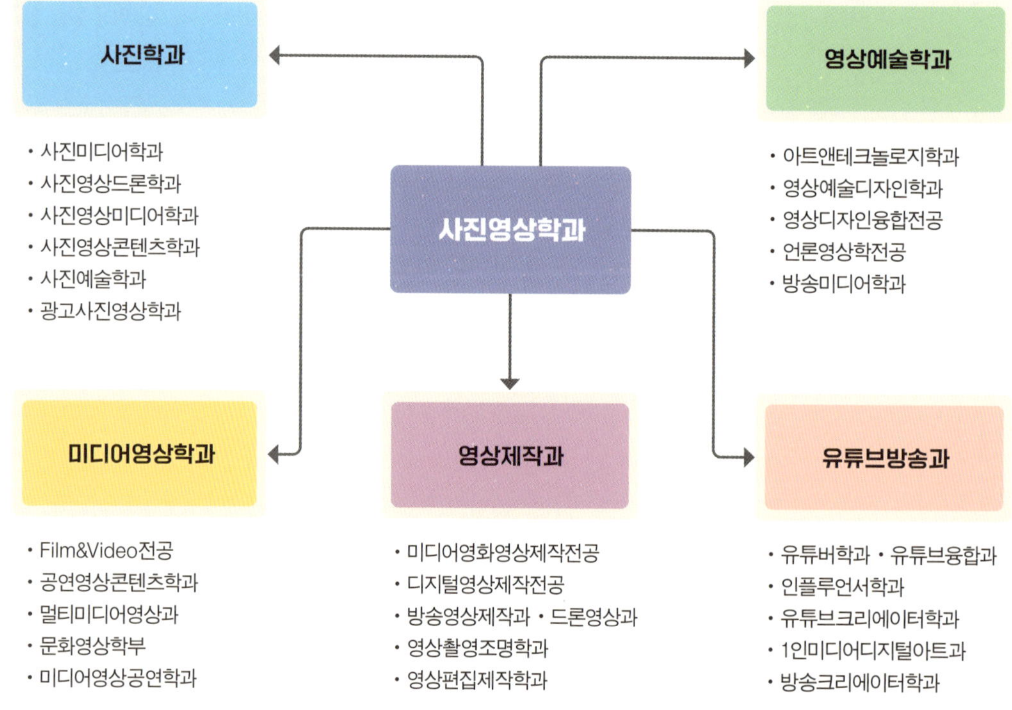

주요 교과목 기초 영상, 사진미학, 영상편집, 포토저널리즘, 광고사진, 영상미디어 등의 교과목을 공부합니다.

진로 탐색과 준비, 이렇게 하세요	1. 사진이나 영상물 중심으로 자신의 SNS를 운영해보세요. 주기적으로 새로운 자료를 올리는 것이 중요합니다. 2. 함께 공부하는 학생들의 디지털 앨범을 만들어보세요. 단, 학급회의를 통하여 미리 학우들의 협조를 얻고 시작해야 합니다. 3. 다양한 사진전이 수시로 열리고 있어요. 가급적 많은 사진전을 관람하여 사진의 역사와 최근의 흐름을 이해해보세요.

고교학점제 준비, 이렇게 하세요	**공통** 통합사회 1·2 등 **일반 선택** 사회 교과: 사회와 문화, 현대사회와 윤리 예술 교과: 미술 **진로 선택** 문학과 영상, 사진의 이해, 사진 촬영, 영상 제작의 이해, 미술 감상과 비평, 윤리와 사상, 인간과 철학, 인간과 심리 **융합 선택** 사회문제 탐구, 사진과 삶, 미술과 매체, 지식 재산 일반

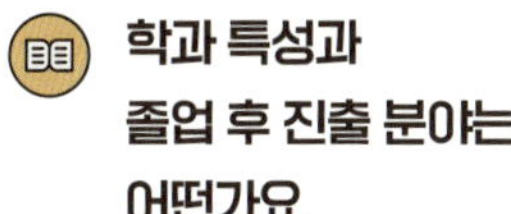

학과 특성과 졸업 후 진출 분야는 어떤가요

① 인터넷과 기술의 발달로 만화나 사진은 종이 형태로만 볼 수 있는 것이 아니라 생활 곳곳에 다양한 형식으로 자리 잡고 있습니다. 요즈음에는 핸드폰으로 사진을 찍을 뿐만 아니라 사진 편집을 하고 심지어 웹툰이나 만화도 즐길 수 있는데 이렇듯 사회의 생활 양식이 변화하며, 그에 맞게 사진과 영상의 형식도 다양하게 확대되고 있습니다.

② 졸업하면 언론사 사진부서, 애니메이션 제작사, 자료 보존실, 사진관, 현상소, 현상 인화 취급소, 스튜디오, 웨딩업체, 이벤트 업체, 광고업체, 출판사, 디자인 업체, 방송사, 신문사, 광고 대행사, 영화사 등으로 진출할 수 있습니다. 또 공공기관 보도실, 문화·예술 관련 정부기관에서 일할 수 있습니다.

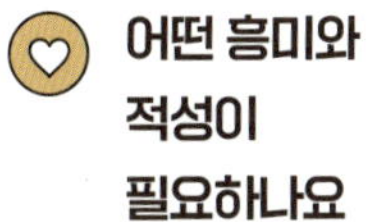

어떤 흥미와 적성이 필요하나요

① 자신만의 삶의 철학을 가지고 사진이나 영상 속에 그것을 표현하는 것을 좋아하는 사람에게 적합합니다.

② 구조, 배치 등과 관련해 남다른 조형 감각이 필요합니다.

③ 기계나 도구를 다루는 데 소질이 있어야 하며, 미적 감각이 요구됩니다.

④ 사진이나 영상에 스토리를 담아야 하기에 책을 많이 접하면서 인문학적 소양을 키우는 것도 중요합니다.

관련자격 사진기능사, 숍마스터, 시각디자인기사, 웹디자인기능사, 인쇄사진산업기사, 컴퓨터그래픽스운용기능사, 항공사진산업기사

관련직업 광고 디자이너, 디지털 영상처리 전문가, 사진기자, 촬영기사, 편집기사

관련기관 한국콘텐츠진흥원, 한국문화정보원, 한국영상자료원 등

090

산업디자인학과

학과 소개 디자인은 경쟁력입니다. 현대 과학기술의 발달과 생활환경의 변화로 인해 모든 분야에서 기능뿐만 아니라 디자인도 좋은 제품의 개발이 더욱 요구되고 있습니다. 산업디자인학과는 이러한 변화에 대응하여 시각디자인, 제품 디자인, 환경 디자인 등 다양한 분야에서 창조적이고 실무 지향적인 전문 산업 디자이너를 양성하는 것을 교육 목표로 두고 있습니다.

관련학과

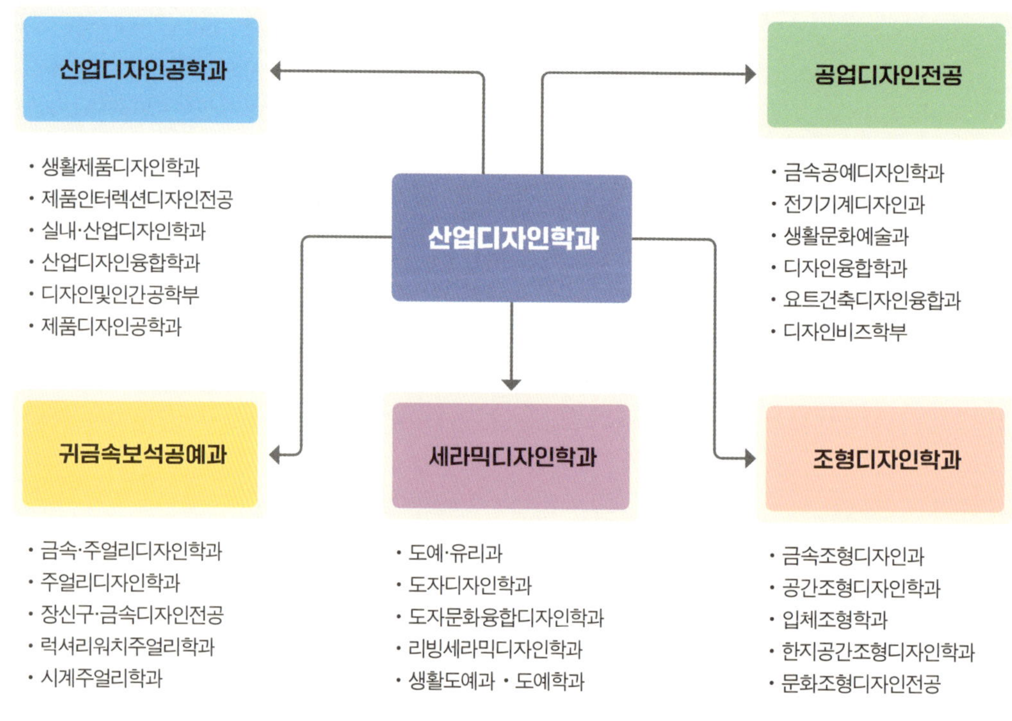

주요 교과목 디자인론, 공업디자인, 제품디자인, 인간공학 등의 교과목을 공부합니다.

진로 탐색과 준비, 이렇게 하세요	1. 반드시 입시용이 아니더라도 디자인 포트폴리오를 만들어놓으면 자신의 실력 향상에 도움이 됩니다. 2. 디자인 공모전에 참가하면 자신의 실력을 객관적으로 평가받을 수 있고 디자인 공모전 준비 자체가 도움이 됩니다. 3. 디자인 관련 잡지 가운데 하나를 도서관을 통하여 구독해서 정기적으로 새로운 흐름과 추세를 파악해보세요.

고교학점제 준비, 이렇게 하세요	**공통** 통합사회 1·2 등 **일반 선택** 사회 교과: 사회와 문화, 현대사회와 윤리 예술 교과: 미술 **진로 선택** 미술 창작, 미술 감상과 비평, 미술 이론, 미술사, 윤리와 사상, 인간과 철학, 인간과 심리 **융합 선택** 사회문제 탐구, 미술과 매체, 미술과 사회, 지식 재산 일반

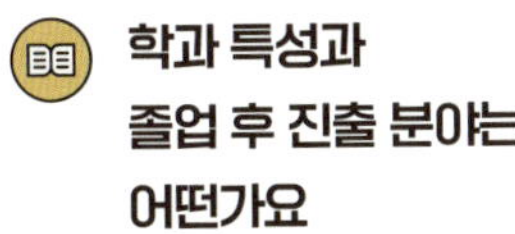 **학과 특성과
졸업 후 진출 분야는
어떤가요**

① 가전제품, 운송기기, 오디오, 휴대폰, 가구, 신발, 가방, 유아용품, 악기, 게임, 스포츠용품, 웨어러블, 화장품, 패키지 등 사람들이 생활에서 필요로 하는 제품들을 디자인합니다. 최첨단기술 제품이 새롭게 생산되는 시대를 맞이하여 정보기술을 비롯한 새로운 기술과 함께 산업디자인이 나날이 발전하고 있습니다.

② 졸업하면 광고회사 및 광고 에이전시, 국내 제조업 관련 대기업 및 중소기업의 디자인 부서, 영상 제작사, 출판사, 인테리어 디자인 업체, 미술학원 등으로 진출할 수 있습니다. 또 대학의 디자인 관련 학과의 교수, 연구기관의 연구원, 디자인 관련 중앙정부나 지방자치단체 등의 공공기관에서 일할 수 있습니다.

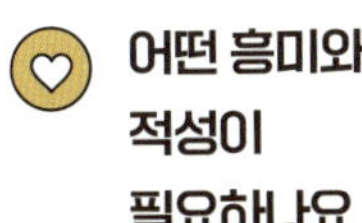 **어떤 흥미와
적성이
필요하나요**

① 산업 제품을 디자인을 하기 위해서는 미적 감각뿐 아니라 자신만의 새로운 아이디어가 있어야 합니다.

② 자신의 아이디어와 의도를 제대로 표현하는 능력이 있어야 합니다.

③ 과학적으로 사고하고 문제 상황에서 해결책을 찾아나갈 수 있는 능력이 중요합니다.

관련자격 시각디자인산업기사, 웹디자인기능사, 제품디자인산업기사, 컬러리스트기사, 컴퓨터그래픽스운용기능사, 포장산업기사

관련직업 공예원, 만화가, 시각 디자이너, 애니메이터, 웹 디자이너, 인테리어 디자이너, 일러스트레이터, 제품 디자이너, 캐릭터 디자이너, 컬러리스트, 귀금속 및 보석 세공원, 산업 디자이너

관련기관 한국디자인진흥원, 한국문화예술교육진흥원, 한국문화예술위원회 등

091

섬유디자인학과

학과 소개

섬유디자인은 인간생활과 가장 밀접한 재료인 직물에 일정한 변화를 가하여 용도에 알맞게 만들거나 여러 무늬와 색상을 넣어 아름답게 변화시키는 것을 일컫습니다. 섬유디자인학과는 패션 산업디자인 분야에서 활약할 수 있는 전문적이고 창의적인 직물 개발 능력을 지닌 디자이너를 양성하는 것을 교육 목표로 두고 있습니다.

관련학과

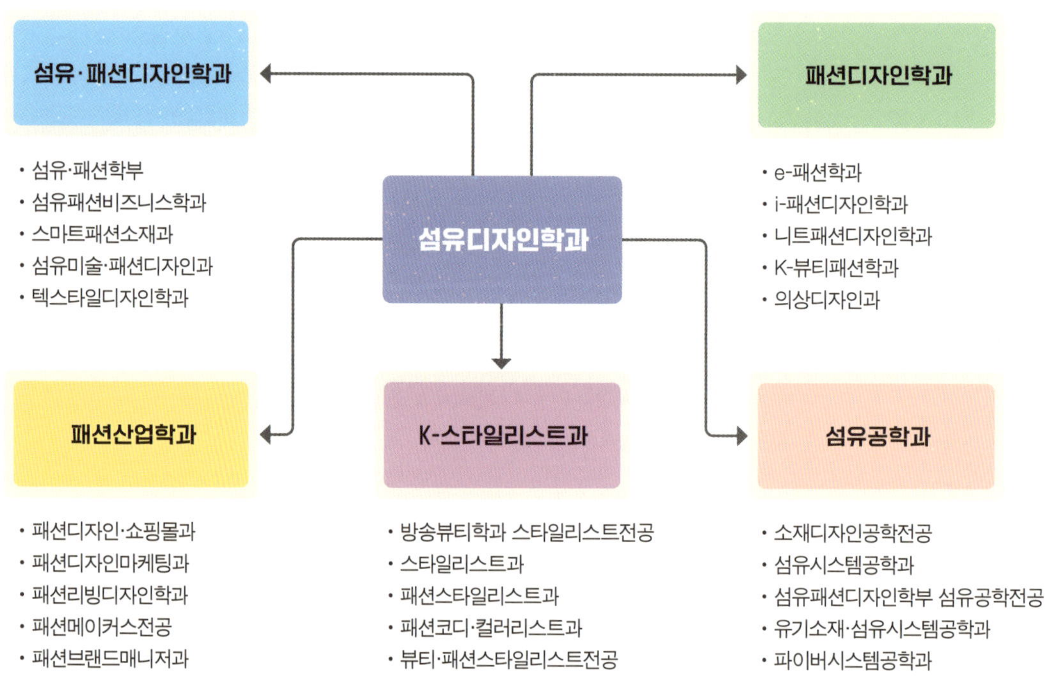

📖 **주요 교과목** 섬유디자인론, 섬유패션디자인, 직조, 텍스타일마케팅, 텍스타일디자인, 섬유소재분석론 등의 교과목을 공부합니다.

**진로 탐색과
준비,
이렇게 하세요**

1. 인터넷이나 뉴스에서 텍스타일 디자인전 개최 소식을 찾을 수 있습니다. 이 디자인전들을 관람하면서 다양한 작가의 디자인 세계를 탐험해보세요.
2. 생활 주변에서 다양한 디자인 문양을 찾아서 사진을 찍거나 스케치로 기록해보세요. 디자인 문양이 모이면 유사한 것끼리 분류해보세요. 직물 디자인에 대한 이해와 소양을 높일 수 있습니다.
3. 디자인 관련 잡지 가운데 하나를 도서관을 통하여 구독해서 정기적으로 새로운 흐름과 추세를 파악해보세요.

**고교학점제
준비,
이렇게 하세요**

| 공통 | 통합사회 1·2 등 |

| 일반 선택 | 사회 교과: 사회와 문화, 현대사회와 윤리 |
| | 예술 교과: 미술 |

| 진로 선택 | 미술 창작, 미술 감상과 비평, 미술 이론, 미술사, 윤리와 사상, 인간과 철학, 인간과 심리 |

| 융합 선택 | 사회문제 탐구, 미술과 매체, 미술과 사회, 지식 재산 일반 |

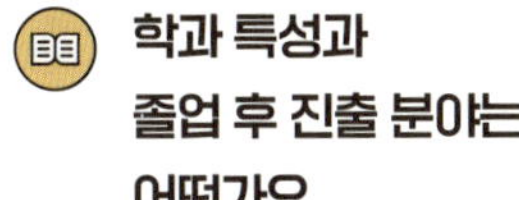

**학과 특성과
졸업 후 진출 분야는
어떤가요**

① 섬유나 직물(텍스타일)은 생각보다 쓰이는 곳이 상당히 다양합니다. 의류회사나 인테리어 회사뿐만 아니라 정보통신 기술을 다루는 회사에서도 섬유디자인을 필요로 합니다. 자동차회사, 팬시 브랜드를 다루는 회사에서도 섬유디자인을 전공한 인력을 찾고 있습니다.
② 졸업하면 섬유 산업체, 패션 기업체, 광고업체, 의류회사, 디자인 관련 회사, 자동차회사, 정보통신 기업체 등으로 진출할 수 있습니다. 또 대학의 디자인 관련 학과의 교수, 연구기관의 연구원, 섬유 소재 실험 연구소 및 기업체 연구소뿐만 아니라 디자인 관련 정부 및 공공기관에서 일할 수 있습니다.

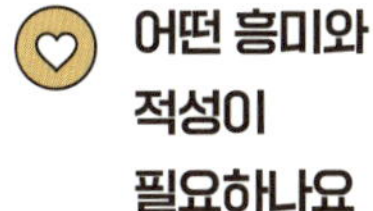

**어떤 흥미와
적성이
필요하나요**

① 자신만의 섬유디자인을 하기 위해서는 독창성과 창의성을 가지고 있어야 합니다.
② 세상의 변화와 추세에 민감해야 시대 흐름과 트렌드에 뒤처지지 않는 섬유디자인을 할 수 있습니다.
③ 섬유디자인은 혼자 하는 작업이 아닙니다. 고객이나 팀원과의 의사소통이 원활해야 좋은 디자인을 할 수 있습니다.

관련자격 섬유디자인산업기사, 컬러리스트기사, 컴퓨터그래픽스운용기능사, 패션머천다이징산업기사

관련직업 스타일리스트, 컬러리스트, 코디네이터, 패션디자이너, 패턴사

관련기관 한국디자인진흥원, 한국문화예술교육진흥원, 한국문화예술위원회 등

092

시각디자인학과

교통 표지판, 화장실, 비상구의 그림 글자가 이제는 아주 친숙하죠? 문자에 의한 전달과는 달리 이미지나 심벌 등으로 바꾸어 의사전달을 하면 더 쉽게 알아볼 수 있고 기억에도 많이 남습니다. 시각디자인학과에서는 정보나 메시지를 이런 식으로 시각화하여 효과적으로 전달할 수 있는 시각디자인의 다양한 기법을 교육합니다.

관련학과

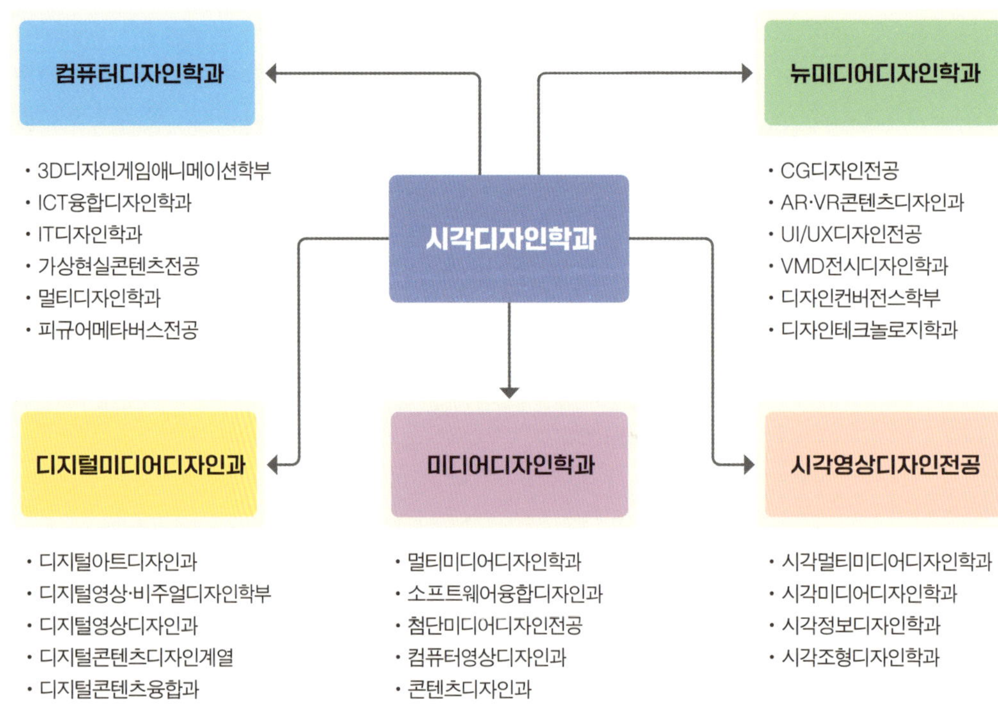

컴퓨터디자인학과
- 3D디자인게임애니메이션학부
- ICT융합디자인학과
- IT디자인학과
- 가상현실콘텐츠전공
- 멀티디자인학과
- 피규어메타버스전공

뉴미디어디자인학과
- CG디자인전공
- AR·VR콘텐츠디자인과
- UI/UX디자인전공
- VMD전시디자인학과
- 디자인컨버전스학부
- 디자인테크놀로지학과

디지털미디어디자인과
- 디지털아트디자인과
- 디지털영상·비주얼디자인학부
- 디지털영상디자인과
- 디지털콘텐츠디자인계열
- 디지털콘텐츠융합과

미디어디자인학과
- 멀티미디어디자인학과
- 소프트웨어융합디자인과
- 첨단미디어디자인전공
- 컴퓨터영상디자인과
- 콘텐츠디자인과

시각영상디자인전공
- 시각멀티미디어디자인학과
- 시각미디어디자인학과
- 시각정보디자인학과
- 시각조형디자인학과

주요 교과목 기초조형, 디자인드로잉, 시각디자인, 타이포그라피, 컴퓨터 표현기법 등의 교과목을 공부합니다.

<table>
<tr><td>

**진로 탐색과
준비,
이렇게 하세요**

</td><td>

1. 반드시 입시용이 아니어도 디자인 포트폴리오를 미리 만들어두면 자신의 실력 향상에 도움이 됩니다.
2. 디자인 공모전에 참가하면 자신의 실력을 객관적으로 평가받을 수 있고 공모전 준비 자체가 도움이 됩니다.
3. 디자인 관련 잡지 가운데 하나를 꾸준히 읽으면서 새로운 흐름과 추세를 파악해보세요.

</td></tr>
</table>

**고교학점제
준비,
이렇게 하세요**

공통	통합사회 1·2 등
일반 선택	사회 교과: 사회와 문화, 현대사회와 윤리 예술 교과: 미술
진로 선택	미술 창작, 미술 감상과 비평, 미술 이론, 미술사, 윤리와 사상, 인간과 철학, 인간과 심리
융합 선택	사회문제 탐구, 미술과 매체, 미술과 사회, 지식 재산 일반

**학과 특성과
졸업 후 진출 분야는
어떤가요**

① 시각적 표현과 함축적 메시지의 전달을 목적으로 하는 모든 디자인을 총칭하는 것인 만큼 다양한 영역에서 활동할 수 있습니다. 즉 정보화 혁명에 따라 기존의 인쇄 매체 중심의 그래픽 디자인에서 영상, 멀티미디어 등으로 사회에서 요구되는 시각디자이너의 활동 범위가 폭넓게 변화하고 있습니다.

② 졸업하면 자동차 제조업체, 멀티미디어 업체, 이벤트 업체, 문구·완구 업체, 3D업체, 게임 및 캐릭터 개발업체, 공간 디자인 업체, 디지털·팬시·가구·조명 관련 라이프스타일 디자인 업체, 조선/의료기/산업장비/플랜트/환경/색채 관련 업체 등으로 진출할 수 있습니다. 또 대학의 디자인 관련 학과의 교수, 연구기관의 연구원뿐 아니라 디자인 관련 정부 및 공공기관에서 일할 수 있습니다.

**어떤 흥미와
적성이
필요하나요**

① 다양한 분야의 예술과 사상을 접하려 노력해 안목을 키우려는 성향을 가져야 합니다.

② 상상력과 감성이 풍부한 사람, 무언가를 만들어내는 일을 즐기는 사람과 어울립니다. 특히 창의성이 중요한 학과입니다.

③ 사물에서 느끼는 이미지를 시각적으로 표현할 수 있는 능력이 요구되며 현대 산업사회가 다양하고 광범위하기에 이에 부응하기 위한 예술적 기량이 필요합니다.

관련자격 광고디자인산업기사, 시각디자인산업기사, 웹디자인기능사, 의장디자인산업기사, 전자출판기능사, 컬러리스트기사 및 산업기사, 컴퓨터그래픽스운용기사, 포장디자인산업기사

관련직업 3D애니메이터, CF감독, 광고 디자이너, 디자인 컨설턴트, 디지털콘텐츠 개발 및 기획자, 멀티미디어 디자이너, 모바일 인터페이스 디자이너, 영상 디자이너, 웹 디자이너, 컴퓨터게임 그래픽 디자이너, 편집 디자이너

관련기관 한국디자인진흥원, 한국문화예술교육진흥원, 한국문화예술위원회 등

093

실내디자인학과

실내디자인학과에서는 학생들이 실내 환경과 건축에 대한 이해의 깊이를 더하여 인간의 생활공간을 아름답고 기능적으로 창조할 수 있는 능력과 소양을 기르도록 합니다. 실내공간을 인간이 생활하기에 편리하고 쾌적하게 디자인할 수 있는 능력을 배양하여 미래의 공간 문화를 선도할 수 있는 전문인력 양성을 교육 목표로 두고 있습니다.

관련학과

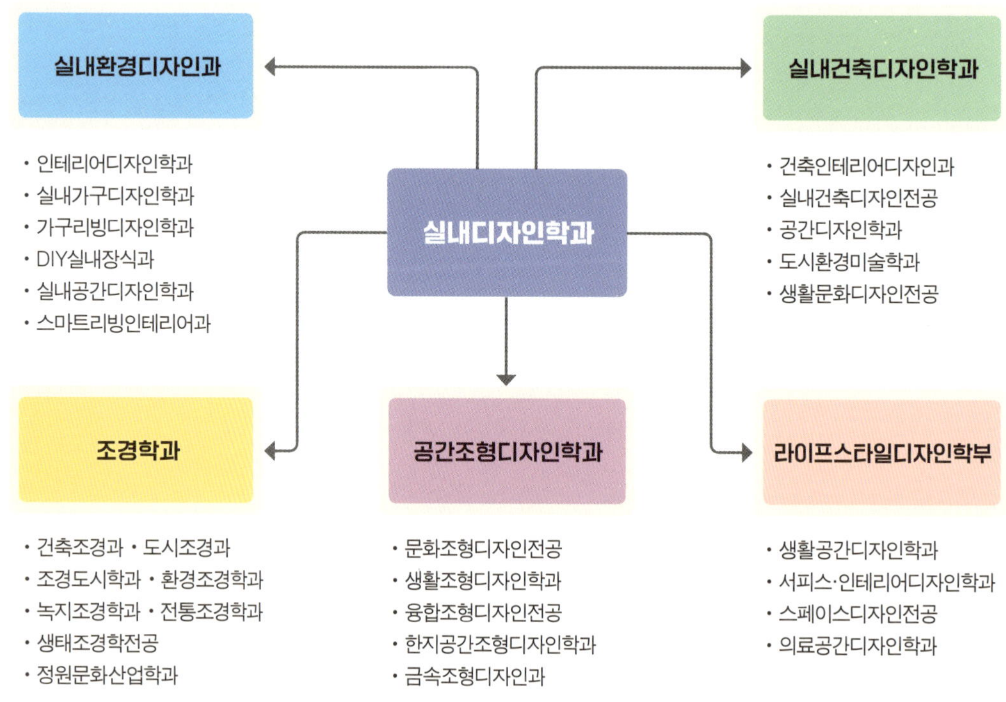

주요 교과목 실내디자인, 조명디자인실무, 서양 근대 실내디자인사, 실내건축환경, 실내건축 모델링 등의 교과목을 공부합니다.

<table>
<tr><td>

진로 탐색과 준비, 이렇게 하세요

</td><td>

1. 멋지게 구성된 인테리어 사진을 모아보세요. 인터넷이나 책자에서 마음에 드는 인테리어를 찾을 수 있습니다. 이러한 습관과 취미는 인테리어에 대한 이해를 높입니다.
2. 실내디자인 관련 잡지 가운데 하나를 도서관을 통하여 구독해서 정기적으로 새로운 흐름과 추세를 파악해보세요.
3. 디자인 관련 동아리 활동을 해보세요. 팀 작업을 경험할 수 있고 디자인 실력을 높일 수 있습니다.

</td></tr>
</table>

고교학점제 준비, 이렇게 하세요

공통	통합사회 1·2 등
일반 선택	사회 교과: 사회와 문화, 현대사회와 윤리 예술 교과: 미술
진로 선택	미술 창작, 미술 감상과 비평, 미술 이론, 미술사, 윤리와 사상, 인간과 철학, 인간과 심리
융합 선택	사회문제 탐구, 미술과 매체, 미술과 사회, 지식 재산 일반

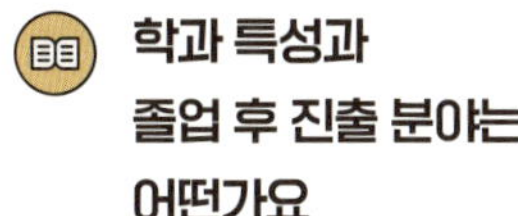

학과 특성과 졸업 후 진출 분야는 어떤가요

① 인간이 생활하는 모든 실내공간, 즉 주거공간, 상업공간, 업무공간, 의료공간, 서비스공간, 전시공간 등을 입체적으로 디자인합니다. 인테리어 디자인, 공간 디자인, 환경 디자인, 리빙 디자인이라고도 불립니다. 사회·경제 발전에 따른 문화 및 생활 수준의 향상은 실내공간 디자인에 대한 일반인의 관심과 이해의 증가로 이어지고 있습니다. 앞으로 실내디자인에 대한 수요가 늘어날 것으로 전망됩니다.

② 졸업하면 실내디자인 및 전시 디자인 회사, 건축 설계 사무소 및 건설회사 인테리어 사업 본부, 대기업, 호텔, 백화점 공간 코디네이션 관련 부서, 환경 및 공공 디자인 회사, 조명 및 특수 조명 관련 회사, 조선회사 크루즈 실내디자인 분야, 테마파크 계획 및 디자인, 무대 디자인 및 연출회사 등으로 진출할 수 있습니다. 또 대학의 디자인 관련 학과의 교수, 연구기관의 연구원뿐 아니라 디자인 관련 정부 및 공공기관에서 일할 수 있습니다.

어떤 흥미와 적성이 필요하나요

① 다양한 공간을 아름답게 디자인하기 위해서는 남다른 아이디어와 안목을 가져야 합니다.
② 방이나 거실 꾸미기 등 평소 새로운 공간을 만드는 데 흥미를 가져야 합니다.
③ 기본적인 디자인 능력을 보유해야 하고, 실내디자인의 흐름이 계속 바뀌고 있어서 실내 건축과 디자인 분야의 트렌드를 읽을 수 있어야 합니다.

 **관련자격** 건축기사, 시각디자인기사, 실내건축기사, 전산응용건축제도기능사, 컬러리스트기사

 **관련직업** 가구 디자이너, 그래픽 디자이너, 디스플레이 디자이너, 무대 디자이너, 실내 디자이너, 전시 디자이너, 환경 디자이너

 **관련기관** 한국디자인진흥원, 한국문화예술교육진흥원, 한국문화예술위원회 등

예술/미술

094

실용음악학과

학과 소개

실용음악은 20세기에 형성된 가장 중요한 예술행위 분야로 비단 음악에만 국한되지 않고 총체적인 미디어 사회를 선도하는 멀티미디어의 총아로 부각되고 있습니다. 현재 전 세계적인 실용음악의 추세는 재즈의 이론적 기반을 중심으로 한 상업음악이 주류를 이룹니다. 여기에 첨단기술이 결합되어 한층 진보된 음악 부류로 인정받고 있습니다.

관련학과

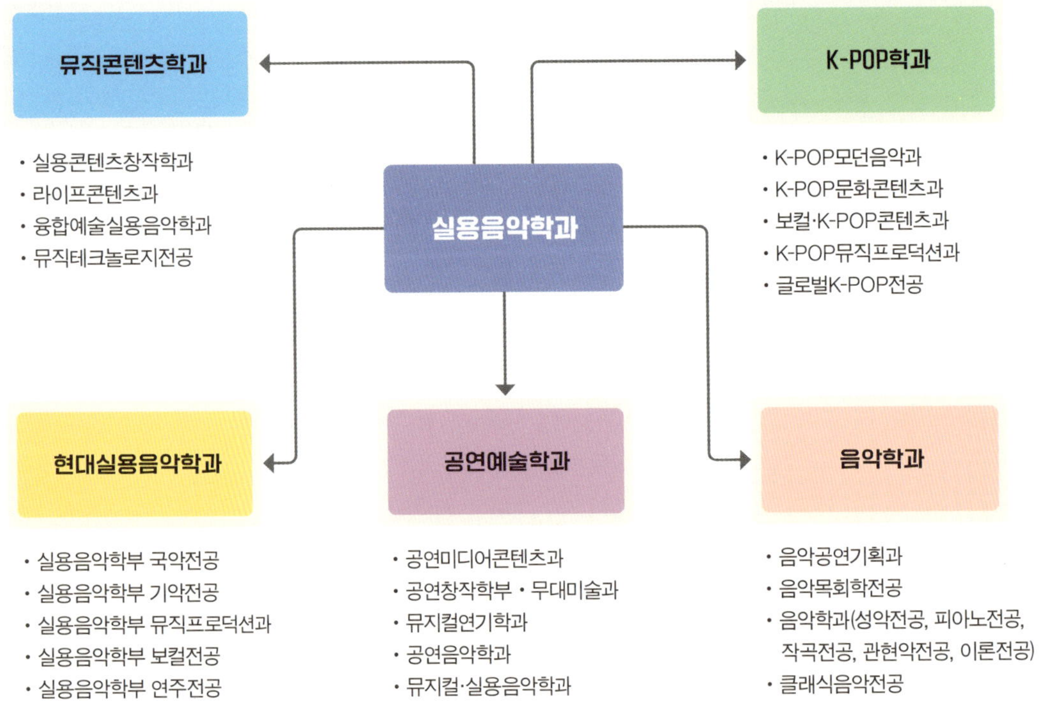

뮤직콘텐츠학과
- 실용콘텐츠창작학과
- 라이프콘텐츠과
- 융합예술실용음악학과
- 뮤직테크놀로지전공

K-POP학과
- K-POP모던음악과
- K-POP문화콘텐츠과
- 보컬·K-POP콘텐츠과
- K-POP뮤직프로덕션과
- 글로벌K-POP전공

현대실용음악학과
- 실용음악학부 국악전공
- 실용음악학부 기악전공
- 실용음악학부 뮤직프로덕션과
- 실용음악학부 보컬전공
- 실용음악학부 연주전공

공연예술학과
- 공연미디어콘텐츠과
- 공연창작학부 · 무대미술과
- 뮤지컬연기학과
- 공연음악학과
- 뮤지컬·실용음악학과

음악학과
- 음악공연기획과
- 음악목회학전공
- 음악학과(성악전공, 피아노전공, 작곡전공, 관현악전공, 이론전공)
- 클래식음악전공

주요 교과목 기초 실용음악 이론, 앙상블, 고급 편곡법, 실용음악역사 및 감상, 컴퓨터음악, 가요작곡법 등의 교과목을 공부합니다.

<table>
<tr><td>진로 탐색과
준비,
이렇게 하세요</td><td>1. 노래 배우기를 통해 발성법과 호흡법 등을 익혀보세요. 음악의 아름다움을 더 잘 알 수 있습니다.
2. 친구들과 동아리를 만들어 함께 악기를 연주해보세요. 연습을 통해 악기 연주의 실력이 향상됩니다.
3. 관심 있는 가수나 그룹의 공연을 온라인이나 오프라인으로 관람하고 후기를 기록해보세요.</td></tr>
</table>

<table>
<tr><td rowspan="5">고교학점제
준비,
이렇게 하세요</td><td>공통</td><td>통합사회 1·2 등</td></tr>
<tr><td>일반 선택</td><td>사회 교과: 사회와 문화, 현대사회와 윤리
예술 교과: 음악</td></tr>
<tr><td>진로 선택</td><td>음악 연주와 창작, 음악 감상과 비평, 음악사, 음악 전공 실기, 윤리와 사상, 인간과 철학, 인간과 심리, 교육의 이해</td></tr>
<tr><td>융합 선택</td><td>음악과 미디어, 음악과 문화, 지식 재산 일반</td></tr>
</table>

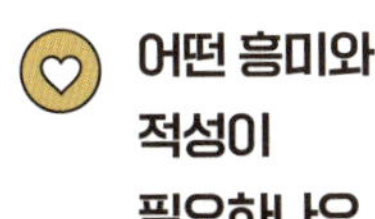

학과 특성과 졸업 후 진출 분야는 어떤가요

① 가요 등의 대중음악을 비롯하여 영화음악, 광고음악, 방송음악, 공연음악 등 우리 주변에서 흔히 접할 수 있는 각종 실용음악에 대한 이론과 창작, 연주기법 등을 공부하게 됩니다. 대중음악의 독자성과 창의성이 창출되도록 유도하고, 전통과 현대 대중음악과의 접목을 시도함으로써 음악 세계에 실험적 접근을 꾀하는 이 학과는 K-POP의 영향으로 인기가 계속 지속될 전망입니다.

② 졸업하면 음반 제작회사, 음악 기획사, 전문 공연장, 음악 관련 출판사, 악기 제작사, 음악 학원, 합창단, 연주 단체, 출판사, 방송사 등으로 진출할 수 있습니다. 또 문화 예술 관련 대학교와 정부 및 공공기관, 중·고등학교에서 일할 수 있습니다.

어떤 흥미와 적성이 필요하나요

① 음악 전반에 대한 관심과 함께 대중음악 등 다양한 실용음악 장르와 문화 예술 분야에 관심이 있는 학생에게 적합합니다.

② 음악 이론과 실기 수업을 소화하기 위한 성실성이 요구됩니다.

③ 기본적으로 악보를 볼 수 있는 능력이 필요하기 때문에 피아노를 연주하거나 합창단 같은 음악 활동을 했다면 유리합니다.

예술/방송

관련자격   음악치료사, 실기교사, 문화예술사, 무대전문예술인, 피아노조율사

관련직업   가수, 음악 교사, 강사, 공연 연출자, 음반 기획자, 음악감독, 작·편곡가, 전문 연주자, 뮤지컬 음악감독

관련기관   예술의전당, 한국문화예술위원회 등

095

연극영화학과

학과 소개

최근에는 대중 영상매체의 발달로 인해 연극과 영화가 사람들이 가장 즐기는 엔터테인먼트가 되어 이미 생활 속의 중요한 예술로 자리 잡고 있습니다. 연극영화학과는 연극·영화의 이론을 연구하여 무대와 영화계에서 활약할 연기자를 키우는 학과입니다. 또 교양과 지성, 실무 능력을 두루 갖춘 공연·영상 예술 전문가 역시 양성합니다.

📖 관련학과

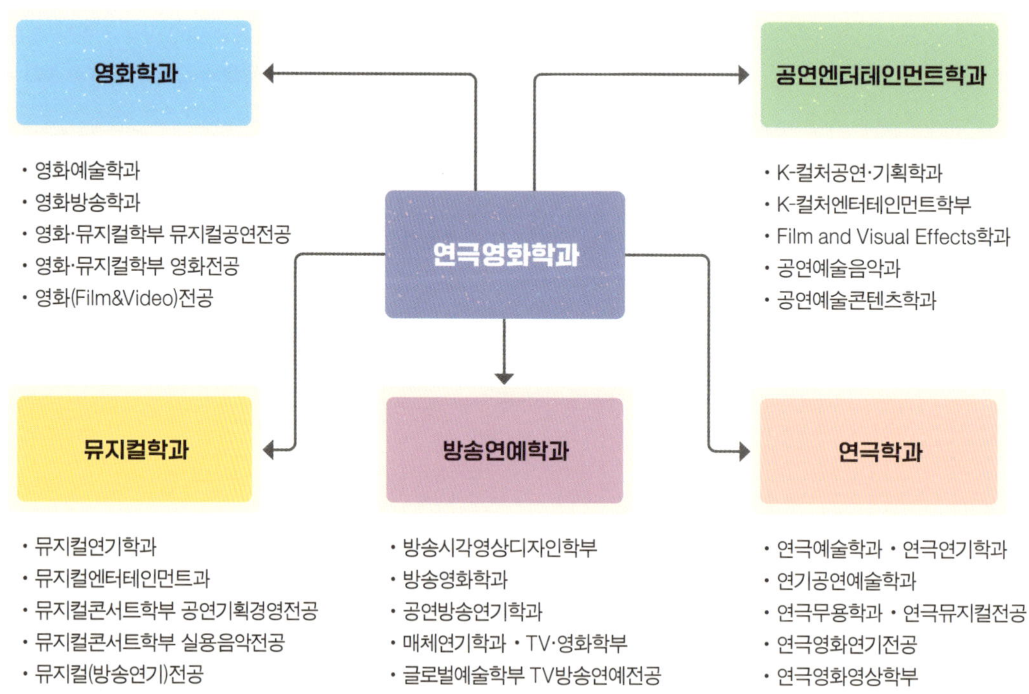

📙 **주요 교과목** 무대미술의 이해, 뮤지컬 양식론, 영화사, 영화 작가론, 즉흥연기, 인물 특징, 분석과 표현 등을 공부합니다.

<table>
<tr><td>

**진로 탐색과
준비,
이렇게 하세요**

</td><td>

1. 정기적으로 연극을 관람하고 간단하게 관람 소감을 정리해보세요.
2. 연극 동아리 활동을 통하여 연기 실력을 높이고 관련 경험을 풍부하게 쌓아보세요.
3. 관심 있는 주제를 정해서 연극이나 영화 시나리오를 습작해보세요. 미완성으로 끝나더라도 습작 실습을 통하여 시나리오 이해도를 높일 수 있습니다.

</td></tr>
<tr><td>

**고교학점제
준비,
이렇게 하세요**

</td><td>

공통	통합사회 1·2 등
일반 선택	사회 교과: 사회와 문화, 현대사회와 윤리 예술 교과: 연극
진로 선택	문학과 영상, 연극과 몸, 연극과 말, 연기, 무대미술과 기술, 연극제작 실습, 연극 감상과 비평, 윤리와 사상, 인간과 철학, 인간과 심리, 교육의 이해
융합 선택	매체 의사소통, 연극과 삶, 사회문제 탐구

</td></tr>
</table>

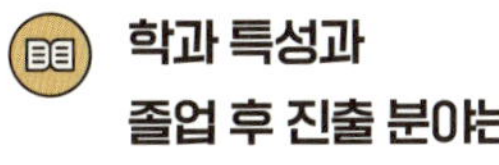 **학과 특성과
졸업 후 진출 분야는
어떤가요**

① 중·고등학교 학생들에게 직업 선호도 조사를 하면 매년 어김없이 나오는 직업이 연예인입니다. 이렇듯 연예인과 밀접한 관련이 있는 이 학과는 경쟁률이 높으며 앞으로 이 학과의 인기는 의심의 여지가 없이 계속될 전망입니다. 더불어 이 학과와 관련된 직업들은 연극배우와 영화배우를 같이할 수 있는 것처럼 고정적이지 않고 동시에 여러 직업을 가질 수 있는 장점이 있습니다.

② 졸업하면 영화 제작사, 공연 제작사, 광고 기획사, 기업 마케팅 부서, 항공사, 연예 기획사, 이벤트 회사, 언론사(방송국, 위성 및 지상파 방송국, 각 기업체 사내 방송국, 신문사, 잡지사), 멀티미디어 콘텐츠 제작업체, 인터넷 콘텐츠 기획 및 제작업체, 극장 및 극단, 기업체의 홍보실, 오락 및 연예 기획사 등으로 진출할 수 있습니다. 또 대학교, 문화 관련 국책연구소뿐 아니라 각종 문화재단 등 문화 예술 관련 정부 및 공공기관, 중·고등학교에서 일할 수 있습니다.

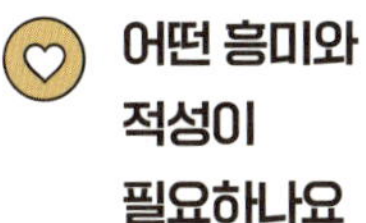 **어떤 흥미와
적성이
필요하나요**

① 연극·영화는 종합예술이므로 미술, 음악, 무용, 문학, 건축, 연극, 어학, 심리학, 사회학 전반에 걸친 지식과 관심이 있어야 합니다.

② 재학 중에 실습을 통하여 작품 연구에 할애하는 시간이 많아 인내심과 성실성이 필요하며, 자신의 개성을 팀원들과 조화시킬 줄 알아야 합니다.

③ 영화나 뮤지컬, 연극을 보러 다니는 것을 즐겼으며 무대에 서는 것에 흥미를 가지고 있었다면 유리합니다.

 **관련자격**   멀티미디어콘텐츠제작전문가, 방송영상기사, 방송통신산업기사, 웹디자인기능사, 컴퓨터그래픽스운용기능사

 **관련직업**   가수, 성우, CF감독, 모델, 뮤지컬 배우, 연극배우, 영화배우, 코미디언

관련기관   영상진흥원, 한국콘텐츠진흥원, 한국문화예술위원회 등

096

조형디자인학과

학과 소개
조형은 자연을 그대로 흉내 내어 빚거나 조각하는 것이 아니라 인간의 내면을 자연에 투사해 형상화하는 예술입니다. 다양한 재료에 따른 표현 기법을 배우며 새로운 재료를 발굴해 낼 안목을 기르는 학문으로 조각을 비롯하여 소조와 판화가 포함됩니다. 조형디자인학과에서는 새로운 조형예술을 창조하고 예술적 환경을 가꾸어 나갈 인재를 양성합니다.

관련학과

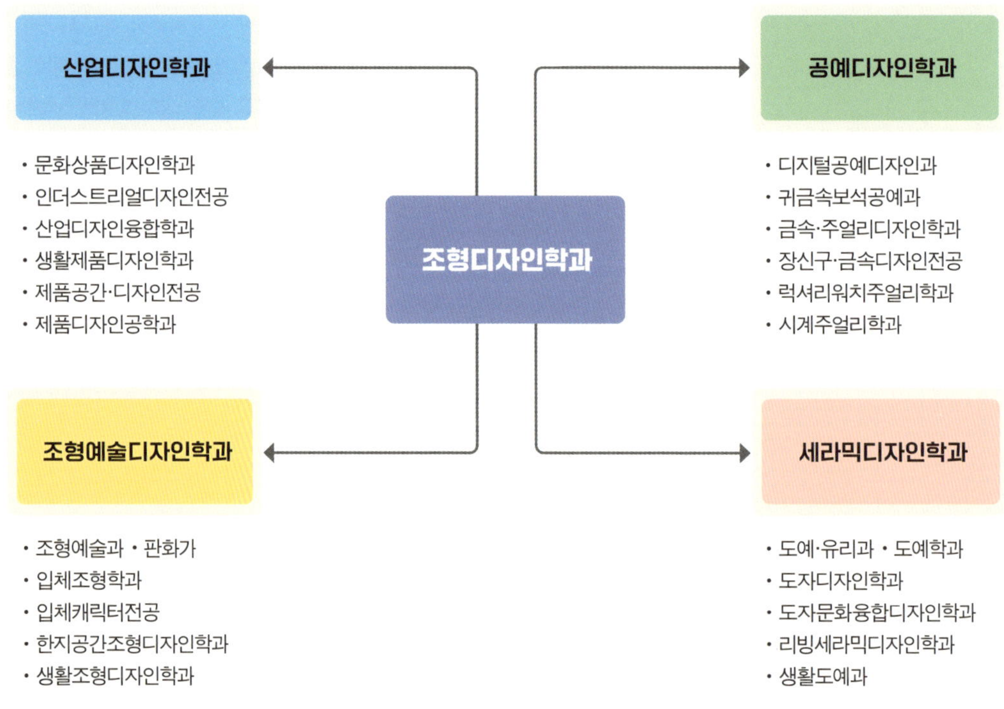

주요 교과목 관찰과 표현, 디자인론, 조형원리, 평면조형, 조형예술론 등의 교과목을 공부합니다.

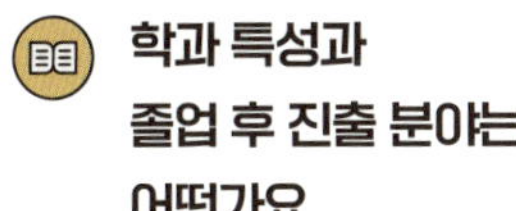

**진로 탐색과
준비,
이렇게 하세요**

1. 매달 정기적으로 개인전이나 미술 전시회를 관람하면 미술 작품에 대한 안목을 높일 수 있습니다.
2. 미술 동아리 활동을 하면서 그림 실력을 높일 수 있습니다.
3. 학기별로 작품 포트폴리오를 모으면 자신의 그림 실력의 변화를 알 수 있고 실력 향상에 도움이 됩니다.

**고교학점제
준비,
이렇게 하세요**

공통	통합사회 1·2 등
일반 선택	사회 교과: 사회와 문화, 현대사회와 윤리
	예술 교과: 미술
진로 선택	미술 창작, 미술 감상과 비평, 미술 이론, 미술사, 윤리와 사상, 인간과 철학, 인간과 심리
융합 선택	사회문제 탐구, 미술과 매체, 미술과 사회, 지식 재산 일반

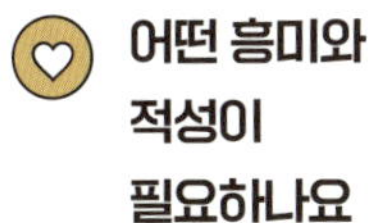

**학과 특성과
졸업 후 진출 분야는
어떤가요**

① 현대 미술에서는 입체 작업이 차지하는 비중이 점점 커짐에 따라 조형의 중요성도 확대되고 있습니다. 또 현대 조각에는 철강·알루미늄·플라스틱·유리 등을 비롯하여 더욱 새로운 소재들이 이용되고 있습니다. 이렇듯 현대 기술의 발달로 새로운 재료와 기법을 발굴하기 위한 노력이 계속될 전망입니다.

② 졸업하면 방송국, 광고회사, 컴퓨터 영상 제작업체, 환경·장식업체, 무대 세트 제작업체, 미술관, 박물관, 미술학원, 도자기 회사, 가구 관련 회사, 귀금속 디자인 회사, 디스플레이 디자인 사무소, 공간 디자인업체, 3D업체, 자동차 제조업체 등으로 진출할 수 있습니다. 또 문화 예술 관련 국책 연구소, 공공 박물관, 공공 미술관뿐 아니라 예술 관련 정부기관에서 일할 수 있습니다.

**어떤 흥미와
적성이
필요하나요**

① 사물을 면밀하게 관찰하고 독창적으로 생각하며 창의적으로 표현하는 것을 좋아하는 사람에게 적합합니다.

② 3차원의 공간에 표현하는 일이므로 공간 지각력이 요구되며, 다양한 재료를 발굴한 줄 아는 능력 또한 필요합니다.

③ 실제 작품을 만드는 활동에 시간을 많이 써야 하므로 학과 수업 이외의 시간과 노력까지 투자할 수 있는 인내심과 성실성이 필요합니다.

 **관련자격** 도자기공예산업기사, 문화재수리기술사, 시각디자인기사, 실기교사

관련직업 가구 디자이너, 디스플레이 전문가, 인테리어 디자이너, 제품 디자이너, 조각가, 학예사(큐레이터)

관련기관 한국문화예술교육진흥원, 아시아문화원, 예술의전당 등

097

커뮤니케이션디자인학과

학과 소개

텔레비전·신문·책·팸플릿 등 어떤 미디어를 이용해 메시지를 전달할지를 고민하고 디자인하는 분야입니다. 새로운 디자인 교육 프로그램과 디지털 첨단 미디어에 맞는 문화와 자연을 아우르는 예술적 창의성, 과학적이고 논리적인 디자인 방법론, 디자인 마케팅을 바탕으로 하는 미래 지향적인 디자인 교육과 함께 국제적이고 유능한 디자인 전문인력 육성을 교육 목표로 두고 있습니다.

관련학과

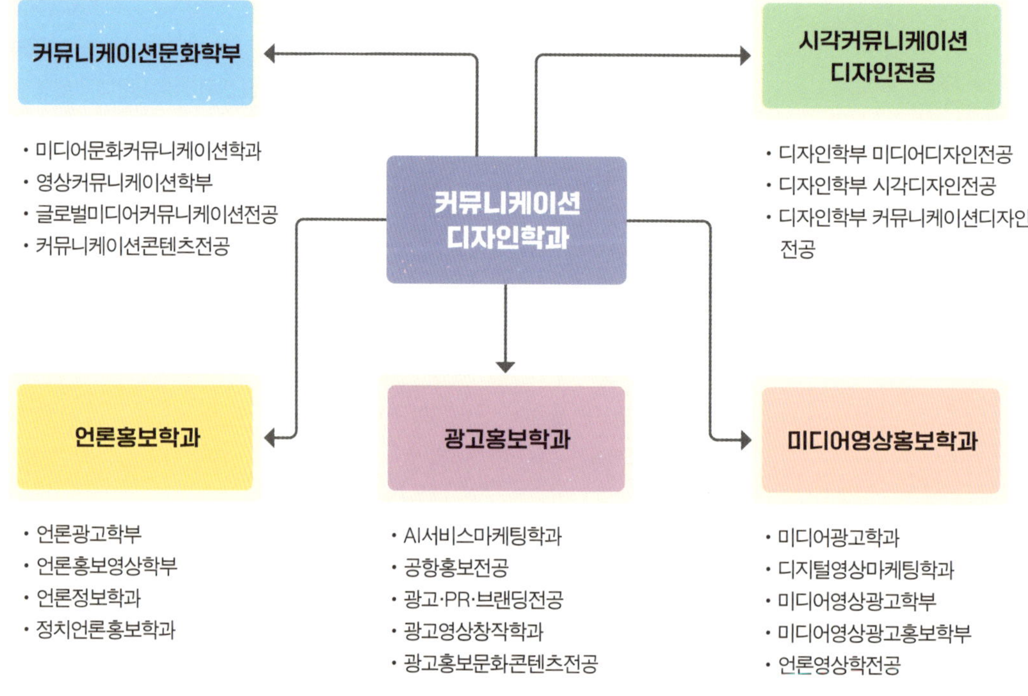

커뮤니케이션문화학부
- 미디어문화커뮤니케이션학과
- 영상커뮤니케이션학부
- 글로벌미디어커뮤니케이션전공
- 커뮤니케이션콘텐츠전공

시각커뮤니케이션 디자인전공
- 디자인학부 미디어디자인전공
- 디자인학부 시각디자인전공
- 디자인학부 커뮤니케이션디자인전공

언론홍보학과
- 언론광고학부
- 언론홍보영상학부
- 언론정보학과
- 정치언론홍보학과

광고홍보학과
- AI서비스마케팅학과
- 공항홍보전공
- 광고·PR·브랜딩전공
- 광고영상창작학과
- 광고홍보문화콘텐츠전공

미디어영상홍보학과
- 미디어광고학과
- 디지털영상마케팅학과
- 미디어영상광고학부
- 미디어영상광고홍보학부
- 언론영상학전공

주요 교과목 광고커뮤니케이션 디자인, 디자인과 색채, 멀티미디어 디자인, 인터랙티브 디자인, 일러스트 응용 디자인 등의 교과목을 공부합니다.

<table>
<tr><td>

**진로 탐색과
준비,
이렇게 하세요**

</td><td>

1. 인터넷에서 디자인 전시회 소식을 찾아보고 전시회를 관람하세요. 선배 디자이너의 작품을 보면 디자인에 대하여 많은 것을 배울 수 있습니다.
2. 자신의 SNS를 운영해보세요. 단순한 정보 전달을 넘어서서 자신의 메시지를 보다 효과적으로 전달하는 방법에 관하여 고민해보세요.
3. 디자인 관련 잡지 가운데 하나를 도서관을 통하여 구독해서 정기적으로 새로운 흐름과 추세를 파악해보세요.

</td></tr>
</table>

<table>
<tr><td>

**고교학점제
준비,
이렇게 하세요**

</td><td>

공통	통합사회 1·2 등
일반 선택	사회 교과: 사회와 문화, 현대사회와 윤리 예술 교과: 미술
진로 선택	미술 창작, 미술 감상과 비평, 미술 이론, 미술사, 윤리와 사상, 인간과 철학, 인간과 심리
융합 선택	사회문제 탐구, 미술과 매체, 미술과 사회, 지식 재산 일반

</td></tr>
</table>

학과 특성과 졸업 후 진출 분야는 어떤가요

① 산업과 학문이 융합하는 시대이기에 다양한 미디어 가운데 어느 미디어가 가장 효과적이며 메시지를 잘 전달할 수 있는지 단정할 수 없습니다. 커뮤니케이션디자인학과에서는 특정한 미디어에 얽매이지 않고 다양한 디자인 방식을 아울러 공부할 수 있습니다.

② 졸업하면 디자인 부티크, 디자인 스튜디오 등 디자인 업체, 중소 기업체, 방송국, 출판사, 광고 회사, 영상 관련 업체, 캐릭터 관련 기업, 웹디자인 기업, 웹에이전시, 인터랙티브 디자인 스튜디오, 기업 웹디자인팀, 게임업체, 포털사이트사 등으로 진출할 수 있습니다. 또 대학의 디자인 관련 학과의 교수, 연구기관의 연구원뿐 아니라 디자인 관련 정부 및 공공기관에서 일할 수 있습니다.

어떤 흥미와 적성이 필요하나요

① 커뮤니케이션디자인의 핵심은 남과 다른 독자적인 창의성에 있습니다. 따라서 창의성이 뛰어나 새로운 아이디어가 풍부한 사람에게 적합합니다.

② 웹, SNS 등 다양한 미디어를 활용할 수 있는 능력이 있어야 합니다. 디지털 첨단 미디어에 대한 이해와 활용 능력을 갖추어야 합니다.

관련자격   시각디자인기사, 웹디자인기능사, 제품디자인기사, 컬러리스트기사, 컴퓨터그래픽스운용기능사, 포장기사

관련직업   광고 디자이너, 웹 디자이너, 일러스트레이터, 카피라이터, 캐릭터 디자이너, 출판 편집 디자이너, 포장 디자이너

 **관련기관**   한국디자인진흥원, 한국문화예술교육진흥원, 한국문화예술위원회 등

098

컴퓨터디자인학과

학과 소개

컴퓨터디자인학과에서는 컴퓨터, 그래픽, 프로그래밍, 디자인 등 여러 가지 컴퓨터 분야에 대한 기본적인 이론과 기술을 습득하도록 하고, 이를 바탕으로 디자인하는 방법을 전문적으로 학습시킵니다. 기초 디자인 학습을 기반으로 인터넷, 멀티미디어, 애니메이션 등의 컴퓨터디자인 분야에서 창의력을 발휘할 인재 양성에 교육 목표를 두고 있습니다.

관련학과

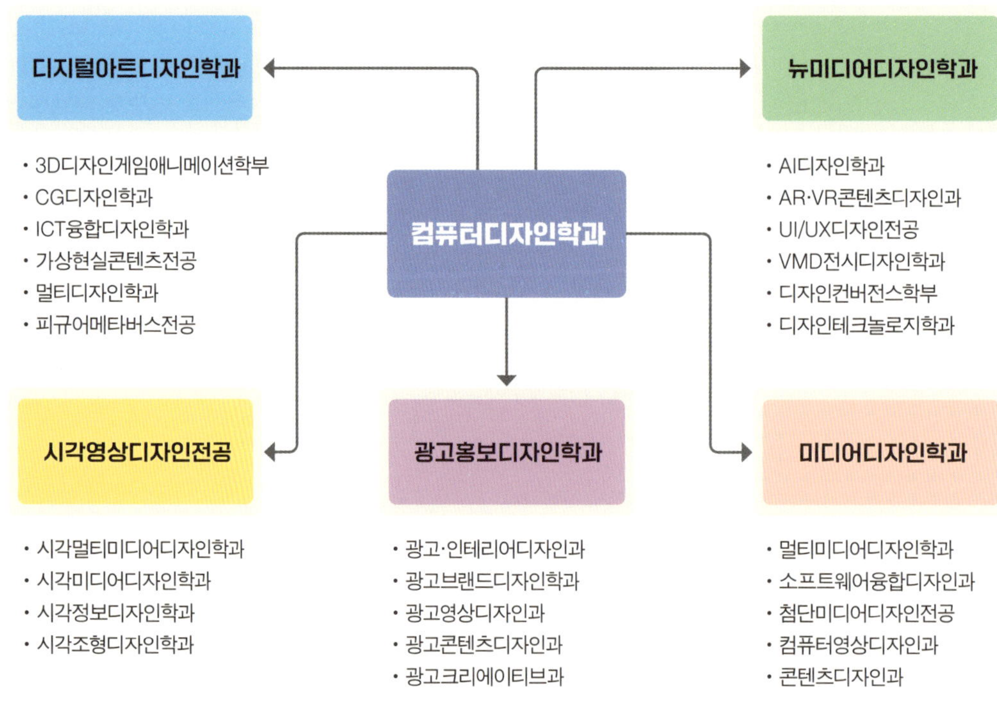

주요 교과목　디지털이미지, 입체디자인, 컴퓨터그래픽시스템, 미디어디자인, 3D그래픽디자인 등의 교과목을 공부합니다.

<table>
<tr><td>

**진로 탐색과
준비,
이렇게 하세요**

</td><td>

1. 인터넷에서 디자인 전시회 소식을 찾아보고 전시회를 관람하세요. 선배 디자이너의 작품을 보면 배울 점이 많습니다.
2. SNS를 직접 운영하면서 최신 디자인의 흐름을 따라가 보세요. 단순한 정보 전달을 넘어서서 자신의 메시지를 보다 효과적으로 전달하는 방법을 고민해보세요.
3. 디자인 관련 잡지 가운데 하나를 도서관을 통하여 구독해서 정기적으로 새로운 흐름과 추세를 파악해보세요.

</td></tr>
</table>

**고교학점제
준비,
이렇게 하세요**

공통	통합사회 1·2 등
일반 선택	사회 교과: 사회와 문화, 현대사회와 윤리 예술 교과: 미술
진로 선택	미술 창작, 미술 감상과 비평, 미술 이론, 미술사, 윤리와 사상, 인간과 철학, 인간과 심리
융합 선택	사회문제 탐구, 미술과 매체, 미술과 사회, 지식 재산 일반

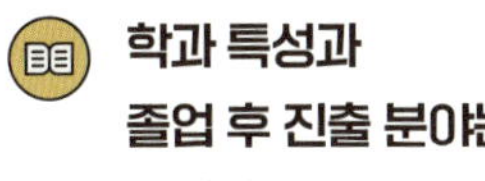

**학과 특성과
졸업 후 진출 분야는
어떤가요**

① 정보기술의 급속한 변화에 따라 각종 미디어와 정보통신 환경을 정확히 이해하는 것이 중요해졌습니다. 컴퓨터디자인 분야는 컴퓨터, 그래픽, 기획, 인터넷, 디자인 등의 기술과 정보가 유기적으로 결합되어 있기에 컴퓨터를 비롯한 정보통신 기술과 정보에 대한 이해가 중요합니다. 현대 사회에서는 컴퓨터디자인 전공이 아니라도 디자인에 관심을 갖는 사람이라면 정보통신 기술과 정보의 활용이 필수입니다.

② 졸업하면 디자인 부티크, 디자인 스튜디오 등 디자인 업체, 중소 기업체, 방송국, 출판사, 광고 회사, 영상 관련 업체, 캐릭터 관련 기업, 웹디자인 기업, 웹에이전시, 인터랙티브 디자인 스튜디오, 기업 웹디자인팀, 게임업체, 포털사이트사 등으로 진출할 수 있습니다. 또 대학의 디자인 관련 학과의 교수, 연구기관의 연구원뿐 아니라 디자인 관련 정부 및 공공기관에서 일할 수 있습니다.

**어떤 흥미와
적성이
필요하나요**

① 디자인 분야이기에 색채 감각과 미적 감각을 갖추고 있어야 유리합니다.
② 컴퓨터를 비롯한 정보기술의 다양한 매체를 활용하는 능력이 있어야 합니다.
③ 자신의 아이디어와 의도를 제대로 표현할 수 있는 능력이 필요합니다.

관련자격   ACE(AdobeCertifiedExpert), AutoCAD1급기술자격, AutoCAD2급기술자격, 게임그래픽전문가, 멀티미디어전문가, 시각디자인기사, 웹디자인기능사, 전자출판기능사, 제품디자인기사, 컬러리스트산업기사, 컴퓨터그래픽스운용기능사

관련직업   광고 디자이너, 그래픽 디자이너, 디스플레이 디자이너, 웹 기획가, 웹 디자이너, 일러스트레이터, 제품 디자이너, 출판 편집 디자이너, 캐릭터 디자이너, 컴퓨터 프로그래머

관련기관   한국디자인진흥원, 한국문화예술교육진흥원, 한국문화예술위원회 등

예술/방송

099

패션디자인학과

학과 소개

현대 사회에서 패션은 단순히 옷을 잘 입는 것을 넘어서서 사람들이 자신의 이미지와 개성을 드러내는 하나의 표현 방법으로 완전히 자리 잡았습니다. 패션디자인학과는 옷과 장신구에 관한 디자인을 연구하며 창조적인 예술 감각과 현장감 있는 전문 지식 및 기술을 지닌 적극적이고 미래 지향적인 패션 전문가를 양성합니다.

관련학과

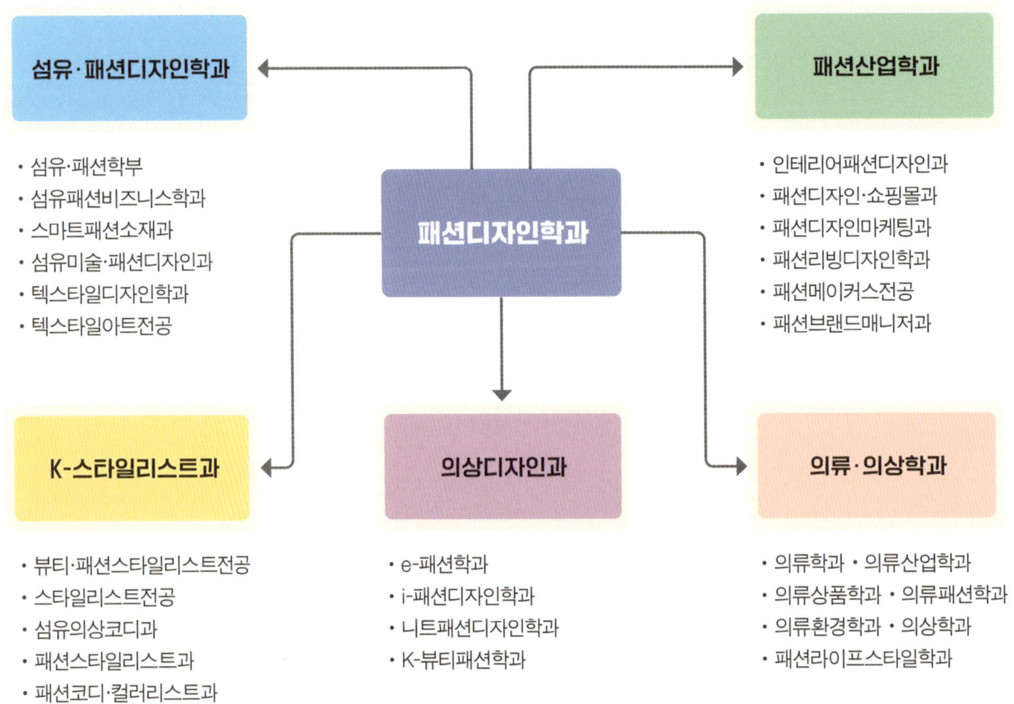

주요 교과목 색채연구, 패션디자인 기초, 패션패턴 메이킹, 아도브 일러스트레이터와 포토샵을 활용한 패션 CAD 등의 교과목을 공부합니다.

진로 탐색과 준비, 이렇게 하세요	1. 반드시 입시용이 아니어도 디자인 포트폴리오를 미리 만들어보면 자신의 실력 향상에 도움이 됩니다.
	2. 디자인 공모전에 참가하면 자신의 실력을 객관적으로 평가받을 수 있고 공모전 준비 자체가 도움이 됩니다.
	3. 디자인 관련 잡지 가운데 하나를 도서관을 통하여 구독해서 정기적으로 새로운 흐름과 추세를 파악해보세요.

고교학점제 준비, 이렇게 하세요	공통	통합사회 1·2 등
	일반 선택	사회 교과: 사회와 문화, 현대사회와 윤리
		예술 교과: 미술
	진로 선택	경제, 미술 창작, 미술 감상과 비평, 미술 이론, 미술사, 윤리와 사상, 인간과 철학, 인간과 심리
	융합 선택	미술과 매체, 사회문제 탐구, 미술과 사회, 금융과 경제생활, 지식 재산 일반

학과 특성과 졸업 후 진출 분야는 어떤가요

① '패션디자인학과'라고 하면, 일반 사람은 흔히 옷을 만드는 학과라고 생각합니다. 하지만 새로운 직물을 고안하는 직물 디자인과 액세서리 디자인, 가방 디자인, 신발 디자인, 제품 디자인 등이 전부 망라됩니다. 모자 디자이너로 유명한 필립 트레이시(Philip Treacy)가 좋은 예입니다. 유명한 디자이너들 대부분이 남성인 만큼 패션디자인 분야에는 남녀 구분이 없습니다. 패션을 중시하는 시대적인 흐름에 맞추어 패션디자인학과의 인기는 지속될 전망입니다.

② 졸업하면 의류 제조업체, 복장 학원, 전통 직물 제작소, 특수 의상 제작소, 공연 기획사, 방송국, 영화사, 잡지사, 멀티미디어 업체, 이벤트 업체, 문구·완구 업체, 가구 관련 회사, 디스플레이 디자인 사무소, 조명 관련 회사, 게임 및 캐릭터 개발업체 등으로 진출할 수 있습니다. 또 대학의 디자인 관련 학과의 교수, 연구기관의 연구원뿐 아니라 디자인 관련 정부 및 공공기관에서 일할 수 있습니다.

어떤 흥미와 적성이 필요하나요

① 패션에 남다른 관심이 있고 모든 사물에 내재된 고유한 아름다움을 발견할 수 있는 미적 감수성과 추상적인 이미지를 실용적으로 표현해내는 것에 즐거움을 느끼는 사람에게 적합합니다.

② 색채에 대한 감각과 텍스타일에 대한 이해 능력이 필요합니다.

③ 세상의 변화와 추세에 민감해서 시대 흐름이나 트렌드를 놓치지 않는 감각을 가지고 있어야 합니다.

관련자격 숍마스터, 의류기사1급, 의류기사2급, 컬러리스트기사, 패션디자인산업기사, 패션머천다이징산업기사, 한복산업기사

관련직업 가방 디자이너, 공연의상 디자이너, 속옷 디자이너, 액세서리 디자이너, 패션 관련 저널리스트

관련기관 한국디자인진흥원, 한국문화예술교육진흥원, 한국문화예술위원회 등

100

환경디자인학과

학과 소개

환경은 삶의 질을 높이는 데 매우 중요한데 산업화 과정에서 환경 파괴로 인해 현대인은 많은 고통을 당하고 있습니다. 환경디자인학은 쾌적한 환경의 질을 조성하는 도시·조경·건축에 관한 계획·설계를 연구 대상으로 하는 학문입니다. 이 학과는 환경 개선에 필요한 지식 및 기술의 습득을 통해 자연자원의 보존·관리를 고려한 쾌적한 환경 창조에 기여할 유능한 인재 양성에 교육 목표를 두고 있습니다.

관련학과

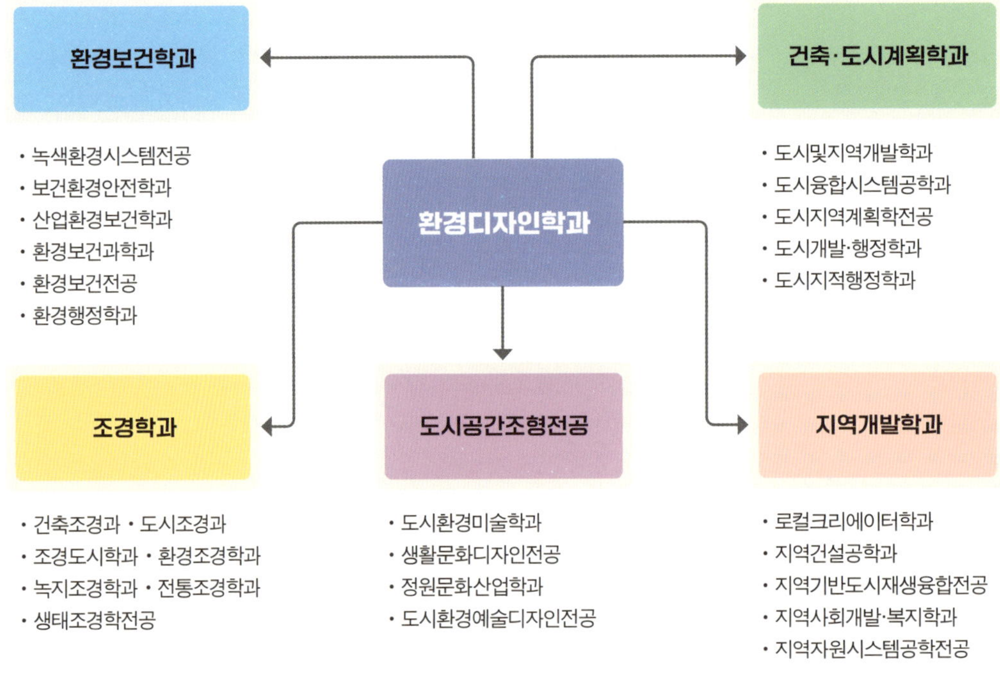

주요 교과목 공간심리학, 공간과 색채, 환경과 디자인, 지형디자인, 조경수목 및 관리학 등의 교과목을 공부합니다.

진로 탐색과 준비, 이렇게 하세요

1. 옥외에 광고용으로 설치된 포스터, 간판, 광고탑 등을 주의 깊게 보고 사진을 찍어서 자료를 모아보세요. 도시 환경과 절묘하게 어울리는 광고도 있고, 그렇지 않은 것도 있습니다. 그 차이를 살펴보세요.
2. 다양한 목적의 기획 전시전이 있는데, 전시전에서 상품이 어떻게 진열되어 있는지 유심히 살펴보세요. 관람객의 동선이나 시선을 잘 고려하여 배치되어 있는지도 확인해보세요.
3. 디자인 관련 잡지 가운데 하나를 도서관을 통하여 구독해서 정기적으로 새로운 흐름과 추세를 파악해보세요.

고교학점제 준비, 이렇게 하세요

공통	통합사회 1·2 등
일반 선택	사회 교과: 사회와 문화, 현대사회와 윤리 예술 교과: 미술
진로 선택	미술 창작, 미술 감상과 비평, 미술 이론, 미술사, 윤리와 사상, 인간과 철학, 인간과 심리
융합 선택	사회문제 탐구, 미술과 매체, 미술과 사회, 지식 재산 일반

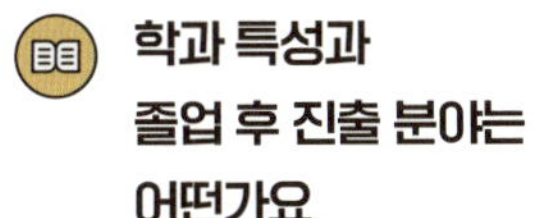

학과 특성과 졸업 후 진출 분야는 어떤가요

① 환경디자인의 영역은 매우 광범위하고 현대 도시 생활과 관련이 많습니다. 쾌적한 생활을 할 수 있는 환경을 종합적으로 계획·설계하는 일이 환경디자인으로 주택이나 건물뿐만 아니라 도로·공원·학교 등을 종합적으로 설계하는 일이 모두 속합니다.
② 졸업하면 대기업이나 중소기업(스튜디오)의 설계팀, 디자인 경영팀, 전시기획팀, 백화점 등의 디스플레이팀, 전시기획 전문기업, 건축 설계회사, 디스플레이 전문회사, 전시 및 이벤트 디자인 회사, 무대 디자인 회사, 가구 디자인 회사, 조명 디자인 회사 등으로 진출할 수 있습니다. 또 대학의 디자인 관련 학과의 교수, 디자인 관련 연구기관의 연구원뿐 아니라 정부 및 공공기관에서 일할 수 있습니다.

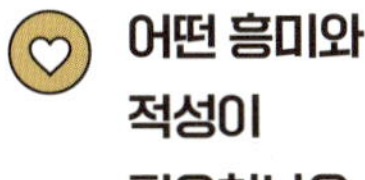

어떤 흥미와 적성이 필요하나요

① 사물의 위치 관계를 잘 파악하는 공간 감각이 있어야 하고, 미적 감각이 있다는 소리를 들었던 학생에게 좋습니다.
② 고객의 의견을 듣고 팀원들과 함께 일하는 경우가 많습니다. 사람들과 의견을 원활하게 나눌 수 있어야 합니다.
③ 디자인에 대한 전문적 지식과 분석력을 갖추어야 전공 공부를 하는 데 유리합니다.

관련자격   건축기사, 건축사, 광고도장기능사, 실내건축기사, 옥외광고사, 전산응용건축제도기능사, 조경기사, 컬러리스트산업기사, 컴퓨터그래픽스운용기능사

관련직업   건축사, 도시 계획가, 디스플레이어, 인테리어 디자이너, 조경기사, 행사 기획자

관련기관   한국디자인진흥원, 한국문화예술교육진흥원, 한국문화예술위원회 등

일본어 교사 최대 커뮤니티 선생님들이 쓴 교과서
실용적인 구성으로 선생님의 1초를 아껴드립니다

길벗출판사 〈일본어〉 교과서

길벗 일본어 교과서는 선생님과 학생이 함께 배움을 익히는 교과서를 만듭니다. 핵심 개념을 중심으로 내용을 구성하고, 학습량을 줄이면서도 기능별 핵심 역량을 기를 수 있도록 집필했습니다. 일본어 교사 최대 커뮤니티 선생님들이 쓴 실용적인 교과서를 만나보세요.

고등학교 일본어

고등학교 일본어 회화

고등학교 일본 문화

길벗 일본어 교과서 홈페이지

길벗 교과서 홈페이지(https://textbook.gilbut.co.kr)에서 수업에 유용하게 활용할 수 있는, 선생님들을 위한 각종 자료가 제공됩니다.

길벗 일본어 교과서 카카오채널

일본어 교과 관련 이슈 및 자료를 공유하는 채널입니다. 길벗 교과서는 선생님께 좋은 자료를 제공해 드립니다. 카카오톡 '길벗 일본어 교과서' 채널을 구독하면 유용한 정보를 빠르게 받아볼 수 있습니다.

구독을 원하면 오른쪽 QR코드로 접속하세요.

길벗 도덕윤리 카카오톡 채널 서비스

수업 준비가 쉬워지는 윤리 자료를 받아보세요!
길벗 윤리 교과서를 사용하는 동안 각종 카드 뉴스와 수업 활동지, 기출 문제 클립아트와 HWP 변환 문제지 등 다양한 콘텐츠를 지속적으로 제공해 드립니다. 카카오톡 채널에서 최신 자료와 알림을 빠르게 확인하세요.

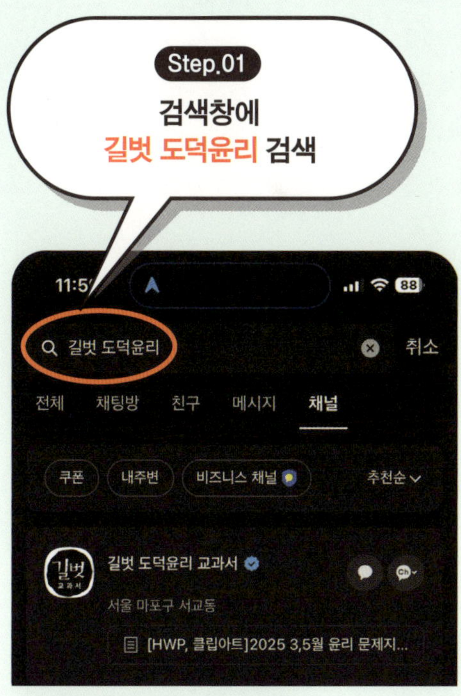

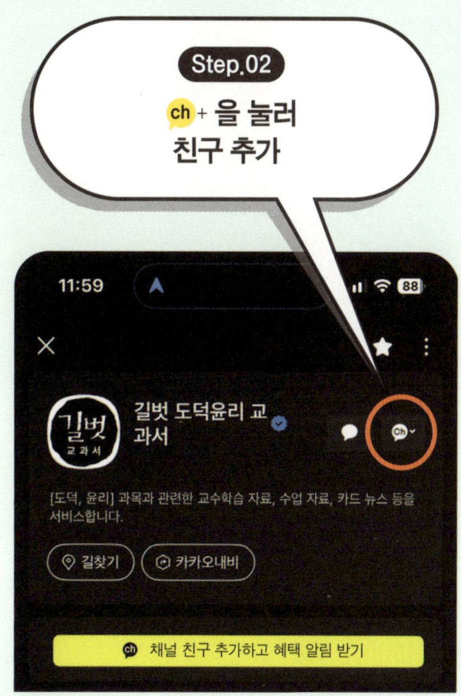

[윤리 사상가, 나는 누구인가요] 매일 산책하는 철학자

[명화로 보는 윤리 사상] 도덕의 절대 원칙을 찾아서

[우리의 오늘과 윤리적 삶] 모바일 디톡스와 윤리적으로 건강한 삶

[HWP JPG 모두 드림] 생윤/윤사 최신 기출 완전 자료집, 문제, 클립아트

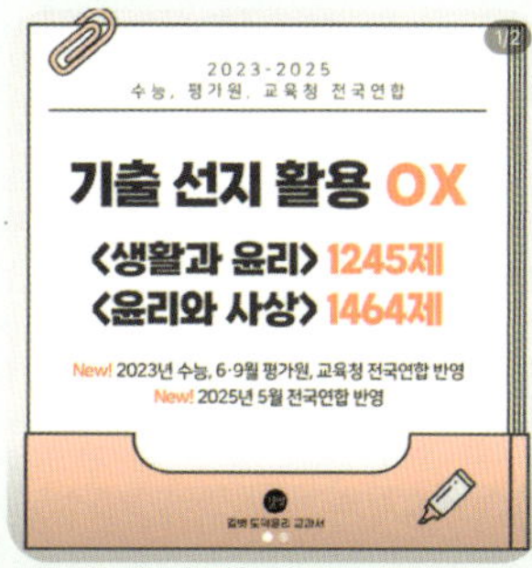

[HWP 파일 배포] 최근 3개년 기출 문제 선지 활용 OX 문제

[PPT 파일 제공] 윤리문제 탐구/인문학과 윤리, 이런 학생에게 추천해요.

유망학과 100 〔인문계용〕

초판 2쇄 발행 · 2026년 1월 15일 | **지은이** · 길벗교육연구회 | **발행인** · 이종원

발행처 · (주)도서출판 길벗 | **출판사 등록일** · 1990년 12월 24일 | **주소** · 서울시 마포구 월드컵로 10길 56(서교동)

대표 전화 · 02)332-0931 | **팩스** · 02)323-0586

홈페이지 · www.gilbut.co.kr | **책임편집** · 최준란(chran71@gilbut.co.kr) | **디자인** · 강은경 | **제작** · 이준호, 손일순, 이진혁

마케팅 · 김진성, 박효림 | **영업관리** · 김명자 | **독자지원** · 윤정아 | **인쇄 · 제본** · 금강인쇄

교정교열 · 심은정 | **전산편집** · 페이지트리

ISBN 979-11-407-1447-6 (03000) (길벗 도서번호 060161)

정가 19,800원

독자의 1초까지 아껴주는 정성 길벗출판사

(주)도서출판 길벗 · (주)도서출판 길벗 IT단행본, 성인어학, 교과서, 수험서, 경제경영, 교양, 자녀교육, 취미실용 www.gilbut.co.kr

길벗스쿨 · 국어학습, 수학학습, 주니어어학, 어린이단행본, 학습단행본 www.gilbutschool.co.kr

길벗교과서 · https://textbook.gilbut.co.kr/

페이스북 · www.facebook.com/gilbutzigy

＊본 내용은 교육부에서 지원하는 커리어넷(https://www.career.go.kr)을 참고하여 재집필하였음을 밝힙니다.